Continguts de reflexió sobre la llengua adaptats a la nova gramàtica de l'IEC

SEQÜÈNCIES

de Llengua catalana i literatura 3

text

EQUIP DE TEXT

EDICIÓ
Carla Molas

COORDINACIÓ DE L'ÀREA
Clara Ametller

COORDINACIÓ DE MAQUETACIÓ
Montserrat Estévez

DIRECCIÓ D'ART
Cass

COORDINACIÓ PEDAGÒGICA
Anna Canals

DIRECCIÓ
Xavier Carrasco

COORDINACIÓ DEL PROJECTE Aina Perelló

AUTORIA I REDACCIÓ Clara Ametller, Anna Canyelles, Maria Castellví, Mercè Colomer, Aina Perelló

ASSESSORAMENT Neus Nogué Serrano, professora de la Facultat de Filologia de la Universitat de Barcelona

COL·LABORACIÓ Guida Planes, Agnès Toda

IL·LUSTRACIONS Pedro Rodríguez, Danide

DISSENY DE COBERTA La Page Original

DISSENY GRÀFIC Endora

MAQUETACIÓ Georgina Escutia

CORRECCIÓ M. Mercè Estévez

FOTOGRAFIES Flaticon, Freepik, Pixabay, Pexels, Wikimedia Commons, Adobe Stock, Georgina Albreda

Primera edició: maig del 2022
Segona impressió: febrer del 2023

Josep Pla, 95. 08019 Barcelona
www.grupenciclopedia.cat
www.text.cat
contacte@text.cat
Impressió: Índice, SL
ISBN: 978-84-412-3448-2
Dipòsit legal: B 8759-2022

pàg. 7

pàg. 27

pàg. 87

pàg. 105

pàg. 177

pàg. 195

SEQÜÈNCIA 3
Llengües vives
Literatura
pàg. 43

SEQÜÈNCIA 4
Formar i informar
Comunicació
pàg. 57

SEQÜÈNCIA 5
Donzelles indomables
Literatura
pàg. 71

SEQÜÈNCIA 8
Anem a fons
Comunicació
pàg. 121

SEQÜÈNCIA 9
Herois i heroïnes
Literatura
pàg. 143

SEQÜÈNCIA 10
Digue-hi la teva!
Comunicació
pàg. 159

SEQÜÈNCIA 13
Que romàntic!
Literatura
pàg. 211

SEQÜÈNCIA 14
Ciutadans o consumidors?
Comunicació
pàg. 229

SEQÜÈNCIA 15
Siguem realistes
Literatura
pàg. 243

En cada seqüència...

Activa't

SEQÜÈNCIES DE LITERATURA

Connectem

Què en sabem?

SEQÜÈNCIES DE COMUNICACIÓ

Avança

Història de la literatura

Informació

Informació i activitats amb textos

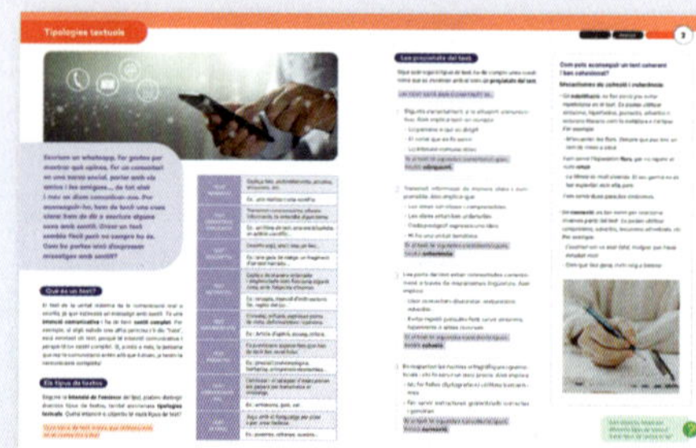

Comunicació

I amb la llicència digital...

Vídeos d'entrada

Superpregunta

Per què hi ha pel·lícules basades en novel·les i no en poesies?

Superpregunta

Àudios de les lectures

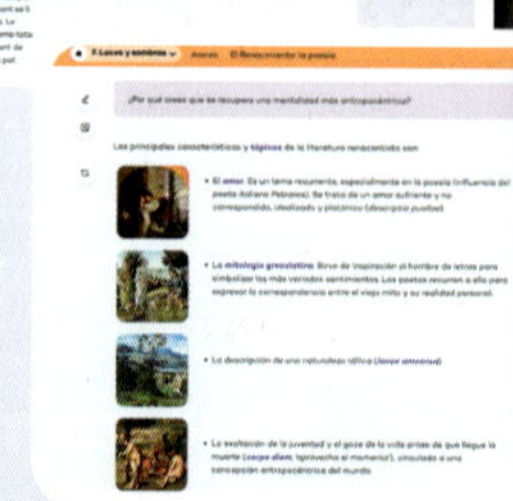

Informació digitalitzada

Avalua't

Reflexionem sobre la llengua

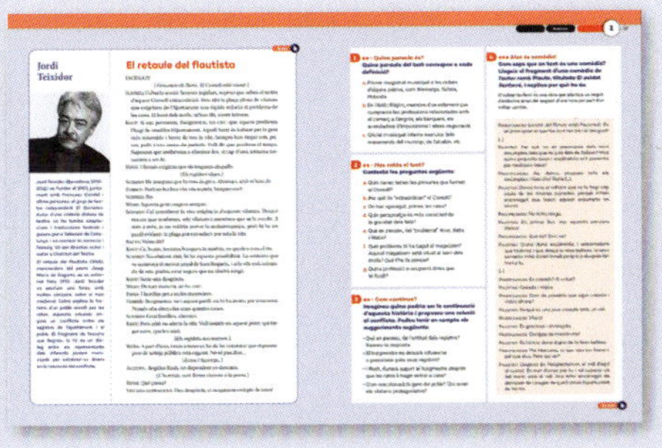

Textos i activitats

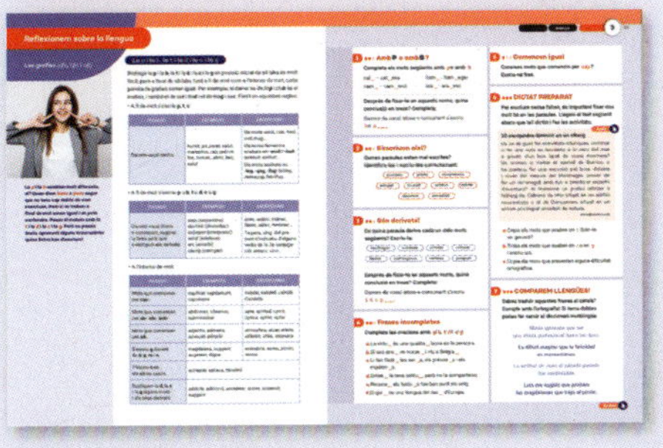

Informació i activitats

Posa't a prova

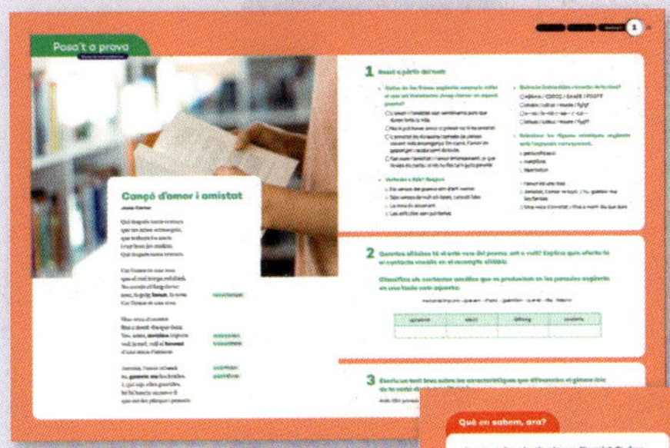

Tallers d'expressió

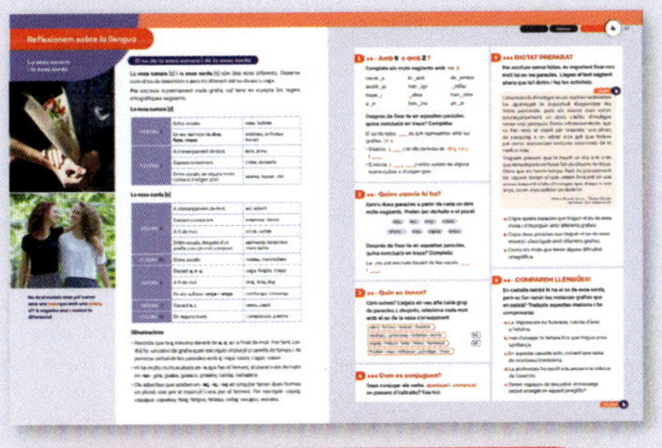

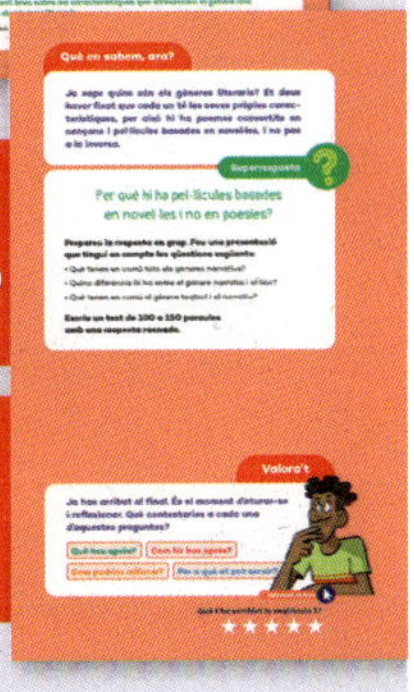

Què en sabem, ara?

Valora't

Escrivim i parlem

Reflexionem sobre la llengua

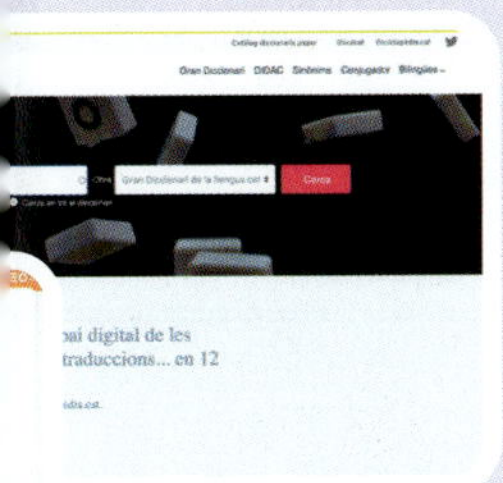

Eines d'interès

Vídeos didàctics

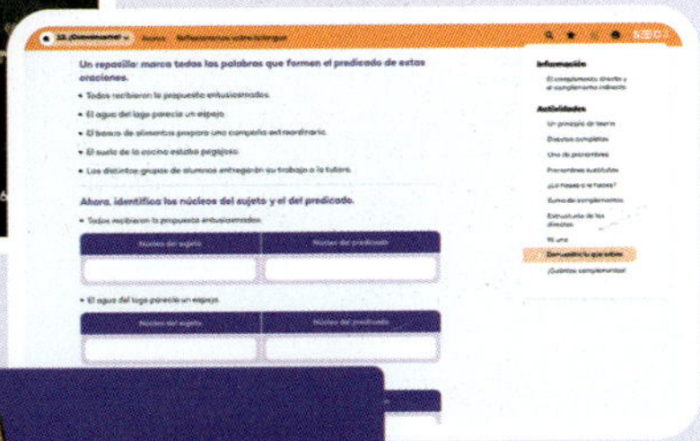

Activitats interactives

Síntesi de la informació

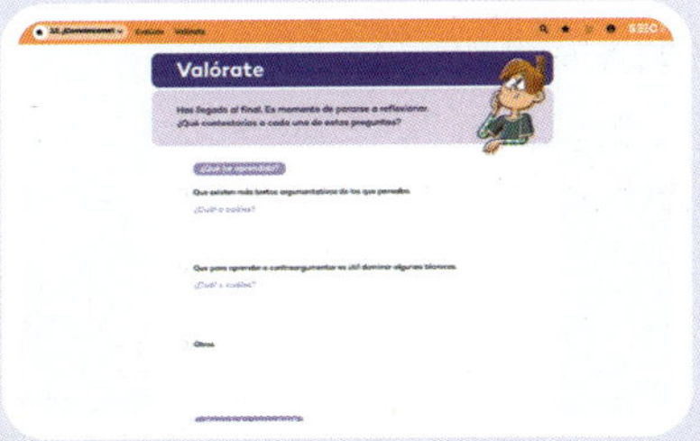

Test per autoavaluar-te

i molts recursos més per combinar i treballar cada seqüència.

SEQÜÈNCIA 1

Va de gèneres

Quins gèneres coneixes?

Activa't 8

Connectem

Què en sabem?

Avança 10

El gènere narratiu

"L'arbre domèstic", Pere Calders

"El pont del Diable", Joan Amades

El gènere líric

"Canticel", Josep Carner

El gènere teatral

El retaule del flautista, Jordi Teixidor

Reflexionem sobre la llengua

Vocals en contacte

Avalua't 24

Posa't a prova

Què en sabem, ara?

Valora't

Connectem

Tenim el món organitzat en categories: persones, animals, vegetals... En la categoria de les persones, hi trobem els infants, els adults, els vells; dins de la subcategoria dels infants hi trobem... Prou! Seria infinit. Per poder-nos entendre, establim distincions i posem nom a tot allò que ens envolta. Per què la literatura hauria de ser menys? Igual que no és el mateix una pel·lícula que un documental, tampoc no és el mateix un conte que un assaig.

Superpregunta

Per què hi ha pel·lícules basades en novel·les i no en poesies?

Què en sabem?

Ets capaç de respondre ara mateix la superpregunta? Segurament et falten algunes dades, però en saps més del que et sembla. Vols comprovar-ho?

- La seqüència es titula **Va de gèneres**. Si et parlen de **gènere**, en què penses? Fixa-t'hi: gènere musical, violència de gènere, gènere literari... Com explicaries a algú què és el **gènere**?
- Dedueix què és segons tu un gènere literari. La poesia ho és? Amb què la pots relacionar: amb una representació teatral, amb una cançó pop, amb un reportatge...?
- I un documental, diries que és un gènere literari? Per què? I una comèdia teatral?
- Segur que alguna vegada has vist alguna pel·lícula basada en una novel·la, oi? En sabries dir algun títol? Feu-ne una llista a classe i comproveu si els títols de les novel·les es mantenen com a títols de les pel·lícules.
- Què tenen en comú aquestes pel·lícules i les novel·les que les han inspirat?

Te n'adones? Amb tot el que ja saps i amb el treball d'aquesta seqüència aconseguiràs resoldre la superpregunta. Endavant!

El gènere narratiu

De la mateixa manera que diferenciem una pel·lícula d'un informatiu, els crítics i els lectors estableixen distincions entre els textos literaris.

Els gèneres literaris

Els textos literaris es divideixen en gèneres o tipus d'obres que tenen unes característiques comunes. L'ús del llenguatge, les temàtiques i els recursos són diferents en cada gènere.

De la mateixa manera que amb l'escultura podem crear formes i estructures, amb la literatura també ho podem fer. Tot text literari necessita una estructura per créixer i sostenir-se.

Segons les seves característiques formals, doncs, els textos literaris es classifiquen en tres gèneres bàsics: la **narrativa**, la **lírica** i el **teatre**.

La narrativa

Els gèneres narratius es divideixen en dues grans categories: **obres de ficció**, que relaten fets imaginaris, i **obres de no-ficció**, que relaten fets autèntics que tenen un referent en la vida real.

Els gèneres narratius de ficció

La narrativa de ficció comprèn la **novel·la**, la **llegenda**, i el **conte** i la **rondalla**. Aquestes tres últimes són narracions d'origen molt antic que la gent explicava de memòria i així passaven d'una generació a una altra, per transmissió oral. Més endavant, aquestes narracions orals es van recollir per escrit. Es distingeixen de la novel·la bàsicament per l'extensió: solen ser més curts.

Fixa't en les característiques de cada gènere:

La novel·la

És una narració de fets i accions que passen a uns personatges imaginaris i està destinada a fer gaudir el lector. Se serveix de diferents tipus de textos: el text **narratiu**, el **descriptiu** i el **dialogat**.

La llegenda

És una narració breu sobre un personatge o un fet d'aparença més o menys històrica, però que en realitat conté elements imaginaris. En són exemples la llegenda de sant Jordi, la del comte Arnau, etc.

El conte

És una narració breu d'un fet o uns fets ficticis, que té la intenció d'entretenir, divertir, ensenyar... Distingim:

- El **conte popular,** transmès per tradició oral. Són contes molt antics d'origen desconegut i anònims, que narren històries irreals que no se situen en cap temps determinat. També s'anomenen **rondalles**.
- El **conte literari**, escrit per un autor o una autora coneguts, és una narració breu dels fets d'una història. Té unes característiques formals més complexes que les de les rondalles i s'acosta més a la novel·la.

Amb quina frase o paraules comencen els contes populars? I en què es diferencien d'un conte literari?

Els gèneres narratius de no-ficció

Dins la no-ficció, hi ha dos grans gèneres:

La memorialística

Té com a finalitat essencial recuperar i immortalitzar el record personal o col·lectiu. Abraça els subgèneres següents: la **biografia** i l'**autobiografia**, la **correspondència**, el **dietari**, el **llibre de viatges**...

L'assaig

És un gènere que serveix perquè un autor expliqui les seves idees, el seu pensament o les seves opinions sobre un tema concret. L'assaig pot ser polític, científic, filosòfic, etc.

Què tenen en comú tots els gèneres narratius?

Àudio

Pere Calders

Pere Calders (Barcelona, 1912-1994) va destacar com a contista. Exiliat a Mèxic durant vint-i-tres anys, va escriure en aquesta etapa els seus millors textos, entre els quals sobresurten els reculls de contes *Cròniques de la veritat oculta* (1955) i *Gent de l'alta vall* (1957) i la novel·la *Ronda naval sota la boira* (1966). Va tornar a Catalunya el 1962. En la dècada dels anys vuitanta va ser molt popular el muntatge teatral *Antaviana*, creat per la companyia Dagoll Dagom i basat en contes seus.

Pere Calders va pertànyer al moviment literari hispanoamericà del realisme màgic, que va néixer com a via d'experimentació de noves formes narratives. Fent ús de la imaginació, transformava els fets normals i quotidians en un relat místic i fantàstic. L'absurd és un dels elements més presents en la narrativa de Calders.

L'arbre domèstic

En aquesta vida he tingut molts secrets. Però un dels més grossos, potser el que estava més en pugna amb la veritat oficial, és el que ara trobo oportú d'explicar.

Un matí, en llevar-me, vaig veure que al menjador de casa meva havia nascut un arbre. Però no us penseu: es tractava d'un arbre de debò, amb arrels que es clavaven a les rajoles i unes branques que es premien contra el sostre.

Vaig veure de seguida que allò no podia ésser la broma de ningú, i, no tenint persona estimada a qui confiar certes coses, vaig anar a trobar la policia.

Em va rebre el capità, amb uns grans bigotis, com sempre, que duia un vestit l'elegància del qual no podria explicar, perquè el tapaven els galons.

Vaig dir:

—Us vinc a fer saber que al menjador de casa meva ha nascut un arbre de debò, al marge de la meva voluntat.

L'home, vós direu, es va sorprendre. Em va mirar una bona estona i després digué:

—No pot ésser.

—Sí, és clar. Aquestes coses no se sap mai com van. Però l'arbre és allí, prenent llum i fent-me nosa.

Aquestes paraules meves van irritar el capità. Va donar un cop damunt la taula amb la mà plana, va alçar-se i m'agafà una solapa. (Allò que fa tanta ràbia.)

—No pot ésser, dic —repetí—. Si fos possible això, seria possible qualsevol cosa. Ho enteneu? S'hauria de repassar tot el que han dit els nostres savis i perdríem més temps del que sembla a primer cop d'ull. Estaríem ben arreglats si als menjadors de ciutadans qualssevol passessin coses tan extraordinàries! Els revolucionaris alçarien el cap, tornarien a discutir-nos la divinitat del rei, i qui sap si alguna potència, encuriosida, ens declararia la guerra. Ho compreneu?

—Sí. Però, a despit de tot, he tocat l'arbre amb les mans.

—Apa, apa, oblideu-ho. Compartiu amb mi, només, aquest secret, i l'Estat pagarà bé el vostre silenci.

Ja anava a arreglar un xec quan es mobilitzà la meva consciència. Vaig preguntar:

—Que és d'interès nacional, això?

—I tant!

—Doncs no vull ni un cèntim. Jo, per la pàtria, tot, sabeu? Podeu manar.

Al cap de quatre dies vaig rebre una carta del rei donant-me les gràcies. I qui, amb això, no se sentiria ben pagat?

Cròniques de la veritat oculta. Edicions 62

1 ●●● Ho has entès?

Contesta les preguntes següents:

a. Quin és el secret que ens explica el narrador?

b. Per què el protagonista decideix anar a la policia?

c. Quina és la reacció del policia?

d. A quin acord arriben tots dos personatges?

e. Per què el personatge que narra els fets no accepta diners?

f. Quina és la compensació final que té el protagonista?

2 ●●● Saps què signifiquen?

Què signifiquen aquestes paraules o expressions en el text? Tria l'opció correcta:

Estar en pugna:
- ◯ Estar en completa oposició.
- ◯ Estar d'acord.
- ◯ Estar en una situació distingida.

Potència:
- ◯ Cos de la guàrdia urbana.
- ◯ Força, energia.
- ◯ Estat o país poderós.

A despit de:
- ◯ Malgrat, a pesar de.
- ◯ Amb el pit enfora.
- ◯ Compungit.

Xec:
- ◯ Regal.
- ◯ Document firmat per una persona per manar a un banc que pagui una quantitat de diners a una altra persona.
- ◯ Compte corrent.

3 ●●● El títol importa!

Quin és el significat del títol del conte?

4 ●●● Quin tipus de text és?

De quin tipus de text narratiu es tracta?

5 ●●● T'hi has fixat?

Respon aquestes preguntes:

a. En quina persona està escrit el text? I amb quin llenguatge: popular, culte, científic...?

b. Quins personatges hi ha?

c. Quins fragments del text són narratius?

d. Quin altre tipus de text hi ha?

6 ●●● Visca la ironia!

Es tracta d'un conte irònic? Quines frases us ho indiquen? Expliqueu-ho.

ironia Figura retòrica que consisteix a dir alguna cosa o a expressar una intenció en un to i amb un llenguatge que indueix a entendre el contrari d'allò que aparentment és dit.

7 ●●● Escriptors per un dia

Canvieu elements del text i escriviu el vostre conte. Podeu canviar tot això:

El menjador pel jardí, l'habitació, el terrat...

L'arbre per un monstre, una bèstia, una planta, una nau espacial...

El policia per un amic o amiga, l'alcalde, un veterinari, la directora de l'institut...

8 ●●● En veu alta!

Llegint un text en veu alta podem transmetre un missatge als que ens escolten. Però s'ha de fer amb entusiasme! Escolta aquests consells.

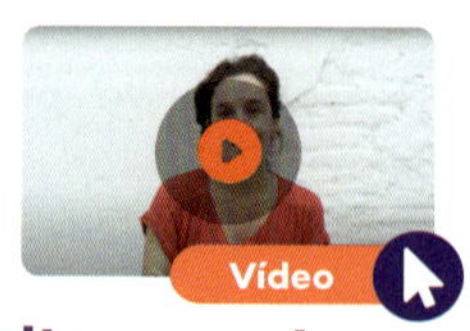

Ara, prepara la lectura en veu alta de "L'arbre domèstic" i enregistra't:

- Fixa't en els signes de puntuació.
- Practica la pronúncia de les paraules difícils.
- Tria les paraules importants que vols remarcar.
- Recorda: no tot el text es llegeix amb el mateix ritme i cal tancar les frases amb l'entonació adient.
- Assaja la lectura fins que tinguis prou seguretat.

En línia

Àudio

Joan Amades

Joan Amades (Barcelona, 1890-1959) va ser folklorista, etnògraf i esperantista. Al llarg de la seva vida va escriure uns 200 llibres i, gràcies a les seves investigacions, avui es conserven moltes de les tradicions que encara se celebren a Catalunya. "El pont del Diable" forma part de la seva obra *Les millors llegendes populars*.

El pont del Diable

El megàlit que es troba en un camp a prop de Palau-solità, el portava a coll el diable des del Montseny, on l'havia arrencat, fins a Martorell, per acabar-hi el famós pont romà conegut per pont del Diable, que travessa el Llobregat. Part d'ençà del riu hi havia un gran hostal on no hi havia cap pou per proveir-se d'aigua. Hi havia una serventa que s'havia de passar gairebé tot el dia anant a cercar l'aigua a l'altra banda del riu en una fonteta. Un dia que el riu baixava molt ple va dir que més valdria donar-se al dimoni que haver de fer tants viatges a la font. A l'instant se li presentà un cavaller que li prometé fer-li un pont en una sola nit a canvi de la seva ànima. La serventa va acceptar. El diable, car no era altre el cavaller, es posà tot seguit a treballar amb tota fúria. Només hi mancava una pedra. La matinada s'acostava. En passar el diable per davant de can Cortès, el gall d'aquesta casa es posà a cantar anunciant el dia. El diable, que només pot treballar durant les hores de fosca, en sentir cantar el gall cregué que ja era de dia. No havent tingut temps d'acabar el pont, deixà caure amb ràbia la pedra a terra, i quedà dreta, tal com encara avui es troba.

1 ●●● En poques paraules!

Després d'haver llegit la llegenda del pont del Diable, quin dels textos següents diries que n'és un bon resum? Tria l'opció correcta:

A

El famós pont del Diable que hi ha a prop de Palau-solità va ser construït en una sola nit pel dimoni, que no va tenir temps d'acabar-lo perquè va cantar el gall de can Cortès i ell es va pensar que ja era de dia.

B

A prop de Palau-solità hi ha un megàlit, conegut com a pont del Diable, que el diable va deixar caure una nit perquè no va tenir temps d'acabar de construir el pont que travessa el Llobregat. Tot va començar després que la serventa de l'hostal, que cada dia havia de travessar el riu per anar a la font a buscar aigua, pactés amb un cavaller (el dimoni) la construcció d'un pont en una sola nit. A canvi, la serventa li donaria la seva ànima. Al diable només li faltava una pedra per acabar el pont quan va sentir cantar el gall i, com que només podia treballar de nit, va marxar de Palau-solità.

C

El diable venia del Montseny carregat amb un megàlit per acabar el pont que travessa el Llobregat i es va trobar la serventa de l'hostal, que li va demanar que construís un pont. Cada dia ella havia de travessar el riu per anar a buscar aigua a la font, però un dia que el riu baixava molt ple no va poder passar i es va trobar un cavaller que li va dir que l'acabaria abans de la matinada. El gall va cantar abans d'hora i el cavaller va deixar caure la pedra amb ràbia perquè no havia complert la promesa que havia fet a la noia.

- Com justificaries la teva elecció?

2 ●●● Una altra versió

Sabíeu que hi ha més versions de la llegenda del pont del Diable? Per exemple, la referent al menhir que hi ha a prop del Sallent, a la Garrotxa. Busqueu informació sobre alguna de les versions i, després, poseu-la per escrit.

3 ●●● Quina és la correcta?

Tria l'opció correcta en cada cas:

El text està narrat en...
- ○ ...primera persona.
- ○ ...segona persona.
- ○ ...tercera persona.

L'acció té lloc...
- ○ ...a la muntanya i a la costa.
- ○ ...al Montseny i a Martorell.
- ○ ...a la ciutat i a la plana.

Els personatges són...
- ○ ...versemblants.
- ○ ...inversemblants.

La història se situa en l'època...
- ○ ...actual.
- ○ ...antiga.

4 ●●● Més llegendes!

A Catalunya hi ha molts llocs de llegenda! Tria'n un i explica la llegenda que hi està relacionada:

Estany de Banyoles

Cardona

En línia

El gènere líric

Sabies que en els seus orígens la poesia anava acompanyada de música? I que no tota la poesia està escrita en vers ni tot el que està escrit en vers és poesia?

En la Grècia antiga, la poesia era cantada amb l'acompanyament de la lira.

La lírica

La **lírica**, o **poesia**, és el gènere que fan servir els autors per transmetre sentiments, emocions, sensacions, estats d'ànim, idees, reflexions, etc., cenyint-se a una mètrica, és a dir, a unes normes formals basades en la sonoritat, l'harmonia i el ritme de les paraules.

El vers, la rima i les estrofes

Un **vers** és cada una de les línies d'un poema. La llargada del vers es mesura pel nombre de síl·labes que té. Per obtenir el nombre de síl·labes, cal comptar fins a l'última síl·laba tònica i cal tenir en compte els fenòmens de contacte vocàlic (sinalefes i hiats). Distingim versos d'**art menor** (tenen vuit síl·labes o menys i la rima s'indica amb minúscules), i versos d'**art major** (tenen nou síl·labes o més i la rima s'indica amb majúscules).

Segons el nombre de síl·labes, els versos reben noms diferents: monosíl·lab (1), bisíl·lab (2), trisíl·lab (3), tetrasíl·lab (4), pentasíl·lab (5), hexasíl·lab (6), heptasíl·lab (7), octosíl·lab (8), enneasíl·lab (9), decasíl·lab (10), hendecasíl·lab (11), dodecasíl·lab o alexandrí (12).

La **rima** és la repetició total o parcial de sons que hi ha en els mots finals de vers a partir de l'última vocal accentuada gràficament.

La rima pot ser:

- **Consonant**, si es repeteixen vocals i consonants.
- **Assonant**, si només es repeteixen els sons vocàlics.
- **Masculina**, si el mot que rima és agut.
- **Femenina**, si el mot que rima és pla o esdrúixol.

Segons com es combinin les rimes, hi ha aquests tipus de versos:

- **Monorims**, si tots tenen la mateixa rima (aaaa).
- De **rima apariada**, si rimen dos a dos (aabb).
- De **rima encreuada** (abba).
- De **rima encadenada**, si rimen alternadament (abab).

Els versos que no tenen ni rima ni el mateix nombre de síl·labes són **versos lliures**, i els que no tenen rima però presenten altres regularitats mètriques, **versos blancs**.

Els versos s'agrupen en **estrofes**, que es combinen per formar les composicions poètiques. Segons el nombre de versos que tenen, les estrofes reben noms diferents:

apariat o dístic	dos versos
tercet	tres versos de rima variable
quarteta	quatre versos d'art menor
quartet	quatre versos d'art major
quinteta	cinc versos d'art menor
quintet	cinc versos d'art major
sexteta	sis versos d'art menor
sextet	sis versos d'art major
octava	vuit versos
dècima	deu versos, generalment d'art menor

Les figures retòriques

Infografia

En poesia se solen utilitzar figures retòriques, expressions que s'allunyen de l'ús gramatical més comú i miren d'obtenir un efecte particular sobre l'ànim del lector.

Quina diferència hi ha entre el gènere narratiu i el líric?

Josep Carner

Josep Carner (Barcelona, 1894 -Brussel·les, 1970), poeta i prosista, va viure la major part de la seva vida fora de Catalunya per motius de feina i polítics.

Canticel

Per una vela en el mar blau
daria un ceptre;
per una vela en el mar blau,
ceptre i palau.

Per l'ala lleu d'una virtut
mon goig daria,
i el tros que em resta, mig romput,
de joventut.

Per una flor de romaní
l'amor daria;
per una flor de romaní
l'amor doní.

1 ●●● Tres preguntes bàsiques

Ho has entès? Contesta les preguntes següents:

a. Quines coses anhela el jo poètic? Què donaria, en cada cas, per obtenir-les o per gaudir-ne?

b. Què està "mig romput"?

c. El mot canticel no el trobaràs en el diccionari. Què et sembla que significa?

2 ●●● Figures retòriques

Has identificat les figures retòriques del text? Relaciona:

Per una vela en el mar blau [...]
Per l'ala lleu d'una virtut [...]
Per una flor de romaní [...]

Per una vela en el mar blau
daria un ceptre

per una vela en el mar blau,
ceptre i palau.

el·lipsi

hipèrbaton

anàfora

3 ●●● Recompte sil·làbic

Quina és l'opció correcta?

Els versos són...

- ○ ...d'art major. ○ ...d'art menor.

Els versos són...

- ○ ...heptasíl·labs i trisíl·labs.
- ○ ...octosíl·labs i tetrasíl·labs.
- ○ ...enneasíl·labs i pentasíl·labs.

Els versos del poema...

- ○ ...no tenen rima.
- ○ ...tenen rima assonant.
- ○ ...tenen rima consonant.

Les estrofes són...

- ○ ...quartets. ○ ...quartetes. ○ ...dècimes.

L'estructura és...

- ○ ...8A4B 8A4A 8C4D 8C4C 8D4E 8D4D.
- ○ ...8a4b 8a4a 8c4d 8c4c 8e4d 8e4e.
- ○ ...8a5b 8a5a 8c5d 8c5c 8d5e 8d5d.
- ○ ...8A4b 8A4a 8C4d 8C4c 8D4e 8D4d.

En línia

El gènere teatral

A vegades diem que la vida és una tragèdia o una comèdia, o que una situació és un drama! Sabies que aquests són els gèneres del teatre?

El teatre

Les obres teatrals s'escriuen per ser representades per actors i actrius davant un públic. S'escriuen en forma de diàleg i presenten els conflictes dels personatges mitjançant el que ells mateixos diuen. Es divideixen en actes o parts separades les unes de les altres per un interval de temps. Cada acte sol dividir-se en escenes, segons l'entrada o sortida dels personatges a l'escenari.

Els textos teatrals tenen acotacions —la part que els autors no pronuncien, generalment escrita entre parèntesis i en cursiva—, amb les quals l'autor indica les característiques de l'escenificació i de la representació dels actors.

Els subgèneres teatrals

El gènere teatral inclou tres grans subgèneres: la comèdia, la tragèdia i el drama.

La **comèdia** és una obra que pretén que el públic s'ho passi bé. Va néixer a Grècia durant el segle v aC i va tenir un origen religiós. Entre els autors clàssics destaquen els grecs Aristòfanes i Menandre i els romans Plaute i Terenci.

La **tragèdia** és una obra d'estil elevat que representa una acció seriosa i greu. Originàriament, tenia una intenció religiosa, i el moment de màxima esplendor va ser al segle v aC a Grècia. Els autors de tragèdia grecs més destacats són Sòfocles, Èsquil i Eurípides.

El **drama** és un gènere mixt entre la tragèdia i la comèdia. En el Renaixement i en el Barroc, alguns autors, com Shakespeare i els espanyols Calderón de la Barca i Lope de Vega, en van escriure amb èxit. A Catalunya destaquen autors com Frederic Soler, Àngel Guimerà, Santiago Rusiñol i Josep M. Benet i Jornet, entre d'altres.

Les seves característiques bàsiques són aquestes:

- S'hi barregen els elements còmics, realistes o grotescos i els patètics o tràgics.
- L'ésser humà domina el conflicte.
- L'enfocament de la figura humana és més seriós que en la comèdia.

COMÈDIA	TRAGÈDIA	DRAMA
TEMÀTICA		
De tipus quotidià.	Les fortes passions que dominen els personatges.	Realista, de tipus quotidià.
TO I ESTIL		
Humorístic, satíric.	Seriós, elevat.	Combina elements còmics, realistes o grotescos i patètics o tràgics.
PERSONATGES		
Tipus quotidians.	Elevats, figures rellevants o mítiques.	Tipus quotidians més seriosos.
DESENLLAÇ		
Just i feliç.	Desgràcia final, generalment la mort.	Domini del conflicte per part de l'ésser humà.
INTENCIONALITAT		
Crítica, ridiculització i moralització de les actituds i els costums dels personatges.	Exemplaritzant.	Commoure els espectadors.

En què es diferencia, el drama, de la tragèdia i la comèdia?

Què tenen en comú el gènere teatral i el narratiu?

Àudio

Jordi Teixidor

Jordi Teixidor (Barcelona, 1939-2011) va fundar el 1963, juntament amb Francesc Candel i altres persones, el grup de teatre independent El Camaleó. Autor d'una vintena d'obres de teatre, va fer també adaptacions i traduccions teatrals i guions per a Televisió de Catalunya i va conrear la narració i l'assaig. Va ser director, actor i autor a l'Institut del Teatre.

El retaule del flautista (1968), mereixedora del premi Josep Maria de Sagarra, es va estrenar l'any 1970. Jordi Teixidor va escriure una farsa, amb moltes cançons, sobre el món medieval. L'obra explica la història d'un poble envaït per les rates. Aquesta situació origina un conflicte entre els regidors de l'ajuntament i el poble. El fragment de l'escena que llegiràs, la IV, és un diàleg entre els representants dels diferents poders municipals per estalviar-se diners en la resolució del conflicte.

El retaule del flautista

ESCENA IV

(*S'encenen els llums. El Consell està reunit.*)

SCHMID: S'obre la sessió. Senyors regidors, suposo que sabeu el motiu d'aquest Consell extraordinari. Heu vist la plaça plena de vilatans que exigeixen de l'Ajuntament una ràpida solució al problema de les rates. El barri dels molls, m'han dit, n'està infestat.

KOST: Si em permeteu, burgmestre, no crec que aquest problema l'hagi de resoldre l'Ajuntament. Aquell barri és habitat per la gent més miserable i bruta de tota la vila. Sempre han tingut rats, puces, polls i tota mena de paràsits. Vull dir que perdrem el temps. Suposant que arribéssim a eliminar-los, al cap d'una setmana tornaríem a ser-hi.

RUSH: I llavors exigiran que els traguem els polls.

(*Els regidors riuen.*)

SCHMID: Us asseguro que la cosa és greu. Almenys, això m'han dit.

FERRER: Però no ho heu vist vós mateix, burgmestre?

SCHMID: No.

WEBS: Aquesta gent exagera sempre.

SCHMID: Cal considerar la viva exigència d'aquests vilatans. Perquè encara que modestos, són vilatans i mereixen que se'ls escolti. A més a més, jo no voldria portar la malastrugança, però hi ha un perill evident: la plaga pot estendre's per tota la vila.

BATTS: Voleu dir?

KOST: Ca, home, les rates busquen la misèria, es queden vora el riu.

SCHMID: No obstant això, hi ha aquesta possibilitat. La setmana que ve comença el mercat anyal de Sant Rogacià, i si la vila està infestada de rats, podeu estar segurs que no vindrà ningú.

KOST: Seria una desgràcia.

WEBS: De tota manera, no ho crec.

RUSH: I la ruïna per a molts mercaders.

FERRER: Burgmestre, tot i aquest perill, no hi ha motiu per intervenir. Només són afectades unes quantes cases.

SCHMID: Cent famílies, almenys.

KOST: Però això no afecta la vila. Vull insistir en aquest punt: qui tingui rates, que les mati.

(*Els regidors assenteixen.*)

WEBS: A part d'això, i com a tresorer, he de fer constatar que el pressupost de neteja pública està esgotat. No sé pas d'on...

(*Entra l'*AGUTZIL.)

AGUTZIL: Regidor Rush, un dependent us demana.

(*L'*AGUTZIL *surt.* RUSH *s'acosta a la porta.*)

RUSH: Què passa?

VEU DEL DEPENDENT: Una desgràcia, el magatzem està ple de rates!

1 ●●● Quina paraula és?

Quina paraula del text correspon a cada definició?

a. Primer magistrat municipal a les ciutats d'alguns països, com Alemanya, Suïssa, Holanda.

b. En l'Antic Règim, membre d'un estament que comprenia les professions relacionades amb el comerç a l'engròs, els banquers, els arrendadors d'imposicions i altres negociants.

c. Oficial municipal inferior executor dels manaments del municipi, de l'alcalde, etc.

2 ●●● Has entès el text?

Contesta les preguntes següents:

a. Quin càrrec tenen les persones que formen el Consell?

b. Per què és "extraordinari" el Consell?

c. On han aparegut, primer, les rates?

d. Quin personatge és més conscient de la gravetat dels fets?

e. Què en pensen, del "problema", Kost, Batts i Webs?

f. Quin problema hi ha hagut al magatzem? Aquest magatzem està situat al barri dels molls? Què t'ho fa pensar?

g. Quina professió o ocupació diries que té Rush?

3 ●●● Com continua?

Imagineu quina podria ser la continuació d'aquesta història i proposeu una solució al conflicte. Podeu tenir en compte els suggeriments següents:

- Què en penseu, de l'actitud dels regidors? Raoneu la resposta.
- El burgmestre es deixarà influenciar o pressionar pels seus regidors?
- I Rush, donarà suport al burgmestre després que les rates li hagin entrat a casa?
- Com reaccionarà la gent del poble? Qui seran els vilatans protagonistes?

4 ●●● Això és comèdia!

Com saps que un text és una comèdia? Llegeix el fragment d'una comèdia de l'autor romà Plaute, titulada *El soldat fanfarró*, i explica per què ho és:

El soldat fanfarró és una obra que planteja un seguit d'embolics arran del segrest d'una noia per part d'un militar vanitós.

PIRGOPOLINICES (*venint del fòrum amb* PALESTRIÓ): És un plaer quan el que fas surt tan bé i al teu gust!

[...]

PALESTRIÓ: Per què no et preocupes dels teus assumptes més que no pas dels de Seleuc? Mira quina proposta nova i esplèndida se't presenta per mediació meva!

PIRGOPOLINICES: Au, doncs, posposo tots els assumptes i t'escolto! Parla [...].

PALESTRIÓ: Doncs mira al voltant que no hi hagi cap espia de les nostres paraules, perquè m'han encarregat que tracti aquest assumpte en secret.

PIRGOPOLINICES: No hi ha ningú.

PALESTRIÓ: En primer lloc, rep aquesta penyora d'amor.

PIRGOPOLINICES: Què és? D'on ve?

PALESTRIÓ: D'una dona esplèndida i encantadora que t'estima i que deleja la teva bellesa; la seva serventa m'ha donat l'anell perquè jo després te'l lliuri a tu.

[...]

PIRGOPOLINICES: És casada? O vídua?

PALESTRIÓ: Casada i vídua.

PIRGOPOLINICES: Com és possible que sigui casada i vídua alhora?

PALESTRIÓ: Perquè és una jove casada amb un vell.

PIRGOPOLINICES: Visca!

PALESTRIÓ: És graciosa i distingida.

PIRGOPOLINICES: Compte de mentir-me!

PALESTRIÓ: És l'única dona digna de la teva bellesa.

PIRGOPOLINICES: Per Hèrcules, sí que deu ser bonica, pel que dius. Però qui és?

PALESTRIÓ: L'esposa de Periplectomen, el vell d'aquí al costat. Es mor d'amor per tu i vol separar-se del marit: odia el vell. Ara m'ha encarregat de demanar-te i pregar-te que li donis l'oportunitat de fer-ho.

Reflexionem sobre la llengua

Vocals en contacte

Saps que la paraula **diftong** té el seu origen en el grec i vol dir "dos (DI) sons (PHTHÓGGOS) junts en la mateixa síl·laba"? Si coneixes el significat del prefix **tri-** de paraules com **tricolor** o **triangle**, segur que ja has endevinat què és un triftong!

Vocals en contacte dins la paraula

Quan dues o més vocals entren en contacte en una mateixa paraula, es produeixen diferents fenòmens:

- El **diftong**: grup de dues vocals, una de les quals és una **i** o una **u**, que es pronuncien en un sol cop de veu, és a dir, en una sola síl·laba: ***beu**-re*, ***ai**-gua*, *c**ai**-re*, *r**ou**-re*, *tr**ui**-ta*.
- El **triftong**: grup de tres vocals en una mateixa síl·laba en què es combinen un diftong creixent i un de decreixent. Els triftongs són **ieu** (*ve-**ieu***), **uai** (*g**uai**-tar*), **ueu** (*cre-**ueu***) i **üeu** (*li-q**üeu***).
- El **hiat**: dues vocals en contacte que no formen diftong perquè pertanyen a síl·labes diferents: *p**o**-**e**-ta*, ***a**-**e**-ro-port*... Fixa't que quan la **i** o la **u** es troben entre consonant i vocal no pertanyen a la mateixa síl·laba; per tant, formen un hiat: *me-mò-**ri**-**a***, *es-tu-**di**-**es***, *mú-**tu**-**a***.
- La **i** i la **u** situades entre dues vocals o a començament de síl·laba seguides de vocal (*cre-**u**en*, *no-**i**a*, ***i**a-**i**a*) actuen com si fossin consonants, és a dir, ocupen el lloc on habitualment hi ha una consonant.

? On són els hiats?
caos • mai • heroi • coet • paella • peu • ou • rèieu

Vocals en contacte entre paraules

Quan una paraula acaba en vocal i la paraula següent comença en vocal, es produeixen diferents fenòmens vocàlics segons si aquestes vocals són tòniques o àtones.

La sinalefa

La **sinalefa**, o diftong sintàctic, és un fenomen fonètic en què dues vocals en contacte que pertanyen a mots diferents es pronuncien en una sola síl·laba. Una de les dues vocals és una **i**, una **o** àtona o una **u**. Per exemple:

hi ha cognoms divertits
no hi ha pa
cançó interessant
casa oberta
pa humit

L'elisió

L'**elisió** és un fenomen fonètic en què dues vocals de paraules veïnes entren en contacte i una d'aquestes no es pronuncia. Es produeix una elisió en els casos següents:

- Per contacte de dos sons idèntics: *cas**a** **a**parellada* ▸ *ca-sa-pa-re-lla-da*.
- Per contacte d'una vocal neutra i d'una vocal tònica (en aquests casos sempre s'elideix la neutra): *un**a** **o**ca bonica* ▸ *u-no-ca-bo-ni-ca*.

L'apòstrof

L'**apòstrof** és un signe ortogràfic que indica en l'escriptura l'elisió d'un so en la llengua parlada. S'elideix una vocal d'un mot en contacte amb una altra vocal d'un altre mot: ***de e**stil* ▸ ***d'e**stil*.

S'apostrofen:

Els articles definits i els articles personals davant de mots començats en vocal o **h**.	l', n'	*l'avi, l'àvia, l'herba... n'Ignasi, n'Anna...*
La preposició **de** davant vocal.	d'	*d'avui, una mica d'ombra...*
Les formes dels pronoms febles **me**, **et**, **es**, **en**...	m', 'm, t', 't, s', 's, n', 'n...	*m'agrada, porta'm, t'agrada, neteja't, s'estimen, n'agafo...*

No s'apostrofen:

- Els articles **la** i **na** davant de paraules començades en **i**, **u**, **hi**, **hu** àtones: *la **i**ndústria, la **hi**stòria, la **u**niversitat, la **hu**manitat, na **I**rene.*
- Els noms de les lletres: *la ema, la essa...*
- Les paraules **una** (hora), **ira**, **host** i el topònim **la Haia**: *la una, la ira, la host, la Haia.*
- Les paraules que comencen en diftong creixent: *el iogurt, la hiena.*

La contracció

Una **contracció** és la unió gràfica d'una preposició feble (**a**, **de**, **per**, **per a**) i un article definit masculí (**el**, **els**).

a + el/els	al/als	*Vaig al forn. Escric als avis.*
de + el/els	del/dels	*Torna del dinar. Des dels orígens.*
per + el/els	pel/pels	*Passa pel pont. Corre pels camins.*
per a + el/els	per al/per als	*És per al Julià. És per als avis.*

La partícula **ca** (contracció de **casa**) també es contrau quan entra en contacte amb els articles definits **el**, **els** i l'article personal **en**: **cal**, **cals** i **can**: *cal Manel, cals anglesos, can seixanta.*

Fixa't que davant de mots que comencen amb vocal l'article no fa contracció i cal seguir les regles de l'apostrofació:

*Ho dono **a l'**àvia.*
*El llibre **de l'**Anna.*
*És **per a l'**Alba.*

? Corregiu els errors, si cal:
per el camí • de el poble • per a les noies • cap a el col·legi • de els avis

Recorda

- El **diftong** i el **triftong** són fenòmens de vocals en contacte dins d'una paraula. En el **hiat** les dues vocals en contacte pertanyen a síl·labes diferents.
- La **sinalefa**, l'**elisió**, l'**apòstrof** i la **contracció** són fenòmens de vocals en contacte entre paraules diferents, que es produeixen quan una paraula acaba en vocal i la següent comença amb vocal.

Reflexionem sobre la llengua

1 ●●● Diftong, triftong o hiat?

Quin contacte vocàlic hi ha en aquestes paraules? Classifica els mots segons si tenen un diftong, un triftong o un hiat:

llengua	quadre	Alguaire
Paraguai	pietat	iogurt
jersei	aqüífer	almoina
cranial	hiena	guaita
fotografia	confiança	perpètua
creieu	antiquat	espai
estiuenc	veieu	industrial

2 ●●● Saps què és?

Què és un triftong? Fixa't en aquesta paraula i completa la definició següent:

guai-tar

En alguns mots pronunciem ____ vocals en un sol cop de veu perquè es combinen un ____ creixent i un de ____. Diem que aquests mots tenen un ____.

3 ●●● Tenen un triftong?

Quins dels mots següents tenen un triftong? Indica-ho:

adeqüeu · reina · guaiteu · Alguaire · feina · gràcia · pouaire · ingènua · aigua · estudieu · València · baixi

4 ●●● Elisió o sinalefa?

Quin tipus de contacte de vocals es produeix en les oracions següents? Indica-ho:

a. no hi vagis
b. ves a obrir
c. menja i beu
d. quina fila és?
e. fa un dia rúfol
f. no en vol
g. hi ha algú
h. vol pa amb oli i sucre
i. fa tretze anys
j. n'hi ha per llogar-hi cadires
k. compra el diari
l. que entri immediatament

5 ●●● S'apostrofa o no?

Completa aquests sintagmes amb de o d':

a. caixa __ eines
b. davant __ essa
c. oli __ oliva
d. classe __ ioga
e. eines __ ajuda
f. població __ Osona
g. llista __ assignatures
h. vacances __ estiu

Després de fixar-te en aquests sintagmes, quina conclusió en treus? Completa:

La preposició de no s'apostrofa ____.

6 ●●● Quin article hi falta?

El, la o l'? Escriu l'article definit davant els mots següents:

hiena · iogurt · asil · aigua · Eva · assumpte · indústria · amic · ema

7 ●●● I en singular?

Com seria en singular? Canvia el nombre d'aquests sintagmes nominals:

a. les infermeres
b. les erres
c. les Isones
d. les igualtats
e. les humitats
f. les instàncies
g. les illes
h. les hienes

Després de fixar-te en aquests sintagmes, quina conclusió en treus? Completa:

L'article la no s'apostrofa ____.

8 ●●● Mots abstractes

Forma mots abstractes! Escriu el nom abstracte de la mateixa família que els adjectius següents amb l'article corresponent:

addicte · invasiu · immigrant · imprudent · original · unànime · homeòpata · humiliant

9 ●●● Es necessiten apòstrofs!

Torna a escriure aquestes oracions i apostrofa els mots que ho requereixin:

a. La motxilla de la Anna és nova.
b. Al estiu anem a la platja.
c. El arbre es va fer tan gran, que no hi cabia.
d. Comença a refrescar; agafa el abric.
e. La amiga que esperaves no vindrà.
f. El xalet de en Joan és a la esquerra del meu.

10 ●●● Coneixes la norma?

Com són les contraccions? Completa:

Les preposicions a, de, per, per a, combinades amb els articles __ i __, es contrauen en les formes __, __, __, __, __, __, __ i __.

En saps posar algun exemple? Escriu oracions que tinguin contraccions.

11 ●●● On són les contraccions?

Llegeix el text següent i identifica-hi les contraccions:

Confessaré que estava tan impressionat pel que els meus ulls veien que de ben poca cosa servia com a sentinella; de fet, ja havia abandonat la meva espitllera de la banda est i vaig acostar-me cautelosament fins al darrere del capità, el qual s'havia assegut ara al llindar, amb els colzes als genolls, el cap repenjat a les mans i els ulls fits en l'aigua, que borbollava de l'antiga bullidora a la sorra.

R. L. Stevenson, *L'illa del tresor*. La Galera

Ara, copia les contraccions i digues quines paraules les formen.

12 ●●● DICTAT PREPARAT

Per escriure sense faltes, és important fixar-nos molt bé en les paraules. Llegeix el text següent abans que te'l dictin i fes les activitats:

Àudio

La Mitja Marató de Granollers 2013

El diumenge 3 de febrer de 2013 es va celebrar un gran esdeveniment esportiu a Granollers: la Mitja Marató.

"La Mitja", així és com es diu popularment, és una prova d'atletisme de fons que consisteix a recórrer una distància establerta de 21,09 km en el mínim temps possible.

La Mitja Marató és una cursa anual que es va començar a organitzar l'any 1986 i, fins ara, la seva celebració no s'ha interromput cap any.

Andrea Alba, Helena Soria, Arnau Altarriba i Dana Valdiviezo. www.diarijove.elperiodico.cat

a. Fes una llista dels mots que estan apostrofats.
b. Indica entre quines paraules es forma una sinalefa.
c. Indica entre quines paraules es produeix una elisió.
d. Copia les paraules del text que presenten alguna dificultat ortogràfica.

13 ●●● COMPAREM LLENGÜES!

Ja sabeu que en català l'article definit i la preposició de s'apostrofen en alguns casos. I en castellà? Traduïu aquestes oracions:

a. L'amic d'en Pere l'any que ve vindrà a les curses d'atletisme.
b. No sé si arribaré a l'hora que hem quedat per anar a la festa d'hivern de l'institut.
c. L'entrenament d'avui s'ha suspès pel mal temps.
d. L'arbre de l'avinguda ha servit de suport a l'home que s'ha marejat.

Després de fixar-vos en aquestes oracions, quines conclusions en traieu? Completeu:

En castellà l'article definit i la preposició de ____.

En línia

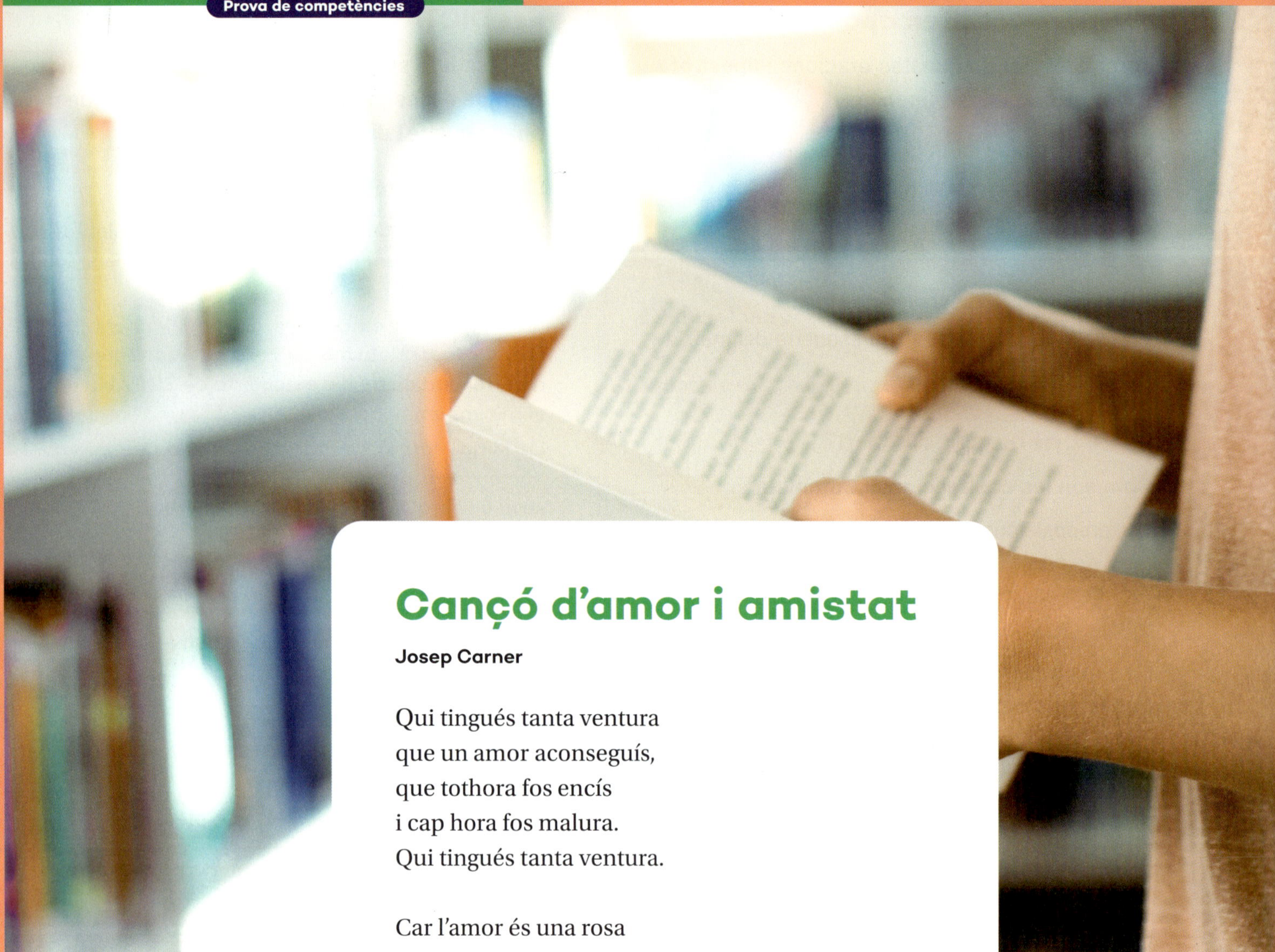

Cançó d'amor i amistat

Josep Carner

Qui tingués tanta ventura
que un amor aconseguís,
que tothora fos encís
i cap hora fos malura.
Qui tingués tanta ventura.

Car l'amor és una rosa
que el mal temps esfullarà.
No coneix el llarg durar:
nou, fa goig; **lassat**, fa nosa.
Car l'amor és una rosa.

Una mica d'amistat
fins a morir diu que dura.
Ves, amor, **metzina** impura;
vull la mel, vull el **brossat**
d'una mica d'amistat.

Amistat, l'amor m'**occí**:
tu, **guareix-me** les ferides.
I, qui sap, elles guarides,
bé hi hauria un amor fi
que em fes plànyer i penedir.

lassat Fatigat.
metzina Verí.
brossat Mató.
occir Matar.
guarir Curar.

1 Resol a partir del text:

- **Quina de les frases següents resumeix millor el que vol transmetre Josep Carner en aquest poema?**
  - ◯ L'amor i l'amistat són sentiments purs que duren tota la vida.
  - ◯ No hi pot haver amor si primer no hi ha amistat.
  - ◯ L'amistat és duradora i serveix de consol davant dels desenganys. En canvi, l'amor és passatger i acaba sent dolorós.
  - ◯ Cal viure l'amistat i l'amor intensament, ja que la vida és curta i si no ho fas te'n pots penedir.

- **Vertader o fals? Respon:**
  a. Els versos del poema són d'art menor.
  b. Són versos de vuit síl·labes, octosíl·labs.
  c. La rima és assonant.
  d. Les estrofes són quintetes.

- **Quina és l'estructura correcta de la rima?**
  - ◯ ABBAA / CDDCC / EAAEE / FGGFF
  - ◯ ababa / cdcdc / eaeae / fgfgf
  - ◯ a--aa / b--bb / -aa-- / -cc--
  - ◯ abbaa / cddcc / eaaee / fggff

- **Relaciona les figures retòriques següents amb l'expressió corresponent:**
  a. personificació
  b. metàfora
  c. hipèrbaton

  1. l'amor és una rosa
  2. Amistat, l'amor m'occí: / tu, guareix-me les ferides
  3. Una mica d'amistat / fins a morir diu que dura

2 Quantes síl·labes té el setè vers del poema, set o vuit? Explica quin efecte té el contacte vocàlic en el recompte sil·làbic.

Classifica els contactes vocàlics que es produeixen en les paraules següents en una taula com aquesta:

metzin**a** **i**mpura • qu**e** **e**m • d'**u**na • gu**a**rides • qu**e** **e**l • d**iu** • h**au**ria

apòstrof	elisió	diftong	sinalefa

3 Escriu un text breu sobre les característiques que diferencien el gènere líric de la resta de gèneres literaris.

Amb 150 paraules n'hi ha prou!

En línia

Què en sabem, ara?

Ja saps quins són els gèneres literaris? Et deus haver fixat que cada un té les seves pròpies característiques, per això hi ha poemes convertits en cançons i pel·lícules basades en novel·les, i no pas a la inversa.

Superresposta

Per què hi ha pel·lícules basades en novel·les i no en poesies?

Prepareu la resposta en grup. Feu una presentació que tingui en compte les qüestions següents:

- Què tenen en comú tots els gèneres narratius?
- Quina diferència hi ha entre el gènere narratiu i el líric?
- Què tenen en comú el gènere teatral i el narratiu?

Escriu un text de 100 a 150 paraules amb una resposta raonada.

Valora't

Ja has arribat al final. És el moment d'aturar-se i reflexionar. Què contestaries a cada una d'aquestes preguntes?

Què has après? **Com ho has après?**

Com podries millorar? **Per a què et pot servir?**

Valoració en línia

Què t'ha semblat la seqüència 1?

★ ★ ★ ★ ★

SEQÜÈNCIA 2

Amb propietat

I tu, com parles?

Connectem

Les persones ens comuniquem. Sembla una afirmació molt simple, oi? Doncs no ho és gens! Cal que algú vulgui fer saber alguna cosa. Que almenys una altra persona se l'escolti, la llegeixi, se la miri. I, ep!, que l'entengui! Perquè quan un gos borda està comunicant alguna cosa: que té por, que no li agrada l'altre gos, que té gana... Ves a saber! Com que no l'entenem, no podem dir que es produeixi un acte de comunicació. Ho veus com no era tan senzill?

Superpregunta

Per què comunicar-se bé no és senzill?

Activa't 28

Connectem

Què en sabem?

Avança 30

Tipologies textuals

Escrivim

Parlem

Reflexionem sobre la llengua
L'accentuació gràfica i la dièresi

Avalua't 40

Posa't a prova

Què en sabem, ara?

Valora't

Què en sabem?

Ets capaç de respondre ara mateix la superpregunta? Seguramente et falten algunes dades, però en saps més del que et sembla. Vols comprovar-ho?

- **Amb propietat**. Quin títol de seqüència, eh? Què té a veure la propietat amb la llengua? I parlar **amb propietat**?
- Quan vols comunicar-te amb algú, de quines maneres ho pots fer? Parlant, escrivint, amb gestos… o com?
- Parles igual amb la teva família que amb un desconegut? Què fas de diferent?
- Quan expliques un acudit, amb quina intenció ho fas? I si contestes un examen, quina és la intenció aleshores? I si poses un anunci de classes particulars?
- T'ha passat alguna vegada que parlaves amb algú i no us heu entès? Explica l'anècdota. Per què creus que passa això?

Te n'adones? Amb tot el que ja saps i amb el treball d'aquesta seqüència aconseguiràs resoldre la superpregunta. Endavant!

Tipologies textuals

Escriure un whatsapp, fer gestos per mostrar què opines, fer un comentari en una xarxa social, parlar amb els amics i les amigues..., de tot això i més en diem comunicar-nos. Per aconseguir-ho, hem de tenir una cosa clara: hem de dir o escriure alguna cosa amb sentit. Crear un text sembla fàcil però no sempre ho és. Com ho portes això d'expressar missatges amb sentit?

Què és un text?

El text és la unitat màxima de la comunicació oral o escrita, ja que expressa un missatge amb sentit. Té una **intenció comunicativa** i ha de tenir **sentit complet**. Per exemple, si algú saluda una altra persona i li diu "hola", està emetent un text, perquè té intenció comunicativa i perquè té un sentit complet. Si, a més a més, la persona que rep la comunicació entén allò que li diuen, ja tenim la comunicació completa!

Els tipus de textos

Segons la **intenció de l'emissor** del text, podem distingir diversos tipus de textos, també anomenats **tipologies textuals**. Quina intenció o objectiu té cada tipus de text?

Quin tipus de text creieu que utilitzeu més en el vostre dia a dia?

TEXT NARRATIU	Explica fets, esdeveniments, accions, emocions, etc.
	Ex.: una notícia o una novel·la.
TEXT EXPOSITIU O EXPLICATIU	Transmet coneixements, ofereix informació, fa entendre algun tema.
	Ex.: un llibre de text, una enciclopèdia, un article científic...
TEXT DESCRIPTIU	Descriu algú, una cosa, un lloc...
	Ex.: una guia de viatge, un fragment d'un text narratiu...
TEXT INSTRUCTIU	Explica de manera ordenada i seqüenciada com funciona alguna cosa, amb l'objectiu d'instruir.
	Ex.: recepta, manual d'instruccions, llei, regles del joc...
TEXT ARGUMENTATIU	Convenç, influeix, expressa punts de vista, defensa idees i opinions.
	Ex.: Article d'opinió, assaig, crítica...
TEXT PREDICTIU	Fa previsions, suposa fets que han de tenir lloc en el futur.
	Ex.: previsió meteorològica, horòscop, prospecció econòmica...
TEXT CONVERSACIONAL	L'emissor i el receptor s'intercanvien els papers per transmetre el missatge.
	Ex.: entrevista, guió, xat...
TEXT RETÒRIC	Juga amb el llenguatge per plaer o per crear bellesa.
	Ex.: poemes, refranys, acudits...

Les propietats del text

Sigui quin sigui el tipus de text, ha de complir unes condicions que es coneixen amb el nom de **propietats del text**.

UN TEXT ESTÀ BEN CONSTRUÏT SI...

1 S'ajusta correctament a la situació comunicativa. Això implica tenir en compte:

- La persona a qui va dirigit.
- El canal que es fa servir.
- La intenció comunicativa.

Si el text té aquestes característiques, tindrà **adequació**.

2 Transmet informació de manera clara i comprensible. Això implica que:

- Les idees són clares i comprensibles.
- Les idees estan ben ordenades.
- Cada paràgraf expressa una idea.
- Hi ha una unitat temàtica.

Si el text té aquestes característiques, tindrà **coherència**.

3 Les parts del text estan connectades correctament a través de mecanismes lingüístics. Això implica:

- Usar connectors discursius: conjuncions, adverbis...
- Evitar repetir paraules fent servir sinònims, hiperònims o altres recursos.

Si el text té aquestes característiques, tindrà **cohesió**.

4 Es respecten les normes ortogràfiques i gramaticals i s'hi fa servir un lèxic precís. Això implica:

- No fer faltes d'ortografia ni utilitzar barbarismes.
- Fer servir estructures gramaticals correctes i genuïnes.

Si el text té aquestes característiques, tindrà **correcció**.

Com pots aconseguir un text coherent i ben cohesionat?

Mecanismes de cohesió i coherència:

- De **substitució**: es fan servir per evitar repeticions en el text. Es poden utilitzar sinònims, hiperònims, pronoms, adverbis o recursos literaris com la metàfora o l'el·lipsi. Per exemple:
  - *M'encanten les flors. Sempre que puc tinc un ram de roses a casa.*

  Fem servir l'hiperònim **flors**, per no repetir el nom **roses**.
  - *La Mireia és molt eixerida. El seu germà no és tan espavilat com ella, però...*

  Fem servir dues paraules sinònimes.

- De **connexió**: es fan servir per relacionar diverses parts del text. Es poden utilitzar conjuncions, adverbis, locucions adverbials, etc. Per exemple:
  - *L'examen em va anar fatal, malgrat que havia estudiat molt.*
  - *Com que tinc gana, me'n vaig a berenar.*

Quin objectiu tenen els diferents tipus de textos? Quins tipus de textos hi ha?

1 ●○○ Quina és la seva finalitat?

De textos en veus cada dia a tot arreu. Saps de quin tipus són? Posa un exemple de text de cada tipologia i relaciona'l amb la finalitat:

- Narratiu
- Predictiu
- Conversacional
- Retòric
- Descriptiu
- Instructiu
- Argumentatiu
- Expositiu

- Mostrar la funció estètica del llenguatge.
- Anticipar, predir fets.
- Reproduir la comunicació entre dues persones o més.
- Narrar esdeveniments.
- Donar consells o instruccions.
- Explicar les característiques d'una persona.
- Oferir informació.
- Expressar una opinió.

2 ●○○ Quina predomina?

Alguns textos tenen característiques de diverses tipologies, però sempre en predomina una. Quina predomina en aquests textos? Completa:

a. Un poema és un text ____.

b. Una crítica sobre un videojoc és un text ____.

c. Una recepta de cuina és un text ____.

d. La biografia d'una cantant és un text ____.

e. L'horòscop setmanal és un text ____.

f. Un debat a classe és un text ____.

g. La definició d'una paraula és un text ____.

h. Un reportatge sobre noves tecnologies és un text ____.

3 ●●○ Com es connecten?

Et connectes? Fes servir connectors i canvia el que calgui per cohesionar el text següent:

> Necessito anar al gimnàs.
> Avui tinc molta feina.
> Demà aniré al gimnàs.

4 ●●○ Sigues coherent!

Per què no és coherent aquest text? Explica-ho:

> *Maus* és, indiscutiblement, un dels còmics més importants de la història. Acabada la segona temporada de *Crims* a TV3, el seu èxit és encara més evident.

5 ●●● Són correctes?

En els anuncis, en els cartells dels fanals... de vegades llegim textos que ens fan posar les mans al cap! Pensa si els textos següents són correctes o incorrectes i indica quina propietat textual compleixen o incompleixen:

A

B

> Benvolguda senyora,
>
> Li notifiquem que hem rebut correctament els vídeos que ens va fer arribar i que en els propers dies els processarem.
>
> Salutacions.

C

D

E

> **Un document intern de Nestlé admet que la majoria dels seus productes no són saludables**
>
> Més del 60% del seu catàleg no encaixa amb la "definició reconeguda de salut".

F

> **Sis policies ferits en un enfrontament contra els mossos a Nou Barris per evitar una detenció**
>
> Els agents van rebre un avís pel robatori d'una ampolla d'alcohol en una botiga; el detingut va fugir durant la baralla, però es va presentar a comissaria més tard.

6 ●●● Quines propietats incompleix?

De vegades, alguns textos fan riure! En grup, descriviu quines propietats incompleix cadascun dels textos següents:

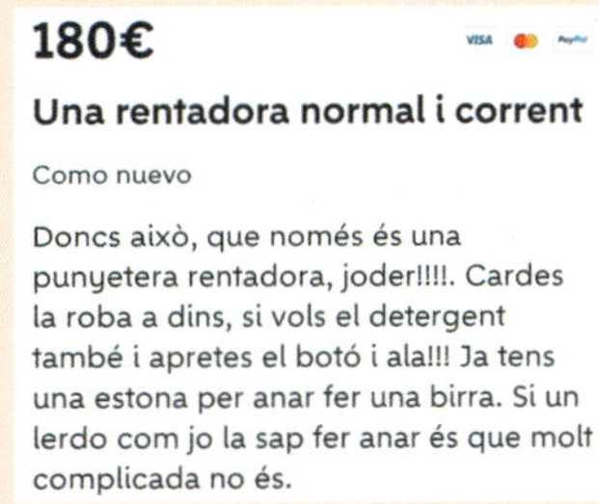

Ara, torneu-los a escriure de manera que compleixin totes les propietats.

7 ●●○ Ho has entès?

L'escalfament del planeta quan no hi havia cotxes o indústries, d'on venia? La cosa va de pets! Llegeix aquest text i resol les activitats:

Fa 150 milions d'anys, els gasos d'efecte hivernacle no els produïen la contaminació dels cotxes ni les indústries, sinó els dinosaures gegants herbívors. Aquesta és la tesi d'un estudi fet per un grup de científics d'universitats britàniques i publicat a "Current Biology".

L'estudi estableix que les flatulències dels dinosaures gegants herbívors que van poblar la Terra fa 150 milions d'anys van provocar 520 milions de tones anuals de gas metà, gas amb efecte hivernacle. Segons la recerca, aquestes emissions van afectar la temperatura del planeta, que, en aquesta etapa prehistòrica, era 10 graus superior a l'actual. Per cert, el meu fill també es tira uns pets que deuen escalfar el planeta! Ha, ha, ha, ha!

Quin tipus de text és?

○ Instructiu ○ Predictiu ○ Narratiu

A quin gènere pertany?

○ Novel·la ○ Notícia ○ Article d'opinió

Quina propietat incompleix?

○ Adequació ○ Cohesió
○ Coherència ○ Correcció

Identifica els mots o oracions que no haurien de ser en el text perquè complís totes les propietats textuals.

8 ●●○ Ben cohesionat!

Hi ha textos que fa mandra llegir, perquè hi sobren paraules. Fes servir mecanismes de cohesió per millorar aquest text:

Quan la Bel va venir a veure'm, jo ja sabia que l'Adrià havia marxat. La Bel semblava contenta i tranquil·la. Em va saber greu haver de donar a la Bel la notícia. Qui soc jo per fer mal a la Bel d'aquesta manera? Vaig dubtar tota la tarda. Ho havia de dir a la Bel? La Bel somreia. La Bel xerrava sense parar. La Bel no podia ni imaginar-se que aviat la vida li faria un tomb.

9 ●●○ El saps reescriure?

Redacta un text que compleixi les propietats textuals a partir d'aquestes oracions. En pots afegir de noves, canviar l'ordre, evitar repeticions... No et tallis!

La roba està estesa al balcó. Plou. L'Enric està enganxat a la pantalla. La mare de l'Enric el renya. Aquest vespre l'Enric canta amb la coral. L'Enric necessita els pantalons negres per a aquest vespre. Al vespre l'Enric es posa els pantalons blancs. La directora de la coral renya l'Enric. L'Enric està tip que tothom el renyi.

Escrivim...

El terror del full en blanc! Haig d'escriure, segur? Sobre què, com? No pateixis, et donem un cop de mà. Què et sembla escriure sobre els colors? D'entrada pot semblar complicat, però ja veuràs que tot són facilitats!

Prepara i planifica

1 Colors amb nom propi!

Hi ha molts noms de colors que tenen el seu origen en algun ésser viu o element de la natura. Per exemple, el rosa, de les flors; el taronja, de la fruita; la maragda, de la pedra preciosa... Se t'ocorren més exemples? També n'hi ha que porten el nom d'un personatge rellevant de la història o, fins i tot, d'una marca. Ho sabies?

BLAU KLEIN

Yves Klein va ser un pintor francès del segle XX, famós per les seves obres, en què el blau era el protagonista. Va crear i patentar amb el seu nom, **blau Klein International**, aquesta tonalitat de blau profund i ultramarí.

VERD HOOKER

Joseph Dalton Hooker va ser un botànic i il·lustrador anglès del segle XIX. Amb la intenció d'utilitzar un verd determinat en les seves il·lustracions botàniques, va crear aquesta tonalitat de verd apagat.

VERMELL FERRARI

Ferrari és una empresa automobilística italiana. El color **rosso corsa** ('vermell carrera') o vermell Ferrari és el color que tenien els cotxes de competició a Itàlia i que també tenen els cotxes d'aquesta escuderia.

ROSA POMPADOUR

Jeanne-Antoinette Poisson, la marquesa de Pompadour, va ser una important mecenes de l'art i la cultura francesos i una de les amants del rei Lluís XV. Va convertir la porcellana de Sèvres en referent d'articles de luxe a tot Europa. I allà es va crear aquest color rosa en honor seu.

Un mateix tema pot ser el punt de partida per escriure textos de tipologies molt diferents. T'animes a posar-ho en pràctica amb el color que has escollit?

2 És hora de triar!

- Quin color has triat? Per què? Què te n'ha cridat l'atenció?
- Necessites **idees** per crear el teu text? Aquí en tens algunes:

BLAU KLEIN
Notícia: El blau és tendència
Reportatge: Yves Klein
Qüestionari: Coses blaves en el teu dia a dia

VERD HOOKER
Biografia: Qui era Joseph Dalton Hooker?
Entrada blog: El verd i la natura
Recepta: Batut verd

VERMELL FERRARI
Notícia: Els pilots de l'escuderia Ferrari
Reportatge: La història de Ferrari
Crònica: La carrera de fórmula 1

ROSA POMPADOUR
Biografia: Qui era la marquesa de Pompadour?
Article d'opinió: Rosa també per a ells
Microconte: "Tot era rosa"

- Quines són les característiques del tipus de text que has triat? **Escriu-les**:

Tipus de text	
Finalitat	
Estructura	
Tipus de llenguatge	
Altres característiques	

Escriu i revisa

3 Posa-ho per escrit!

Escriu el teu text a partir del color que has triat.

- Fixa't en:
  - L'objectiu del missatge que transmet el text.
  - L'adequació a la situació comunicativa.
  - La coherència: organització, claredat...
  - La cohesió: l'ús de mecanismes gramaticals i lèxics.
  - El lèxic i el vocabulari: precís i correcte.

4 Com ha quedat el text?

Rellegeix-lo i respon sí, no o es pot millorar:

- El text compleix la seva finalitat?
- El registre lingüístic és adequat?
- L'estructura del text ajuda a organitzar la informació?
- La informació que apareix és coherent?
- Si dubtaves, has fet servir el diccionari?

Refés el text per millorar els aspectes que ara has vist que no acaben d'estar prou bé.

Intercanvia el text amb un company o companya que hagi triat el mateix color i ajudeu-vos a millorar-lo.

Finalment, comprova:

- ✔ El text és adequat.
- ✔ El text està ben cohesionat.
- ✔ El text és coherent.
- ✔ El text és correcte i està ben presentat.

Quines propietats ha de tenir un text perquè compleixi l'objectiu per al qual ha estat creat?

En línia

i parlem

Escrius fent servir emoticones? I com ho fas per expressar els estats d'ànim oralment? Les persones ens comuniquem. Quins recursos tenim?

Escolta

1 Mira el vídeo

Escolta una youtuber recomanant llibres que li han agradat i fixa't en els aspectes verbals i no verbals.

2 Agrupeu-vos!

Comenteu les característiques del text i busqueu fragments per exemplificar-les:

- Quin registre fa servir, formal o col·loquial?
- És adequat al contingut i al públic?
- És un discurs ordenat i coherent?
- Què fa per evitar la monotonia del discurs?
- Quins altres recursos fa servir?

Ara, poseu en comú les vostres observacions i descobriu si coincidiu i si us heu fixat en tots els aspectes destacables del relat oral.

Parla

3 Fem-ho en grup

Escriviu el guió d'una recomanació de dos llibres, d'uns tres minuts. Pot ser una exposició oral o un vídeo. Ep, i reviseu l'adequació al públic, l'ordenació del discurs i el vocabulari!

4 Prepareu l'exposició oral

Seguiu aquests consells:

- Feu servir el to i el ritme adequats per evitar la monotonia i projecteu la veu.
- Tingueu present la comunicació no verbal!

Quins recursos es fan servir en els textos orals per aconseguir l'objectiu?

En línia

Reflexionem sobre la llengua

L'accentuació gràfica i la dièresi

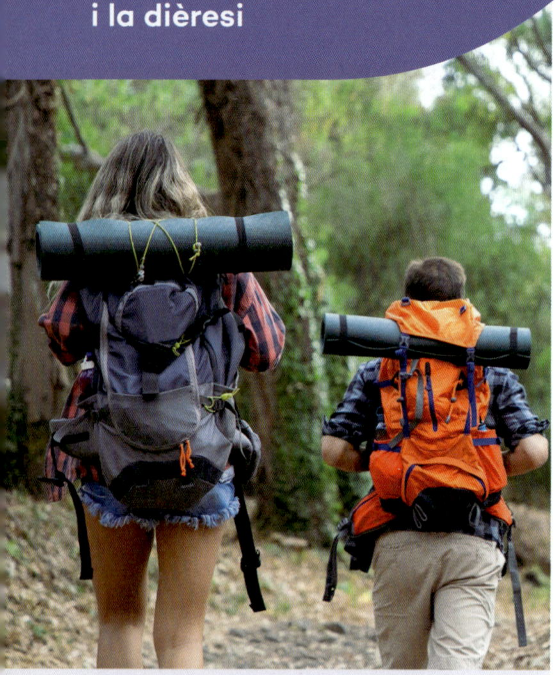

Si els teus amics et pregunten si demà aniràs a l'excursió, no és el mateix contestar-los "Sí, en tinc ganes", que "Si en tinc ganes", oi? El que fan un accent gràfic i una coma!

L'accentuació gràfica

L'**accent gràfic** és el signe amb què a vegades s'indica la síl·laba tònica d'un mot.

Classificació de mots segons les síl·labes

Segons el nombre de síl·labes, els mots es classifiquen en **monosíl·labs**, si tenen una síl·laba, i en **polisíl·labs**, si tenen més d'una síl·laba. Els mots polisíl·labs, segons on recau la síl·laba tònica, es classifiquen en:

MOTS AGUTS	La síl·laba tònica és l'última.	*Ra-**mon**, can-**çó**, por-**ter***
MOTS PLANS	La síl·laba tònica és la penúltima.	***cot**-xe, ca-**di**-ra, **ú**-til*
MOTS ESDRÚIXOLS	La síl·laba tònica és l'antepenúltima.	***mà**-qui-na, **rà**-di-o, his-**tò**-ri-a*

En els mots compostos, l'accent principal recau sobre el segon mot: *pela**ca**nyes, portamo**ne**des*...

L'accent gràfic

Hi ha dos tipus d'accent gràfic: l'**obert** o greu i el **tancat** o agut.

- Porten **accent gràfic obert** o greu:

à	sempre	*m**à**, **à**via, gr**à**fic, rom**à***
è - ò	quan es pronuncien obertes	*caf**è**, ci**è**ncia, hist**ò**ria, arr**ò**s*

- Porten **accent gràfic tancat** o agut:

í - ú	sempre	*pr**í**ncep, v**í**met, com**ú**, alg**ú***
é - ó	quan es pronuncien tancades	*pr**é**ssec, dir**é**, divisi**ó**, cami**ó***

Cal tenir en compte que hi ha zones del territori on la pronúncia no coincideix amb la grafia, sobretot pel que fa a la **e**.

Normes d'accentuació gràfica

MOTS AGUTS	S'accentuen gràficament els acabat en vocal, vocal + **s** i **-en**, **-in**.	*germà, bavós, entén, espantadís*
MOTS PLANS	S'accentuen gràficament els no acabat en vocal, vocal + **s** i **-en**, **-in**.	*àtom, exàmens, fàcil*
MOTS ESDRÚIXOLS	S'accentuen gràficament tots.	*indústria, química*

? Quin és l'intrús? ordinador • carrer • senzill • canó • xocolata • ocell

- S'accentuen gràficament les paraules planes acabades en diftong o triftong: *anàveu, vèieu...*
- Els adverbis acabats en **-ment** conserven l'accent gràfic de la forma femenina de l'adjectiu a partir del qual s'han format, si en porta: ***rà**pida*, ***rà**pidament; contr**à**ria, contr**à**riament*.
- Algunes paraules o locucions incorporades al català que provenen d'altres llengües mantenen la grafia de la llengua originària i no porten accent gràfic: *fondue, sui generis, per capita...*

L'accent gràfic diacrític

Hi ha algunes paraules d'una sola síl·laba que porten l'accent gràfic diacrític per distingir-les d'altres que s'escriuen igual. Per exemple:

és (verb **ser**) *La Marta és alta.*	**es** (pronom) *Es van conèixer a Reus.*
mà (extremitat) *Dona-li la mà per creuar el carrer.*	**ma** (possessiu) *Ma germana estudia a la universitat.*
més (quantitat) *En vols més?*	**mes** (trenta dies, possessiu) *El mes d'abril anirem de viatge.*
sé (verb saber) *Jo sé per què no ha vingut.*	**se** (pronom feble) *Se sabia que passaria això.*
són (verb **ser**) *Ells són molt simpàtics.*	**son** (ganes de dormir, possessiu) *Tinc son, m'he llevat molt d'hora.*

Tots els diacrítics

La dièresi

La **dièresi** és un signe gràfic (¨) que s'escriu en la **i** i la **u** en els casos següents:

- En la **u** dels grups **güe**, **qüe**, **güi** i **qüi** quan s'ha de pronunciar: *ai**güe**ra, elo**qüe**nt, pin**güí**, ade**qüi**.*
- En la segona vocal dels grups **ai**, **ei**, **oi**, **ui**, **au**, **eu**, **iu** per indicar que no formen diftong: *r**a**-**ïm**, v**e**-**ï**-na, he-r**o**-**ï**-na, Ll**u**-**ï**-sa, t**a**-**üt**, p**e**-**ü**c, d**i**-**ü**rn.*

Sense dièresi

La **i** i la **u** no porten dièresi en els casos següents:

- En mots que han de dur accent gràfic: *Lluís, país...*
- En les terminacions d'infinitiu, gerundi, futur i condicional dels verbs acabats en vocal + **-ir**: *agrair, agraint, agrairé, agrairia.*
- En mots formats amb els sufixos **-isme**, **-ista**: *egoisme, egoista.*
- En mots formats amb els prefixos **anti-**, **auto-**, **co-**, **contra-**, **semi-**, **intra-**, **pre-**, **re-** seguits de **i** o **u**: *intrauterí, preinscripció, coincidència...*
- En mots acabats en les terminacions llatines **-us**, **-um**: *Màrius, pòdium.*

? On és l'error? aigüera • obeïa • terraqui • veïna • genuí

Recorda

- L'accent gràfic és el signe amb què a vegades s'indica la **síl·laba tònica.**
- La dièresi indica que cal pronunciar la **i** i la **u** de determinats grups vocàlics i consonàntics.

Reflexionem sobre la llengua

1 ●●● Amb accent gràfic o sense?

Porten accent gràfic? Completa els mots amb la vocal que calgui, amb accent gràfic o sense:

cam_	pl_stic	r_dar
per_ode	s_ndria	int_rval
orfe_	_sma	x_ndall
alg_n	obo_	col_r
c_nclave	acn_	amon_ac
passer_ll	mel_	ren_u
S_hara	int_rfon	mon_ton
pl_tan	v_king	paci_ncia
caminar_n	ex_men	x_fec

On recau la síl·laba tònica? Classifica els mots anteriors segons si són aguts, plans o esdrúixols.

2 ●●● Amb dièresi o sense?

S'escriuen amb dièresi o sense? Completa els mots amb la lletra que falta, amb dièresi o sense:

Llu_sa	pa_sos	ra_m
Su_ssa	succe_r	redu_a
arru_nar	intu_ció	ve_na
empa_tar	pa_satge	altru_sta
ten_a	ego_sme	ru_na
nervi_t	simpòs_um	ping_í

3 ●●● Coneixes la norma?

Digues en quines vocals es fa servir l'accent gràfic obert i en quines, el tancat. Posa'n exemples.

4 ●●● Formes no personals

Quines formes no personals falten? Completa unes taules com les següents:

Infinitiu	Participi masculí singular	Participi masculí plural
	conduït	
		reproduïts

Infinitiu	Participi femení singular	Participi femení plural
		agraïdes
	païda	

Després de fixar-te en aquestes formes verbals, quina conclusió en treus? Completa:

La i i la u no porten dièresi ____, però sí que en porten ____.

5 ●●● Són família!

Escriu el nom de la mateixa família de cada adjectiu. Fixa't en l'exemple:

potent: potència

elegant · innocent · vigilant · prudent · exuberant · convenient · present · consistent · arrogant · constant · pacient · abundant · competent · important

6 ●●● Acaben en -ment

Porten accent gràfic? Torna a escriure aquests adverbis, accentua'ls gràficament si cal i escriu l'adjectiu femení del qual deriven:

abruptament: abruptament - abrupta

academicament · criticament · cronicament · diariament · habilment · detalladament · feroçment · gradualment · generosament · ingenuament · mensualment · melodicament · democraticament · harmoniosament

7 ••• Diacrítics!

Quina opció és la correcta? Tria-la:

a. És un gos de **pel/pèl** llarg.
b. Anirem **pel/pèl** camí de baix.
c. **Si/Sí**, vindré a dinar diumenge.
d. **Si/Sí** vinc a dinar diumenge, et tallaré els cabells.
e. Només el va felicitar **son/són** pare.
f. La Marta i el Lluís **son/són** família.
g. Ens **te/té** acostumats a haver-lo d'esperar.
h. El **te/té** amb llimona és ben bo.
i. Aquest divendres estaré **sol/sòl** a casa.
j. El **sol/sòl** d'aquest terreny és molt fèrtil.

8 ••• Què hi falta?

Quina forma verbal falta? Completa les oracions amb la forma adequada del verb entre parèntesis:

a. És important que ____ (**actuar**, **tu**) amb moderació.
b. Han demanat que ____ (**evacuar**) el poble aquesta mateixa nit.
c. Encara que ____ (**suar**), has d'acabar de plantar les llavors.
d. Val més que em ____ (**refiar**) del meu germà.
e. Quan jo ____ (**avaluar**) les proves, et trucaré.
f. És necessari que ____ (**pronunciar**, **tu**) el discurs amb claredat.
g. Vols que ____ (**canviar**, **jo**) la cortina?
h. Vull que en Jordi ____ (**anunciar**) la bona notícia als companys.

9 ••• Falten accents gràfics?

Estan ben escrites aquestes frases? Reescriu-les accentuant gràficament les paraules que calgui:

a. No m'agrada que em prenguis el pel.
b. Dema us dire que passa al mon.
c. He pres el te a les cinc de la tarda.

10 ••• DICTAT PREPARAT

Per escriure sense faltes, és important fixar-nos molt bé en les paraules. Llegeix el text següent abans que te'l dictin i fes les activitats:

Àudio

L'Uzalard arrabassa les claus d'una estrebada, deixa la capsa oberta damunt l'armadura, vola fins a trobar l'escala... i escala amunt! Quan entra de nou a l'habitació de l'oncle, comprova irritat que ha perdut molt de temps. L'oncle deu estar per caure. No vol ni imaginar-se com es posaria si l'atrapés aquí, remenant la calaixera! Cinc calaixos. Per quin comença? Instintivament, s'ajup i comença a provar claus; la tercera és la bona. Amb la mà tremolosa per l'agitació, comença pel darrer calaix. És ple de roba de llit. La palpa, l'aixeca i mira a sota. Res. S'alça i obre el primer. Més roba; també la prem, també l'aixeca. Tanca i obre el següent. Tot són capses de mides diferents i petits objectes dels quals no sap l'ús ni què són. I aquí sí, entre una capsa folrada de pell i una que té la tapa de nacre, hi veu la flauta.

Mercè Company, *El fill del passat*. Editorial Planeta & Oxford

a. Copia les paraules que duen accent gràfic diacrític.
b. Digues si els mots de dues o més síl·labes accentuats gràficament són aguts, plans o esdrúixols.
c. Escriu la norma corresponent al mot amb dièresi.

11 ••• COMPAREM LLENGÜES!

Sabeu traduir aquestes frases al català? Compte amb els accents gràfics! Si teniu dubtes, podeu fer servir el diccionari multilingüe:

a. Yo tomaré una taza de té y un trozo de tarta.
b. No me gustan nada los reptiles ni los roedores.
c. Mi madre trabaja en el sector textil.
d. Los días 3 y 5 de mayo se celebrarán las olimpiadas del instituto.
e. El abuelo de Marta estuvo en el hospital ingresado por neumonía.

En línia

Boletaires

Un joc de caçar bolets per a dos jugadors. Qui serà el millor caçador?

Preparació de la partida

Agafa 2 *paelles* i de moment deixa-les de banda. Remena la resta de cartes de bosc i forma'n una pila, que col·locaràs de cara avall, assegurant-te que hi ha espai al costat per crear la pila de descart.

Revela 8 cartes de la pila de bosc i col·loca-les formant una filera que separi els jugadors. Aquestes cartes formen el bosc. Les 2 cartes que es troben més lluny de la pila representen la teva situació actual: col·loca-hi el parell de sabates davant en posició horitzontal per indicar-ho. Et recomanem deixar un petit espai al costat de la carta més allunyada de la pila per crear la pila de descomposició.

Remena les 8 cartes de nit i col·loca-les de cara avall formant una nova pila al costat de la pila de bosc. Finalment, agafa totes les cartes de bastó i forma'n una tercera pila prop de les dues primeres.

El jugador que hagi menjat bolets més recentment iniciarà la partida.

Devir

1 Resol a partir del text:

- L'objectiu d'aquest text és...
  - ○ ...explicar com es juga al joc de taula Boletaires.
  - ○ ...transmetre informació sobre la indústria dels jocs de taula en català.
  - ○ ...descriure els tipus de cartes que hi ha en el joc de taula Boletaires.
  - ○ ...convèncer els lectors perquè comprin el joc de taula Boletaires.
- Segons la intenció comunicativa, es tracta d'un text...
  - ○ ...narratiu.
  - ○ ...expositiu.
  - ○ ...predictiu.
  - ○ ...instructiu.
- Tenint en compte el canal i el receptor del missatge, per què podem dir que es tracta d'un text adequat?
- En aquest tipus de textos l'ordre en què apareix la informació és important. Si els passos que cal seguir estan ben ordenats, quina propietat textual compleix el text?
  - ○ Adequació.
  - ○ Coherència.
  - ○ Cohesió.
  - ○ Correcció.

2 Sovint, aquests tipus de textos tendeixen a ser molt esquemàtics. Amb quins connectors milloraries la cohesió d'aquest fragment?

________ agafa 2 paelles i de moment deixa-les de banda. ________ remena la resta de cartes de bosc i forma'n una pila, que col·locaràs de cara avall, assegurant-te que hi ha espai al costat per crear la pila de descart.

________ **revela 8 cartes de la pila de bosc** i col·loca-les formant una filera que separi els jugadors. Aquestes cartes formen el bosc.

I no t'oblidis de la correcció! Afegeix els accents que calgui al resum del joc:

Troba deliciosos bolets i cuina'ls amb amor en una paella, afegint-hi *mantega* i *sidra* per refinar-ne el gust. Cada vegada que preparis una racio de bolets aconseguiras punts de gust. El jugador amb mes punts al final de la partida sera el guanyador!

Quina de les paraules del text anterior porta accent diacrític?

3 I a tu, t'agraden els jocs de taula? Explica de manera resumida com es juga al penjat o a qualsevol altre joc que coneguis.

No has de sobrepassar els 150 mots!

En línia

Què en sabem, ara?

Ets autor o autora de textos? Sí! Cada cop que obres la boca crees un text, adequat a la persona a qui et dirigeixes; cada vegada que escrius un whatsapp crees un text que comunica alguna cosa... si és que qui el rep t'entén, perquè de vegades no se t'acaba d'entendre! Pot ser?

Superresposta

Per què comunicar-se bé no és senzill?

Prepareu la resposta en grup. Feu una presentació que tingui en compte les qüestions següents:

- Quin objectiu tenen els diferents tipus de textos? Quins tipus de textos hi ha?
- Quines propietats ha de tenir un text perquè compleixi l'objectiu per al qual ha estat creat?
- Quins recursos es fan servir en els textos orals per aconseguir l'objectiu?

Escriu un text d'unes 150 paraules amb una resposta raonada.

Valora't

Ja has arribat al final. És el moment d'aturar-se i reflexionar. Què contestaries a cada una d'aquestes preguntes?

Què has après? **Com ho has après?**

Com podries millorar? **Per a què et pot servir?**

Valoració en línia

Què t'ha semblat la seqüència 2?

★ ★ ★ ★ ★

SEQÜÈNCIA 3

Llengües vives

Com canvien les llengües?

Com canvien les llengües?

Activa't 44

Connectem

Què en sabem?

Avança 46

L'origen de la llengua

Lingua latina per se illustrata, Hans H. Ørberg

Per nòstra lenga, Institut d'Estudis Occitans

El petit príncep, Antoine de Saint-Exupéry

Les *Homilies d'Organyà*

Reflexionem sobre la llengua

Les grafies **p/b**, **t/d** i **c/g**

Avalua't 54

Posa't a prova

Què en sabem, ara?

Valora't

Connectem

Dius paraules que la gent gran no entén? Fas servir més anglicismes dels que et pots permetre? Cada generació es distingeix de l'anterior fent servir paraules noves. Algunes queden, d'altres es perden amb els anys i s'obliden. Si penses que això és així des de l'origen de la humanitat, entendràs com evolucionen les llengües, tot i que no és l'únic sistema. Les més de 6.000 llengües que es parlen avui (sí, sí, ho has entès bé!) provenen totes de la mateixa llengua original? Si és així, com afirmen algunes teories, com ho hem fet perquè hi hagi llengües tan diferents com el xinès i el català?

Superpregunta

Com hem arribat a la llengua que parlem avui, el català del segle XXI?

Què en sabem?

Ets capaç de respondre ara mateix la superpregunta? Segurament et falten algunes dades, però en saps més del que et sembla. Vols comprovar-ho?

- Llatí de fa una pila de segles: "Magnum imperium romanum est." Català d'avui: "Barcelona és una ciutat molt gran." Quina relació hi ha entre aquestes dues llengües?
- Què en saps, del llatí? Qui el parlava, on, quan? I del català?
- Què et costa més entendre, el que diu una persona en italià o en rus? Per què?
- Per a un catalanoparlant, què creus que és més fàcil: aprendre portuguès o alemany?
- Que les llengües canvien és evident. Què ha canviat de la llengua que tu parles amb la teva família respecte de la que parlen els teus avis o àvies? Quines paraules fan servir ells que tu no utilitzes? A Catalunya sempre s'ha parlat català?
- Sabries dir alguna llengua que hagi desaparegut i que ja no es parli avui?

Te n'adones? Amb tot el que ja saps i amb el treball d'aquesta seqüència aconseguiràs resoldre la superpregunta. Endavant!

L'origen de la llengua

Per què creus que el català i el castellà (i l'italià, el francès, el portuguès...) s'assemblen?

Quan es va fundar Roma (l'any 753 aC), el llatí era només una llengua parlada al centre d'Itàlia. Gradualment, els romans van anar conquerint territoris i dominant pobles fins a arribar a crear l'imperi més gran de l'edat antiga al voltant de la Mediterrània.

Un imperi, una llengua

Cap a l'inici de l'era cristiana (al segle I), el llatí s'havia convertit en la llengua de tot un imperi estès per tota la Mediterrània. L'expansió territorial de Roma va comportar que els soldats, els colons i els administradors imposessin la seva llengua i els seus costums als pobles sotmesos, en un procés d'assimilació cultural i lingüística que rep el nom de **romanització**.

Els romans van entrar a la península Ibèrica per Empúries el 218 aC i des d'allà van iniciar-ne la conquesta. Hispània va esdevenir província romana, i ibers, celtes i altres pobles que l'habitaven van adoptar el llatí.

Observa el mapa i digues el nom d'algunes províncies de l'imperi Romà al segle II.

L'origen de les llengües romàniques

Després de la caiguda de l'Imperi Romà d'Occident (l'any 476 dC), el llatí de les classes acomodades i cultes es va mantenir com a llengua literària, mentre que la llengua de les classes populars va esdevenir l'anomenat llatí vulgar.

Aquest llatí parlat, inculte i ple d'aportacions lingüístiques d'altres pobles, va evolucionar de forma diferent als diversos territoris, fins que va fragmentar-se en dialectes que, més tard, van donar origen a les **llengües romàniques**.

Les llengües romàniques o neollatines actuals són el gallegoportuguès, el castellà o espanyol, el català, l'occità o provençal, el francès, el sard, el rètic o retoromànic, l'italià i el romanès.

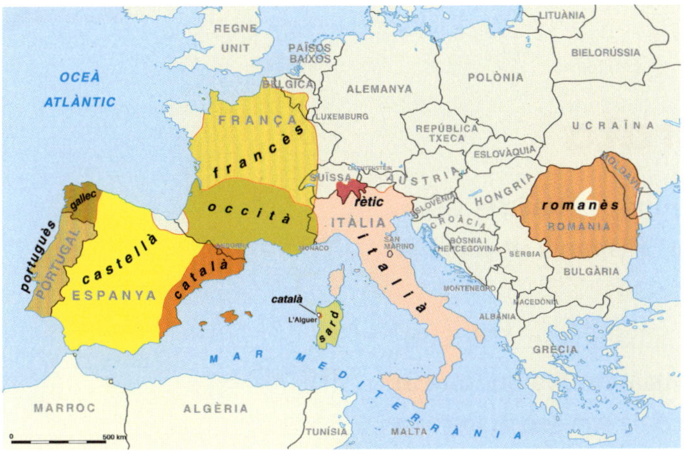

Quants anys van passar des de l'entrada dels romans a la Península fins a la caiguda de l'Imperi?

Quin nom d'una part del cos és el resultat de l'evolució de la paraula llatina AURICULA?

Els primers textos en llengua vulgar

Durant els segles de l'edat mitjana, la gent s'expressava en català, occità, italià, castellà..., encara que la llengua de cultura fos exclusivament el llatí.

Les primeres referències a les llengües romàniques no es troben fins al segle IX, quan l'Església demana als bisbes que les seves homilies siguin traduïdes del llatí a la llengua vulgar, perquè els fidels ja no entenen el llatí clàssic.

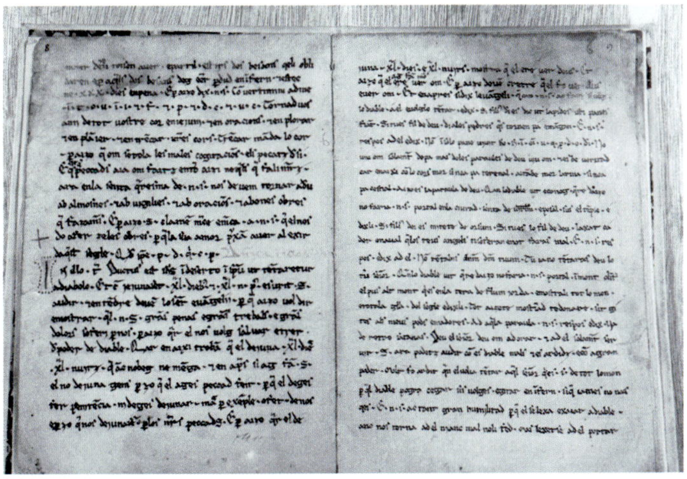

Mostra de dos dels vuit fulls de pergamí que componen les *Homilies d'Organyà*, un dels textos més antics de la llengua catalana.

Què deuen ser les **homilies** d'un bisbe?

Trobes que hi ha diferències entre la teva manera de parlar i la dels teus avis? T'imagines les diferències entre cinquanta generacions?

Les primeres manifestacions en la nostra llengua són les ***Homilies d'Organyà***.

De quan són?

Daten de final del segle XII o començament del XIII.

Per què són importants?

Són considerades el primer text d'intenció més o menys literària que s'ha trobat en la nostra llengua.

Què ens explica aquest text?

Es tracta d'un sermó de missa que un capellà anònim va preparar per als fidels de la seva parròquia. En aquells temps, la missa, com és sabut, es feia en llatí culte, però després de llegir l'evangeli el capellà explicava allò que havia llegit als fidels en un llenguatge planer i, sobretot, en la seva llengua, que a Catalunya feia temps que havia deixat de ser el llatí per convertir-se en el català.

Un altre text escrit dels més antics que es conserva en català és la traducció d'un codi de lleis visigòtic, el ***Forum iudicum***, que data de començament del segle XII.

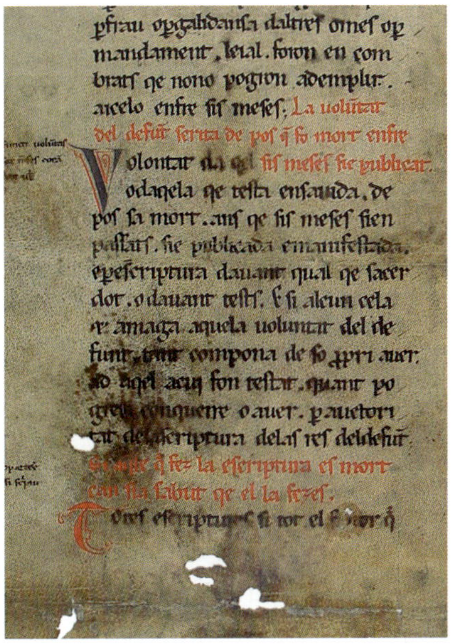

Fragment del *Forum iudicum*. Es tracta d'una traducció d'una complicació de lleis visigòtiques de mitjan segle VII.

Hi ha especialistes que consideren que les llengües no evolucionen sinó que degeneren. Per què creus que ho afirmen?

Àudio

Lingua latina per se illustrata

Roma in Italia est. Italia in Europa est. Graecia in Europa est. Italia et Graecia in Europa sunt. Hispania **quoque** in Europa est. Hispania et Italia et Graecia in Europa sunt.

quoque També.

Aegyptus in Europa non est. Aegyptus in Africa est. Gallia non in Africa est, Gallia est in Europa. Syria non est in Europa, **sed** in Asia, Arabia quoque in Asia est. Syria et Arabia in Asia sunt. Germania non in Asia est, sed in Europa est. Britannia quoque in Europa est. Germania et Britannia sunt in Europa.

sed Però.

Vbi est imperium Romanum? Imperium Romanum est in Europa, in Asia, in Africa. Hispania et Syria et Aegyptus provinciae Romanae sunt. Germania non est provincia Romana: Germania in imperio Romano non est. Sed Gallia et Britannia sunt provinciae Romanae. In imperio Romano **multae** sunt provinciae. **Magnum** est imperium Romanum!

vbi On.

multae Moltes.

magnum Extens.

Hans H. Ørberg, Focus Publishing

Àudio

Per nòstra lenga

Fasèm crida solemne a François Mitterrand, President de la Republica, qu'escriviá en 1981 que "lo combat per la liberacion del Pòble de França passa tamben per la luta dels pòbles «minoritaris» de nòstre Païs":

fàsem Fem.

- al Governament de la Republica per qu'enfin un projècte de lei **sus** l'estatut de las Lengas de França sigue presentat a l'Assemblea; als Representants dels Pòble francés, deputats e senadors, perque **pòsque** enfins ésser votada una lei garantissent los dreits lingüistics de cada ciutadan;

sus Sobre.

pòsque Pugui.

- al Ministre de l'Educacion nacionala, al Ministre de la Cultura e a totes los ministres perque s'acabe lo temps de las promessas e que venga lo temps dels actes;

- als Ciutadans d'aqueste Païs, perque s'**arreste** lo genocidi cultural, perpetrat dins l'indiferéncia generala, al nom del centralisme.

arreste Aturi.

Fasèm crida solemne a totes per que deman, dins l'Euròpa una e divèrsa, los dreits lingüistics e culturals dels Pòbles **siaguen** reconeguts per fin de preservar lo prodigiós potencial de creativitat que representan pel monde de deman.

siaguen Siguin.

Institut d'Estudis Occitans, lo 21 de març de 1989

Lwak – [redacted]

1 ●●● Ho has entès?

Llegeix en veu alta el primer text. Per fer-ho, segueix aquestes orientacions sobre la pronúncia clàssica del llatí.

- La lletra c sempre sona com una k.
- La lletra g sempre sona gu.
- La lletra v sempre es llegeix com una u.
- Quan trobis una consonant doble, has de pronunciar totes dues consonants.

Ara, resol les qüestions següents:

a. Classifica en continents o províncies els noms geogràfics que apareixen en el text.

b. Digues a quin país europeu actual correspon el territori del text anomenat Germania.

c. Indica com és anomenada en el text la unitat política que engloba la majoria dels noms geogràfics.

d. Tradueix oralment el text amb l'ajuda del glossari.

e. Indica amb quin adjectiu es qualifica l'imperi Romà al final del text. T'és familiar aquesta paraula? És viva encara en la nostra llengua?

2 ●●● En llatí!

Llegeix aquesta informació sobre el llatí:

Les majúscules del nostre alfabet, vigent a les llengües occidentals, són les mateixes que feien servir els romans. El llatí no coneixia els articles. Els substantius, els adjectius i els pronoms variaven (es declinaven) segons la funció sintàctica que tenien dins la frase.

Ara, llegeix aquestes dues frases en llatí i resol:

PETRVS IVLIAM AMAT
IVLIA PETRVM AMAT

a. Quina posició ocupa el verb?

b. Fixa't que la terminació -M (IVLIAM, PETRVM) indica que la paraula fa la funció de complement directe. Tenint en compte això, quina de les dues frases vol dir que en Pere estima la Júlia?

3 ●●● Prefixos llatins

Fixa't que en el català actual tenim moltes paraules formades amb prefixos llatins com els següents:

anti- contra- equi- multi- pro- trans- supra-

- Què signifiquen? Busca'ls en el diccionari i escriu-ne el significat. Copia algunes paraules formades amb aquests prefixos.

4 ●●● Art romà a l'actualitat

Trieu un dels temes següents i feu una presentació sobre l'art i l'arquitectura romanes que encara persisteixen a Catalunya:

- ○ Obres públiques: teatres, termes, ponts, aqüeductes, monuments...
- ○ Pintura, escultura i mosaics.

5 ●●● De què van?

Llegeix atentament el text escrit en occità i relaciona cadascun dels paràgrafs amb els temes següents:

- Paràgraf 1
- Paràgraf 2
- Paràgraf 3
- Paràgraf 4
- Paràgraf 5

- Conservar les llengües és bo per al futur.
- El mateix president francès reconeix que el país serà més lliure si els pobles que l'integren també ho són.
- S'ha de posar fi al centralisme, ja que destrueix la cultura.
- Cal deixar-se estar de paraules i passar als fets.
- Els parlamentaris francesos han d'impulsar una llei que garanteixi els drets lingüístics de tothom.

6 ●●● Un altre títol!

I tu, quin títol li posaries? Pensa un títol en català per al segon text. Després, compara'l amb els títols de la resta de companys i companyes de la classe.

En línia

Àudio

El petit príncep

Llegeix el mateix fragment de l'inici d'*El petit príncep* en diferents llengües romàniques.

a. Lorsque j'avais six ans, j'ai vu, une fois, une magnifique image, dans un livre sur la Forêt Vierge qui s'appelait "Histoires Vécues". Ça représentait un serpent boa qui avalait un fauve.

b. Un tempo lontano, quando avevo sei anni, in un libro sulle foreste primordiali, intitolato "Storie vissute della natura", vidi un magnifico disegno. Rappresentava un serpente boa sull'atto d'inghiotire un animale.

c. Certa vez, quando tinha seis anos, vi num libro sóbre a Floresta Virgem, "Histórias Vividas" uma imponente gravura. Representava ela uma jibóia que engolia uma fera.

d. Cuando yo tenía seis años vi una vez una lámina magnífica en un libro sobre el Bosque Virgen que se llamaba "Historias Vividas". Representaba una serpiente boa que se tragaba a una fiera.

ANTOINE DE SAINT-EXUPÉRY

Àudio

Homilies d'Organyà

Audir et entendre deuem **sent** Mateu lapostol et euangelista, qe **dix** en Euangeli qe **adés auetz ozid**. Dir vol e mostrar qe **qan N. S.** anaue per la **tera**, si anà El per les teres **doltra mar**, qe per El **sa proximaue** a la passió que deuie **rede** en Jherusalem.

audir Oir, escoltar.

sent Sant.

dix Va dir.

adés auetz ozid Ara acabareu.

qan Quan.

N. S. Nostre Senyor (Jesucrist).

tera Terra.

doltra mar De més enllà del mar.

sa proximaue S'aproximava.

rede Lliurar.

1 Llengües romàniques

Resol les qüestions següents:

a. A quina d'aquestes quatre llengües correspon cada un dels fragments del primer text?

- italià
- castellà
- portuguès
- francès

b. Com ho has sabut? Explica-ho.

c. Busca en els textos la paraula que correspon a cada un dels conceptes indicats en la taula següent i completa'n una d'igual:

concepte	italià	castellà	portuguès	francès
Numeral comprès entre el 5 i el 7				
Objecte per ser llegit				
Il·lustració				
Rèptil que no té potes				

2 Ens entenem?

Reflexiona sobre el treball que has fet en aquesta unitat i contesta:

a. Per què creus que has pogut llegir i comprendre, sense gaire ajuda, textos de llengües diferents?

b. Quina de les llengües t'ha semblat més propera al català?

Ara, posa en comú la teva resposta amb els companys i les companyes.

3 En català!

Escriu la teva versió catalana del començament d'*El petit príncep* a partir de les diferents traduccions en llengües romàniques. Després, resol les qüestions:

a. Compara la teva versió amb la traducció catalana publicada. Text

b. Hi ha gaires diferències entre totes dues? Quines? De vocabulari, de sintaxi? Explica-les.

4 En vols saber més?

Busqueu informació i digueu quines són les llengües romàniques actuals.

5 Llengües diferents!

En quina llengua són escrites les paraules següents? Fixa't que les paraules llatines són escrites amb majúscules i completa una taula com la següent:

bon · acqua · bueno · bom · AQVA · eau · agua · buono · BONVM · aigua · bo · água

llatí	català	castellà	francès	italià	portuguès

6 Com seria en català actual?

Com seria el fragment del segon text en català actual? Escriu-lo amb l'ajut del glossari. Si convé, canvia l'ordre de les paraules de la frase i evita les repeticions del text original.

7 Investiga!

En vols saber més, de les *Homilies d'Organyà*? Busca informació i fes un breu resum de tot el que descobreixis:

a. Per què són tan importants?

b. Quan i com es va trobar el manuscrit?

c. On es troba en l'actualitat?

d. Què vol dir homilia?

e. Per què s'anomenen d'Organyà?

En línia

Reflexionem sobre la llengua

Les grafies p/b, t/d i c/g

La p i la b semblen molt diferents, oi? Quan diem boca o poca segur que no tens cap dubte de com s'escriuen. Però si es troben a final de mot sonen igual i et pots confondre. Passa el mateix amb la t i la d i la c i la g. Però no passis ànsia, aprenent alguns trucs sabràs quina lletra has d'escriure!

La p i la b, la t i la d i la c i la g

Distingir la **p** i la **b**, la **t** i la **d** i la **c** i la **g** en posició inicial de síl·laba és molt fàcil, però a final de síl·laba, tant a fi de mot com a l'interior de mot, cada parella de grafies sonen igual. Per exemple: el darrer so de *llo**p*** i *clu**b*** és el mateix, i també el de *se**t*** i *fre**d*** i el de *ma**g*** i *sa**c***. Fixa't en aquestes regles:

- A fi de mot s'escriu **p**, **t**, **c**:

POSICIÓ	EXEMPLES	EXCEPCIONS
Darrere vocal tònica.	*humit, pit, paret, salut, malastruc, rap, pebrot, foc, noruec, abric, bec, salut*	Els mots *adob, cub, fred, sud, mag...* Els noms femenins acabats en **-etud** i **-itud**: *quietud, solitud...* Els mots acabats en **-leg**, **-gog**, **-fug**: *bìoleg, demagog, febrífug...*

- A fi de mot s'escriu **p** o **b**, **t** o **d**, **c** o **g**:

POSICIÓ	EXEMPLES	EXCEPCIONS
Darrere vocal àtona o consonant, segons la lletra amb què s'escriguin els derivats.	*serp* (*serpentina*) *destorb* (*destorbar*) *intèrpret* (*interpretar*) *sòlid* (*solidesa*) *arc* (*arcada*) *càstig* (*castigar*)	*ànec, aràbic, mànec, fàstic, xàfec, feréstec...* 1a pers. sing. del present d'indicatiu d'alguns verbs de la 2a conjugació: *entenc, vinc...*

- A l'interior de mot:

POSICIÓ	EXEMPLES	EXCEPCIONS
Mots que comencen per **cap-**.	*capficar, capdamunt, capvespre*	*cabdal, cabdell, cabdill, Cabdella*
Mots que comencen per **ab-**, **ob-**, **sub-**.	*abdomen, observar, subministrar*	*apte, aptitud, opció, òptica, òptim, optar*
Mots que comencen per **ad-**.	*adjectiu, admetre, advocat, adverbi*	*atmosfera, atzar, atleta, atlàntic, atles, atzavara*
S'escriu **g** davant de **d**, **g**, **m** i **n**.	*magdalena, suggerir, augment, digne*	*anècdota, acme, pícnic, tècnic*
S'escriu **c** en els altres casos.	*acceptar, escacs, facsímil*	
Dupliquen la **d**, la **c** i la **g** alguns mots i els seus derivats.	*addicte, addicció, accelerar, accés, accèssit, suggerir*	

1 Amb P o amb B?

Completa els mots següents amb p o amb b:

cal_ – cal_esa
cam_ – cam_erol
llam_ - llam_egar
àra_ - ara_esc

Després de fixar-te en aquests noms, quina conclusió en treus? Completa:

Darrere de vocal àtona o consonant s'escriu b o p ____.

2 S'escriuen així?

Quines paraules estan mal escrites? Identifica-les i escriu-les correctament:

psicòlec · atleta · atvertència · estúpit · brunzit · actitut · adicte · obvietat · inmediat

3 Són derivats!

De quina paraula deriva cada un dels mots següents? Escriu-la:

naufragar · solidesa · artista · criticar · tardar · cartilaginós · certesa · porquet

Després de fixar-te en aquests noms, quina conclusió en treus? Completa:

Darrere de vocal àtona o consonant s'escriu t, d, c, g ____.

4 Frases incompletes

Completa les oracions amb p/b, t/d i c/g:

a. La virtu_ és una qualita_ bona en la persona.
b. El seu ami_ és norue_ i viu a Belgra_.
c. Li fan fàsti_ les ser_s, els présse_s i els espàrre_s.
d. Enten_ la teva solitu_, però no la comparteixo.
e. Recone_ els bado_s tan bon punt els veig.
f. El gre_ és una llengua del nor_ d'Europa.

5 Comencen igual

Coneixes mots que comencin per cap-? Escriu-ne tres.

6 DICTAT PREPARAT

Per escriure sense faltes, és important fixar-nos molt bé en les paraules. Llegeix el text següent abans que te'l dictin i fes les activitats:

Àudio

10 escapades dormint en un alberg

Us ve de gust fer activitats nàutiques, caminar o fer una ruta en bicicleta a la vora del mar o gaudir d'un bon àpat de cuina marinera? Us animeu a visitar el castell de Burriac, o bé preferiu fer una excursió pel bosc d'alzina i roure del massís del Montnegre, provar de fer un recorregut amb ruc o practicar esports d'aventura? Al Maresme us podeu allotjar a l'alberg de Cabrera de Mar situat en un edifici noucentista o al de Canyamars, situat en un entorn privilegiat envoltat de natura.

www.descobrir.cat

a. Copia els mots que acaben en t. Quin és un gerundi?
b. Troba els mots que acaben en c o en g i escriu-los.
c. Copia els mots que presenten alguna dificultat ortogràfica.

7 COMPAREM LLENGÜES!

Sabeu traduir aquestes frases al català? Compte amb l'ortografia! Si teniu dubtes podeu fer servir el diccionari multilingüe:

María ignoraba que ser una atleta profesional fuera tan duro.

Es difícil aceptar que la felicidad es momentánea.

La actitud de Juan el sábado pasado fue inadmisible.

Luis me sugirió que probara las magdalenas que trajo al pícnic.

En línia

Posa't a prova

Prova de competències

Poema LXXXV (*Odi et amo*)

Catul

1 Odio i estimo. Potser et preguntes per què ho faig.
No ho sé, però sento que és així i em tortura.

2 Odi et amo. Quare id faciam fortasse requiris.
Nescio, sed fieri sentio et excrucior.

3 Odio y amo. Por qué hago esto, quizás preguntas.
No lo sé; pero siento que es así, y me atormento.

4 I hate and I love. Why do I do this, perhaps you ask.
I do not know, but I feel it happening and I am tortured.

5 Odio e amo. Per quale motivo io lo faccia, forse ti chiederai.
Non lo so, ma sento che accade, e mi tormento.

6 Je hais et j'aime. Par quel moyen le ferai-je, peut-être demandes-tu.
Je ne sais pas, mais je sens que ça le devient et je suis tourmenté.

7 Odeio e amo. Porque o faço, talvez perguntes.
Não sei. Mas sinto que é assim, e sofro com isso.

1 Resol a partir del text:

- **En quina llengua està escrit cada paràgraf? Pot ser en francès, en castellà, en català, en italià, en llatí, en anglès i en portuguès.**
- **Què tenen en comú les llengües dels paràgrafs 1, 2, 3, 5, 6 i 7 i en què es diferencien de la llengua del paràgraf 4?**
- **Consulta el text i indica quina és la traducció de l'expressió "per què ho faig" en llatí, en portuguès i en italià.**
- **Completa una taula com aquesta amb mots del text:**

Llatí	fortasse			
Castellà			preguntas	
Català		sento		no ho sé
Francès	peut-être		demandes	
Portuguès				não sei
Italià		sento		

2 Omple els buits del text amb la consonant adequada (p/b, t/d, c/g):

El llatí és una llengua indoeuropea, parlada, a l'antiguita_, a Roma i als territoris del seu Imperi, i, a l'alta eda_ mitjana, als països de la Romània, fins al momen_ que es produí el trànsi_ a les respe_tives llengües nacionals.

El català és una llengua romànica del gru_ de la Romània o_cidental, amb tre_s comuns a les llengües iberoromàniques, com la morfologia, i a les llengües gal·loromàniques (el fonetisme i, en par_, el lèxi_), molt afí a l'o_cità.

L'anglès és la llengua literària o estàndar_ oficial al Re_ne Unit i als seus dominis i als EUA. És a_tualmen_ la llengua indoeuropea que té més parlants (pro_ dels 300 milions) i la segona del món després del xinès.

Ara, completa aquests mots i els seus derivats. Després, classifica els mots primitius segons la regla ortogràfica que segueixen:

clàssi_ ▸ clàssi_a	occiden_ ▸ occiden_al	deriva_ ▸ deriva_a
ver_ ▸ ver_al	gru_ ▸ agru_ar	gramàti_ ▸ gramati_al
lingüísti_ ▸ lingüísti_a	romàni_ ▸ romàni_a	anti_ ▸ anti_a

3 Escriu un text breu explicant el que saps sobre el paper que va tenir la romanització en l'origen de les llengües romàniques: Què és? Qui la va dur a terme? Quina llengua va associada a aquest procés? Què va passar amb la llengua després de la caiguda de l'imperi Romà (476 dC)?

Amb 150 paraules n'hi ha prou!

En línia

Què en sabem, ara?

Les llengües estan en constant evolució: inventem paraules, d'altres es deixen d'utilitzar, ens influeixen les llengües amb què interactuem... Nosaltres parlem català, però ben segur que no és el mateix català que es parlava fa un segle o fa vint anys.

Superresposta

Com hem arribat a la llengua que parlem avui, el català del segle XXI?

Prepareu la resposta en grup. Feu una presentació que tingui en compte la qüestió següent:

- Hi ha especialistes que consideren que les llengües no evolucionen sinó que degeneren. Per què creus que ho afirmen?

Escriu un text de 100 a 150 paraules amb una resposta raonada.

Valora't

Ja has arribat al final. És el moment d'aturar-se i reflexionar. Què contestaries a cada una d'aquestes preguntes?

Què has après? **Com ho has après?**

Com podries millorar? **Per a què et pot servir?**

Valoració en línia

Què t'ha semblat la seqüència 3?

★ ★ ★ ★ ★

SEQÜÈNCIA 4

Formar i informar

T'interessa el que passa al teu voltant?

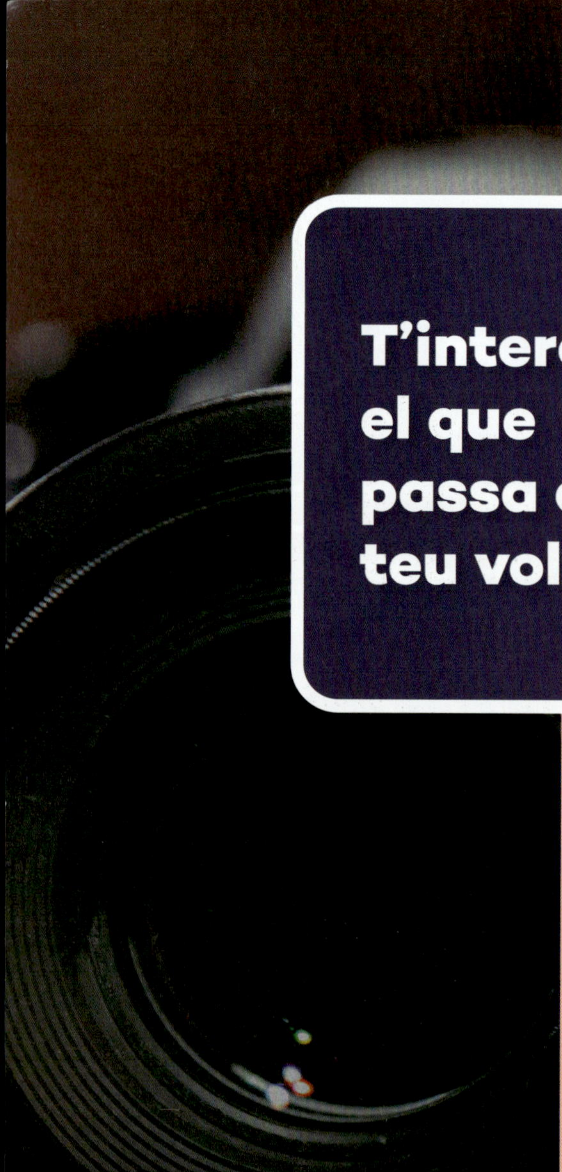

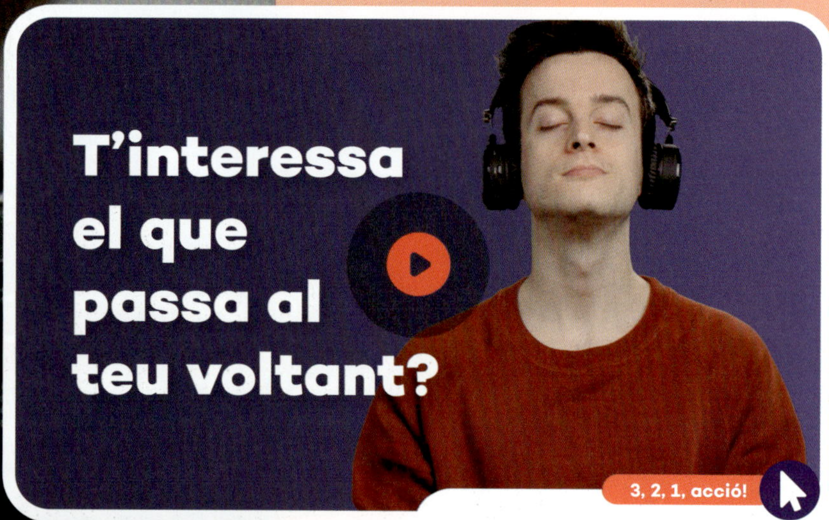

T'interessa el que passa al teu voltant?

Connectem

Ets una persona connectada al teu entorn? T'interessa el que passa i sempre vols saber-ne més? O vius en el teu propi món i no saps —ni t'interessa!— què passa a un pam teu? Si ets del primer tipus de persona, que no sigui que tens vocació de periodista! Si ets del segon tipus, pensa en una altra feina, perquè això d'informar no seria el teu fort!

Superpregunta

Com es decideix si s'ha d'informar, interpretar o opinar?

Activa't 58

Connectem

Què en sabem?

Avança 60

Els mitjans de comunicació

Escrivim

Parlem

Reflexionem sobre la llengua
La essa sonora i la essa sorda

Avalua't 68

Posa't a prova

Què en sabem, ara?

Valora't

Què en sabem?

Ets capaç de respondre ara mateix la superpregunta? Segurament et falten algunes dades, però en saps més del que et sembla. Vols comprovar-ho?

- Per què és necessari que hi hagi professionals que expliquin el que passa? Fa gaire temps que existeix la professió de periodista? Quin grau hauries d'estudiar si vols dedicar-te a aquesta feina?
- Quins mitjans fan servir els periodistes per comunicar-se amb el públic?
- Coneixes alguna persona que treballi en aquest àmbit? Digue'n algun nom.
- Influeix en la teva visió de la realitat el que sents o veus en els mitjans de comunicació? Justifica la resposta.

Te n'adones? Amb tot el que ja saps i amb el treball d'aquesta seqüència aconseguiràs resoldre la superpregunta. Endavant!

Els mitjans de comunicació

T'has assabentat d'algun fet que t'interessa per mitjà de les notícies de les xarxes socials? A casa teva mireu la televisió o escolteu la ràdio? Coneixes cap diari digital? I en paper? Quantes preguntes! Tot per dir-te que els mitjans per informar-nos són diversos. Quin és el teu preferit?

La funció dels mitjans de comunicació

Els mitjans de comunicació com la premsa escrita—ja sigui en paper o digital—, la televisió, la ràdio i internet són presents en la nostra vida. Són mitjans de comunicació massius, és a dir, han estat concebuts per arribar a una audiència àmplia.

Els mitjans de comunicació tenen tres objectius:

- **Informar:** explicar les coses que passen, reflectir la realitat.
- **Formar:** interpretar els fets que passen.
- **Entretenir:** fer passar una bona estona a l'audiència.

A més, els mitjans de comunicació tenen una **funció social**, ja que són creadors **d'opinió pública**. D'aquí la importància que els periodistes, que són les persones que donen a conèixer la informació, ho facin amb **rigor**, **veracitat** i **honestedat**.

I tu, a través de quin mitjà t'informes? Ràdio, televisió, xarxes socials o premsa escrita?

Els gèneres periodístics

Qualsevol tema que es publica en un mitjà de comunicació suposa una tria per part de la persona que l'emet. Per què donar aquella informació i no una altra? Decidir quin contingut ha d'aparèixer en les pàgines d'un diari o en un telenotícies, quins aspectes es tractaran i quins s'ometran o quines paraules es faran servir és una **interpretació** de la realitat. En tots els casos, cal que el periodista tingui en compte sempre els criteris d'**honradesa** i **independència**.

La diversitat de temes tractats en els mitjans de comunicació i la implicació que hi té el periodista fa que es puguin distingir diversos gèneres, amb característiques pròpies pel que fa al contingut, l'estructura i el llenguatge.

Aquests són els principals:

Exemples

GÈNERES PERIODÍSTICS

- **INFORMATIUS**
  - reportatge
  - notícia
  - entrevista informativa
- **INTERPRETATIUS**
  - crònica
  - reportatge
  - entrevista interpretativa
- **D'OPINIÓ**
  - crítica
  - editorial
  - article d'opinió

El llenguatge periodístic

La llengua és l'eina principal dels mitjans de comunicació, ja siguin orals o escrits. Cada gènere periodístic té característiques diferents, i la llengua que s'hi fa servir ha de ser adequada al contingut i a l'audiència. En tots els casos, però, el llenguatge periodístic ha de ser **clar**, **precís** i **concís**.

Les frases han d'estar construïdes de manera que el text s'entengui bé i que no pugui generar interpretacions diferents de les del periodista que l'emet. També cal que s'ofereixi la màxima informació en el mínim de paraules possibles; així s'evitaran elements superflus que no aportin informació.

Fixa't en aquests exemples:

EXEMPLE PER VALORAR LA CLAREDAT

La cantant continua la seva carrera d'èxits als Estats Units

A què es refereix el periodista que ha escrit el titular? La cantant té una llarga carrera d'èxits i en suma un més als Estats Units? O bé la cantant ha triomfat molt als EUA i hi suma un nou triomf? Hauria estat més clar si s'hagués escrit això:

La cantant continua als Estats Units la seva carrera d'èxits

EXEMPLES PER VALORAR LA PRECISIÓ I LA CONCISIÓ

Els fets ocorreguts ahir a la capital d'Anglaterra van indignar el primer ministre anglès

El llenguatge utilitzat és poc precís. A quins fets ocorreguts ahir es refereix? Si els coneixem, val més fer-hi referència. D'altra banda, l'expressió "el primer ministre anglès" és molt llarga i va contra el principi de concisió. Hauria estat més precís i concís si s'hagués escrit això:

La manifestació antiglobalització d'ahir a Londres va indignar Johnson

A més, com que els mitjans tenen una funció social i creen opinió entre la població, és molt important que el llenguatge periodístic eviti caure en **estereotips** i **prejudicis**, per exemple, que no faci servir un llenguatge sexista o racista.

EXEMPLE PER VALORAR L'ÚS NO RACISTA DEL LLENGUATGE

Detenen un magrebí per robar ulleres en una òptica de Lleida

Dir l'origen de la persona només serveix per augmentar els prejudicis que tenen algunes persones en relació amb les persones estrangeres. Si l'origen fos un altre (català, per exemple) s'hauria dit? Vegem el titular correcte:

Detenen un home per robar ulleres en una òptica de Lleida

EXEMPLE PER VALORAR L'ÚS NO SEXISTA DEL LLENGUATGE

Descobreix els tres tipus de depilació que més agraden a les dones

El titular d'aquesta revista de moda pressuposa que a les dones els agrada depilar-se i, a més, que la depilació és cosa de dones. Com es podria millorar?

Descobreix els tres tipus de depilació que funcionen millor

Per què diem que la feina del periodista sempre té un caràcter interpretatiu?

1 ●●○ **Opina, interpreta o informa?**

Potser tot és informació, però de vegades amb un punt de vista subjectiu. Llegeix aquests textos i indica quina actitud adopta el periodista en cada cas, si opina, interpreta o informa:

La nova samarreta del Barça

Antoni Bassas

Heus aquí l'article de cada any, per aquestes dates, sobre la nova samarreta del Barça. No m'agrada gens. No millora la d'aquest any, perquè torna a multiplicar les franges. I el pantaló amb un camal de cada color és de festa de disfresses. La manera com hi han incrustat una Creu de Sant Jordi i hi han casat al voltant un festival de ratlles més primes i més gruixudes no ha quedat gens reeixit. És més una equipació per entrenar-se que per competir. Fa molts anys que els dissenyadors treballen per vendre samarretes (cap problema), però a còpia de propostes llampants i suposadament alegres, que agradin al turista, de manera que la funció representativa dels colors i la seva disposició va quedant desnaturalitzada. Perquè, a sobre, quan els equips juguen fora de casa sovint renuncien a la seva identitat per obligació comercial i no pas per evitar confusions amb el rival. ¿I en quin element simbòlic rau el sentiment de pertinença si no en els colors? Estaria bé que els socis poguessin dir-hi la seva.

Ara, 16/6/2021

Troben a Subirats restes de cocodril i de rinoceront de fa setze milions d'anys

També s'ha localitzat el crani d'un felí primitiu únic a Europa

Les excavacions paleontològiques al jaciment dels Casots, a Subirats (Alt Penedès), han fet descobrir **restes de cocodril i rinoceront de fa setze milions d'anys**. També s'ha localitzat el crani d'un felí primitiu únic a Europa, segons que ha explicat l'investigador de l'Institut Català de Paleontologia i codirector del jaciment, Isaac Casanovas. Havien passat gairebé tres dècades de les darreres excavacions, represes el 2019, quan la pandèmia va obligar a ajornar-les l'any passat. Enguany s'han pogut reprendre i l'equip encarregat dels treballs confia a poder extreure les restes localitzades.

Vilaweb, 4/7/2021

Merkel, l'adeu al pragmatisme i a la sobrietat

La cancellera alemanya abandonarà el càrrec a la tardor, deixant com a llegat un lideratge humil, pràctic i poc ambiciós, però amb solucions als problemes

2005, 2009, 2013 i 2017. Són les quatre eleccions consecutives que ha guanyat Angela Merkel. Això, sense grans discursos emotius ni frases grandiloqüents. La cancellera ha practicat la cultura política de compartir el poder: sempre ha hagut de governar en coalició. Ara bé, amb la seva astúcia com a líder de la CDU, la Unió Cristianodemòcrata d'Alemanya, ha neutralitzat els seus rivals polítics, com l'SPD, el Partit Socialdemòcrata Alemany, o els Verds, desgastant-los i apropiant-se de les seves propostes.

La seva popularitat s'ha basat en la normalitat: ser i semblar **una dona normal a qui et pots trobar al súper** o la botiga de la cantonada de qualsevol ciutat alemanya, explica Oriol Serra, corresponsal de Catalunya Ràdio a Berlín:

"La humilitat que Merkel predica és real, una simplicitat autèntica. Si no ho fos, no l'hauria aconseguit mantenir setze anys."

Mapamundi, 6/7/2021 (fragment)

Ara, poseu en comú les vostres respostes i contesteu aquestes preguntes:

a. Quines característiques de cada text us han ajudat a resoldre l'activitat?

b. Com podríeu transformar el titular del text que té l'objectiu d'informar perquè fos interpretatiu? I el del text en el qual el periodista interpreta per tal que fos merament informatiu?

2 ●●○ Qui és Puppy?

Sabeu què és el finançament col·lectiu o *crowdfunding*? Si no, ja feu tard... Llegiu aquesta notícia i feu les activitats:

Crowdfunding per restaurar l'icònic gos Puppy del Guggenheim de Bilbao

La campanya de recollida de donacions per restaurar l'escultura floral obra de Jeff Koons estarà activa fins a la tardor

El Museu Guggenheim de Bilbao ha engegat una campanya per recaptar fons per a la restauració de la coneguda escultura Puppy, que ha estat la **imatge internacional del museu basc** des de la seva inauguració el 1997.

L'escultura floral de 12 metres d'alçada, obra de Jeff Koons, necessita una urgent restauració de l'estructura metàl·lica interior, deteriorada després de 24 anys a la intempèrie.

La campanya de *crowdfunding* estarà activa fins a la tardor i **l'objectiu és recaptar 100.000 euros**. Des que es va presentar la iniciativa fa dos dies ja s'han aconseguit més de 6.000 euros.

Els treballs de restauració es faran a partir de l'octubre, coincidint amb el **canvi de plantes que revesteixen l'escultura Puppy** de les típiques de l'estiu per les de la temporada hivernal. Aquesta tardor **es restaurarà l'esquelet d'acer, el sistema de reg i les diferents capes que fixen el substrat** que nodreix les plantes. [...]

Els responsables del Museu Guggenheim **demanen la col·laboració ciutadana** per assegurar que "una obra tan estimada i representativa de Bilbao com Puppy" lluirà en perfectes condicions els pròxims 25 anys.

S'ha habilitat un apartat al web del museu denominat #DaVidaAPuppy al qual poden accedir totes les persones que vulguin fer una aportació i convertir-se en **mecenes del cadell floral gegant**. El pagament es pot fer amb targeta de crèdit, Paypal o Bizum [...].

324, 27/6/2021

a. Copia almenys una paraula que és supèrflua i indica l'opinió del periodista.

b. Explica per què és una notícia interpretativa.

3 ●●● T'ha quedat clar?

A veure si et queda clar! Explica amb les teves paraules i amb algun exemple l'afirmació següent:

Els/les periodistes han de donar a conèixer la informació amb **rigor**, **veracitat** i **honestedat**.

4 ●●○ Clar, precís i concís!

Recordes els principis de claredat, precisió i concisió? Reescriu els titulars perquè els compleixin:

El president del Govern de Catalunya es troba amb el president de França a la capital francesa

Les platges del litoral català estaran protegides per persones que s'encarregaran de vigilar i salvar vides quan calgui

L'actriu Rosa Farms arriba a la capital catalana per presentar-hi la darrera pel·lícula en la qual actua

5 ●●○ Què sobra?

Cal que els periodistes comentin la bellesa d'un esportista? Identifica els mots que no haurien de ser en els textos següents:

Les sexis jugadores de la selecció brasilera han arribat a la ciutat per competir al Campionat Mundial d'Atletisme. La bella Bianca Souza és la capitana de l'equip.

Un noi de vint-i-cinc anys va ser detingut ahir, acusat del robatori amb violència que va tenir lloc la setmana passada a Torruella. El jove, d'ètnia gitana, va ser identificat per una de les persones agredides.

6 ●●○ Quin embolic!

Segur que de vegades dius coses que no s'interpreten bé. Seria greu si fossis periodista! Redacta de nou aquestes frases perquè no hi hagi confusió:

a. La motxilla de la noia desapareguda ha estat trobada per un veí a prop de casa seva.

b. El motorista va atropellar un ciclista que va resultar ferit i va fugir.

c. La influencer ha confessat passar per un moment molt delicat, des que el seu pare va perdre la vida, a causa de l'addicció a les drogues.

d. Els incendis dels darrers dies són per imprudències i provocats.

En línia

Escrivim...

La capacitat dels mitjans de comunicació va més enllà d'informar: ajuden a crear l'opinió publica sobre diferents temes, com la imatge física. Els mitjans promocionen la diversitat o alimenten els estereotips sobre bellesa corporal?

Analitza i prepara

1 T'agrada fer safareig?

- **Llegeix** aquesta notícia publicada en la secció dedicada als famosos d'un diari en línia:

> ### Judit Mascó té dues filles actrius: Maria i Paula, fotogèniques com la mare
>
> Judit Mascó és la persona més guapa de Catalunya. Obvietats a banda, és una *celebrity* solidària, generosa i familiar. Amb el seu marit de sempre, Eduardo Vicente, han pujat quatre nenes. De moment la model només ensenya les tres majors d'edat que l'acompanyen a algun *photocall*. Són, per ordre de naixement, Maria, de 23 anys, Paula, de 21 anys, Romita, de 20 anys, i Clara, de 15 anys. És evident que han sortit a la mare. Fins i tot la filla no biològica és fotogènica. Què els donen per menjar?
>
> Durant anys les passarel·les han especulat **quina de les filles** succeiria la mare com la gran model del país. L'ombra de la millor és allargada, així que les noies sembla que tiren per una altre gremi, l'art. Tenen una companyia amb un nom fàcil de recordar i eufònic: **Melapela**. Són les inicials de les tres actrius: les dues germanes grans, Maria i Paula, i una tercera intèrpret, la Laia. M., L. i P. actuen en petits teatres. [...]
>
> Cal estar molt atents a l'Instagram de la filla de la model per anar a veure-les actuar. [...] Mare model, pare advocat, filles artistes. Creatives i amb personalitat. Són el contrari dels fills típics de *celebrity*. Però què mengen per esmorzar a can Mascó Vicente?
>
> www.elnacional.cat

2 Ja l'has llegit?

- Ara, **resol** les qüestions següents:
  - La persona que ha escrit la notícia es limita a informar? Explica per què.
  - Hi ha opinions personals? Quines?
  - Creus que són correctes les valoracions sobre el físic que es fa de les diverses professionals que s'hi anomenen?
  - A partir d'aquesta notícia, podries valorar si les noies són bones actrius o si la mare és una bona professional?
  - Què opines de la redacció d'aquesta notícia?

- Segur que tu ho fas millor! **Torna a escriure la notícia**. Tingues en compte aquests elements:

a. Decideix quina és la informació que es vol transmetre:

- ◯ Judit Mascó té quatre filles.
- ◯ A casa de Judit Mascó s'hi menja molt bé.
- ◯ Judit Mascó és molt guapa.
- ◯ Dues filles de Judit Mascó són actrius.
- ◯ Les filles de Judit Mascó són fotogèniques.

b. Reflexiona sobre els estereotips i els judicis de valor que caldria evitar:

- La comparació entre la bellesa de la mare i les filles.
- La valoració de les noies per la seva bellesa.
- Judicis genèrics sobre els fills de les persones famoses.
- Informacions que no són necessàries per comprendre la notícia, com l'origen no biològic d'una filla o la professió del pare.
- Opinió personal sobre la bellesa.
- Altres.

c. Torna a escriure aquesta notícia evitant els errors que hi has detectat.

Escriu i revisa

3 Et toca a tu!

Ara que saps què NO has de fer, escriu una notícia sobre una persona famosa.

- Fixa't en aquests aspectes:
  - La funció informativa del text.
  - Si el text evita els tòpics i els estereotips.
  - L'extensió de les frases i la seva claredat.
  - L'organització de les idees.
  - El vocabulari utilitzat i l'ús de la puntuació.

4 Com ha quedat el text que has escrit?

Rellegeix-lo i respon sí, no o es pot millorar:

- El text compleix la seva finalitat?
- Tota la informació té valor informatiu?
- Has evitat l'ús de tòpics o estereotips?
- La informació que hi apareix és coherent?

Refés el text per millorar els aspectes que ara has vist que no acaben d'estar prou bé.

Intercanvia el teu text amb algun company o companya i ajudeu-vos a millorar-lo!

Per què és important l'opinió dels periodistes?

En línia

i parlem

Són iguals la notícia d'un diari i la d'un informatiu televisiu? No! I tu, què prefereixes?

Escolta

1 Mira el vídeo

Vídeo

Descobreix els aspectes principals de la lectura en veu alta.

Parla

2 Dinàmica de grup

Feu aquesta activitat en grup:

- Cada membre busca un titular i l'escriu en un paper; després, en un altre escriu un estat d'ànim o emoció.
- Feu dues piles sobre la taula: una dels titulars i l'altra dels estats d'ànim.
- Cada membre agafa un paper de cada pila i llegeix el titular amb l'entonació que l'estat d'ànim requereix.
- Quan tothom hagi llegit, barregeu els papers i feu una altra ronda. I tantes com vulgueu!

Quines conclusions pots extreure d'aquesta dinàmica? Explica-les.

3 Segueix els passos

Tria un text periodístic breu i segueix aquests passos:

- Practica'n la lectura en veu alta tenint en compte la dicció, el ritme i l'entonació.
- Llegeix el text en veu alta davant del teu grup.
- Valora la lectura del text dels teus companys i companyes amb una rúbrica d'avaluació!

Rúbrica d'avaluació

Com es pot interpretar una notícia en un mitjà audiovisual?

En línia

Reflexionem sobre la llengua

La essa sonora i la essa sorda

No és el mateix anar pel carrer amb una rosa que amb una rossa, oi? A vegades una s marca la diferència!

El so de la essa sonora i de la essa sorda

La **essa sonora** [z] i la **essa sorda** [s] són dos sons diferents. Observa com el so de *de**s**embre* o ***z**ero* és diferent del so de ***s**al* o *ca**ç**a*.

Per escriure correctament cada grafia, cal tenir en compte les regles ortogràfiques següents:

La essa sonora [z]

S'ESCRIU S	Entre vocals.	*ca**s**a, belle**s**a*
	En els derivats de **dins**, **fons** i **trans**.	*endin**s**ar, enfon**s**ar, tràn**s**it*
S'ESCRIU Z	A començament de mot.	***z**ero, **z**ona*
	Darrere consonant.	*col**z**e, don**z**ella*
	Entre vocals, en alguns mots cultes o d'origen grec.	*a**z**alea, topa**z**i, o**z**ó*

La essa sorda [s]

S'ESCRIU S	A començament de mot.	***s**al, **s**eient*
	Darrere consonant.	*en**s**enyar, dan**s**a*
	A fi de mot.	*arrò**s**, cabà**s***
	Entre vocals, després d'un prefix o en un mot compost.	*a**s**imetria, bio**s**íntesi, mare-**s**elva*
S'ESCRIU SS	Entre vocals.	*ma**ss**a, trencadi**ss**a*
S'ESCRIU Ç	Davant **a**, **o**, **u**.	*ca**ç**a, feli**ç**os, tra**ç**ut*
	A fi de mot.	*dol**ç**, feli**ç**, llu**ç***
	En els sufixos **-ança** i **-ença**.	*confian**ç**a, creixen**ç**a*
S'ESCRIU C	Davant **e**, **i**.	*ra**c**es, na**c**ió*
S'ESCRIU SC	En alguns mots.	*con**sc**iència, pi**sc**ina*

Observacions

- Recorda que la **ç** s'escriu davant de **a**, **o**, **u** i a final de mot. Per tant, caldrà fer un canvi de grafia quan escriguis el plural o canviïs de temps i de persona verbal de les paraules amb **ç**: *ra**ç**a, ra**c**es; ca**ç**ar, ca**c**en*...
- Hi ha molts mots acabats en **-s** que fan el femení, el plural o els derivats en **-ss-**: *go**s**, go**ss**a, go**ss**os, go**ss**es; cabà**s**, caba**ss**os*.
- Els adjectius que acaben en **-aç**, **-iç**, **-oç** en singular tenen dues formes en plural, una per al masculí i una per al femení. Per exemple: *capa**ç**, capa**ç**os, capa**c**es; feli**ç**, feli**ç**os, feli**c**es; velo**ç**, velo**ç**os, velo**c**es*.

1 ●●● Amb S o amb Z?

Completa els mots següents amb s o z:

cerve_a · bi_antí · de_embre
analit_ar · tran_igir · _odíac
trape_i · _ebra · tran_istor
a_e · ben_ina · pe_ar

Després de fixar-te en aquestes paraules, quina conclusió en treus? Completa:

El so de essa ____ es pot representar amb les grafies z i s:

- S'escriu s ____ i en els derivats de dins, fons i ____.
- S'escriu z ____, ____ i entre vocals en alguns noms cultes o d'origen grec.

2 ●●● Quins canvis hi ha?

Escriu dues paraules a partir de cada un dels mots següents. Poden ser derivats o el plural:

feliç · llaç · braç · cabàs · eficaç · tros · capaç · traça

Després de fixar-te en aquestes paraules, quina conclusió en treus? Completa:

La ç es pot escriure davant de les vocals ____ i ____.

3 ●●● Quin so tenen?

Com sonen? Llegeix en veu alta cada grup de paraules i, després, relaciona cada mot amb el so de la essa corresponent:

ceba • forces • vèncer • decebre
zoològic • protozous • botzina • zombi
capaç • fiança • braç • feroç • temença
fusible • rosa • enfonsar • paisatge • frase

[s]
[z]

4 ●●● Com es conjuguen?

Saps conjugar els verbs apedaçar i començar en present d'indicatiu? Fes-ho!

5 ●●● DICTAT PREPARAT

Per escriure sense faltes, és important fixar-nos molt bé en les paraules. Llegeix el text següent abans que te'l dictin i fes les activitats:

Àudio

L'acumulació d'imatges en els nostres ordinadors ha apaivagat la inquietud d'organitzar les fotos personals, però els discos durs estan emmagatzemant un arxiu caòtic d'imatges sense cap jerarquia. Fotos intranscendents que es fan amb el mòbil per recordar una plaça de pàrquing o un retrat d'un gat que trobes pel carrer succeeixen instants essencials de la nostra vida.

Tinguem present que hi haurà un dia a la vida que lamentarem no haver fet els àlbums de fotos. Diem que no tenim temps. Però és precisament tot aquest temps el que estem llençant en uns arxius descontrolats d'imatges que, d'aquí a uns anys, seran impossibles de destriar.

Mònica Planas Callol, "Sense àlbums de fotos", *Ara* (adaptació).

a. Copia quatre paraules que tinguin el so de essa sorda i s'escriguin amb diferents grafies.

b. Copia dues paraules que tinguin el so de essa sonora i s'escriguin amb diferents grafies.

c. Escriu els mots que tenen alguna dificultat ortogràfica.

6 ●●● COMPAREM LLENGÜES!

En castellà també hi ha el so de essa sorda, però es fan servir les mateixes grafies que en català? Tradueix aquestes oracions i ho comprovaràs:

a. La impresora no funciona, habrás de ir a la oficina.

b. Has d'assajar la lectura fins que tinguis prou confiança.

c. En aquesta cassola estic cuinant una salsa de mostassa boníssima.

d. La professora ha escrit a la pissarra la solució de l'exercici.

e. Serem capaços de descobrir el missatge secret amagat en aquest jeroglífic?

En línia

Festes nadalenques sense fred ni neu

La nit de Cap d'Any serà excepcionalment càlida i s'intueixen ben poques precipitacions abans de Reis

Hem encetat el dia de Sant Esteve amb més fred que ahir però encara amb un ambient relativament suau per a l'època de l'any, amb glaçades febles i localitzades exclusivament a muntanya i a les valls i fondalades pirinenques i amb temperatures mínimes que no han baixat dels 10 graus en molts trams de la costa central i de la Costa Daurada. Al migdia la sensació tampoc ha sigut d'hivern i el termòmetre s'ha enfilat fins als 19 graus a Barcelona, la Bisbal d'Empordà, Cunit i el Prat de Llobregat o els 18 a Reus, Anglès i Ulldecona.

Pel que fa a l'estat del cel, aquest diumenge tampoc esperem gaires complicacions. La boira només serà persistent en alguns sectors del pla de Lleida —aquí les màximes no han passat dels 8 o 9 graus— i a la resta del país el pas d'algunes bandes de núvols prims mig enterbolirà el cel a estones, especialment a partir del migdia. Avui no s'haurà d'obrir el paraigua enlloc i, de fet, amb els mapes a mitjà i a llarg termini sobre la taula, tampoc s'intueixen gaires precipitacions durant la resta de festes nadalenques.

Els termòmetres avui recularan lleugerament, però aquest descens serà totalment anecdòtic i dimarts ja recuperaran entre dos i quatre graus i en el tram final del mes de desembre encara en guanyaran sis o set més. No seria estrany que el dia 31 de desembre les temperatures diürnes superessin els 20 graus en força comarques de la costa i del Prelitoral. Aquesta entrada d'aire càlid farà que el mercuri toqui sostre la vigília de Cap d'Any i, ara com ara, sembla que a partir de dissabte els termòmetres aniran reculant progressivament.

Marc Candela, www.ara.cat, 26/12/2021 (adaptació).

1 Resol a partir del text:

- **Quin tipus de gènere periodístic és?**

  ○ D'opinió. ○ Interpretatiu.
  ○ Informatiu. ○ Literari.

- **A l'hora d'informar sobre la previsió meteorològica del cap de setmana, creus que seria adequat donar molta importància al bon temps i evitar parlar de possibles pluges?**

  ○ Sí, perquè ajuda l'economia del país, ja que així la gent fa més plans per sortir.
  ○ Sí, és del tot normal, ja que els periodistes poden triar el contingut de la notícia.
  ○ No, només seria adequat fer-ho per exagerar la previsió de mal temps, així els ciutadans serien més prudents i s'evitarien riscos.
  ○ No, perquè tot i que el periodista ha de fer una tria de la informació, l'ha de fer amb rigor, veracitat i honestedat.

- **Vertader o fals? Respon:**

  a. Segons la intenció comunicativa, aquesta notícia és un text de tipus predictiu.
  b. Possiblement el periodista ha triat els pobles i les ciutats dels quals dona la temperatura en funció de criteris personals.
  c. L'objectiu del text és mostrar l'opinió de qui l'escriu sobre els efectes del canvi climàtic.
  d. El fet d'aportar dades concretes de les temperatures en diferents llocs fa que la informació sigui més precisa.

- **Tenint en compte el canal, el receptor i el gènere periodístic, quina frase podria ser adequada per a aquesta notícia?**

  ○ Avui fa un fred que pela, però demà ja tornarà la caloreta, eh!
  ○ S'ha imposat un vent geostròfic de 2 m/s i 340°, constant al llarg de tota la nit, coincidint amb el valor del vent a 1.000 m AGL.
  ○ Demà dilluns al matí nevarà al Pirineu per sobre dels 1.800 o 1.900 metres d'altitud i dimarts encara es podran escapar alguns flocs.
  ○ A mi no m'agrada l'hivern. Si pogués, aniria saltant d'estiu en estiu per esquivar tots els hiverns del món.

2 Classifica els mots segons el so de la grafia destacada, [z] o [s]:

locali**tz**ades • en**c**etat • gla**ç**ades • de**s**embre • di**ss**abte • **s**uau • sen**s**ació • exclu**s**ivament

Completa els derivats següents amb la grafia corresponent:

glaç → gla_ades, gla_ó, gla_iació

força → for_ós, for_ut, for_ejar

3 Selecciona la informació que consideris més rellevant d'aquesta notícia per escriure'n una versió resumida per a la secció "Notícies en un minut".

No has de sobrepassar els 150 mots!

En línia

Què en sabem, ara?

Si un dia et vols dedicar al periodisme, podràs tenir opinió o hauràs de ser neutral en tots els temes? El periodisme és una professió que obliga a transmetre la realitat de manera exacta sense cap indici del que pensa o opina la persona que l'escriu? Després de llegir la informació d'aquesta seqüència, segur que tu sí que tens una opinió formada!

Superresposta

Com es decideix si s'ha d'informar, interpretar o opinar?

Prepareu la resposta en grup. Feu una presentació que tingui en compte les qüestions següents:

- Per què diem que la feina del periodista sempre té un caràcter interpretatiu?
- Per què és important l'opinió dels periodistes?
- Com es pot interpretar una notícia en un mitjà audiovisual?

Ha arribat l'hora de la superresposta! Escriu un text de 100 a 150 paraules amb una resposta raonada.

Valora't

Ja has arribat al final. És el moment d'aturar-se i reflexionar. Què contestaries a cada una d'aquestes preguntes?

Què has après? | Com ho has après? | Com podries millorar? | Per a què et pot servir?

Valoració en línia

Què t'ha semblat la seqüència 4?

SEQÜÈNCIA 5

Donzelles indomables

De l'edat mitjana al segle XXI. Què ha canviat?

De l'edat mitjana al segle XXI. Què ha canviat?

3, 2, 1, acció!

Connectem

Rap, hip-hop, trap, rock, pop... Les dones reivindiquen el seu lloc en l'escena musical, tradicionalment ocupada per homes. És una reivindicació del segle XXI? No! Malgrat la societat patriarcal de l'edat mitjana, les dones ocupaven un lloc en la lírica trobadoresca. Però... quin lloc ocupaven?

Superpregunta

Quin paper tenien les dones en la lírica medieval?

Activa't 72

Connectem

Què en sabem?

Avança 74

La poesia trobadoresca

"Cançoneta lleu i plana" i "Canto plorant, ple de tristor", Guillem de Berguedà

Ramon Llull

Text A i B, Ramon Llull

Reflexionem sobre la llengua

Les grafies i els dígrafs **x**/**ix**, **tx**/**ig**, **g**/**j**, **b**/**v**, **m**/**n**, **l·l** i **h**

Avalua't 84

Posa't a prova

Què en sabem, ara?

Valora't

Què en sabem?

Ets capaç de respondre ara mateix la superpregunta? Seguramentet falten algunes dades, però en saps més del que et sembla. Vols comprovar-ho?

- Quin és el teu cantant preferit o la teva cantant preferida? Escriu les lletres de les seves cançons? En quina llengua ho fa? En coneixes cap que canti en català?
- Quin compositor o compositora coneixes que no interpreti les seves cançons?
- I a tu, t'agrada més crear una peça artística o interpretar-la? O ets dels que fa totes dues coses bé? Vaja, que si tens més facilitat per al karaoke o per inventar-te la lletra o la música d'una cançó...
- Vinga, treu una mica la pols als teus records: si et diuen que una cantant és lírica, quin tipus de música interpreta? Vol dir que canta tocant la lira?
- Fes memòria: si et pregunten per la lírica de l'edat mitjana, què et ve al cap? Joglars, trobadors...? Llatí, occità, català...?

Te n'adones? Amb tot el que ja saps i amb el treball d'aquesta seqüència aconseguiràs resoldre la superpregunta. Endavant!

La poesia trobadoresca

Sabies que moltes de les cançons que escoltes no estan escrites per qui les canta? I és que no és el mateix interpretar una cançó que compondre-la! A l'edat mitjana passava una cosa semblant: els trobadors escrivien poemes i els joglars els cantaven.

La lírica trobadoresca

La lírica trobadoresca va sorgir a les corts aristocràtiques d'Occitània a la primera meitat del segle XII. Era una poesia profana (és a dir, no religiosa), adreçada a les classes cultes i escrita en provençal. El provençal o **occità** va ser la primera llengua romànica que va generar una literatura de prestigi, obra dels trobadors, que es designaven així per diferenciar-se dels poetes, que escrivien els versos en llatí.

L'amor cortès

L'**amor cortès** és una de les temàtiques per excel·lència de la lírica trobadoresca. Els **trobadors** i les **trobairitz** van ser els primers a cantar l'amor des d'un punt de vista laic, no religiós. Aquest amor era tractat amb educació, refinament i espiritualitat. L'amor cortès consistia a traslladar el rígid esquema de les relacions feudals entre senyor i vassall, basades en la fidelitat, a la relació amorosa entre la dama i l'amador o trobador.

La **dama**, anomenada **domina** o **midons**, era objecte del vassallatge del trobador (**hom**). Com que era casada, havia de mantenir el secret de la relació i per això els trobadors s'hi referien amb una paraula o expressió, el **senhal**, i no pas amb el nom. Els acusadors o espies, els **lausengiers**, podien alertar el **gilós** (el marit) dels afers de la dama i el trobador.

Pel que fa a la diferència entre trobadors i joglars, els trobadors eren els autors de les composicions destinades a ser cantades. Els joglars, que també podien exercir de trobadors, eren els encarregats de cantar i interpretar les obres que componien els trobadors.

D'altra banda, la poesia de les trobairitz es diferencia de la dels trobadors per la manera com revela els sentiments i les emocions i per l'ús d'un llenguatge clar i directe.

Alguns dels trobadors catalans més coneguts són Guillem de Berguedà, Guillem de Cabestany, Cerverí de Girona i Raimon Vidal de Besalú. També cal destacar la trobairitz coneguda amb el nom de comtessa de Dia.

Els gèneres de la lírica trobadoresca

La poesia trobadoresca tenia unes característiques formals segons la temàtica de què tractava. En destaquen els gèneres següents:

- **cançó**
  Gairebé sempre dedicada a l'amor.
- **sirventès**
  Destinat a l'atac personal o a la propaganda ideològica.
- **plany**
  Reservat a lloar un personatge mort.
- **pastorel·la**
  Dedicada als festeigs amorosos entre pastores i cavallers.
- **alba**
  Dedicada a cantar el despertar dels amants que s'havien de separar amb l'arribada del nou dia.

Hi havia el mateix nombre de trobadors que de trobairitz? A què cantaven les trobairitz i els trobadors?

Àudio

Guillem de Berguedà

D'aquest trobador del segle XII sabem que va viure entre els anys 1138 i 1196, però no en sabem exactament les dates de naixement i mort. De la seva obra es conserven trenta-un poemes escrits en llengua provençal que reflecteixen les tensions, els conflictes o les enemistats amb alguns nobles veïns, com en el cas de Ponç de Mataplana, a qui va dedicar el poema "Cançoneta lleu i plana". La part més reeixida de l'obra de Guillem de Berguedà són els poemes en què es dedica a atacar i ridiculitzar els seus enemics. Però sorprèn, també, la gran sensibilitat i delicadesa d'altres poemes, com "Canto plorant, ple de tristor", dedicat al mateix Ponç de Mataplana després que va morir lluitant contra els sarraïns.

Cançoneta lleu i plana

Cançoneta lleu i plana,
lleugereta, sense ufana,
faré sobre Mon Marquès,
traïdor de Mataplana,
tan farcit d'engany i obès.
Ah, Marquès, Marquès, Marquès
tan farcit d'engany i obès!

Benhagen, Marquès, les pedres
de Melgur, prop de Someiras,
on perdéreu de dents, tres;
no en sofriren les primeres
i no s'hi coneix pas res.
Ah, Marquès, Marquès, Marquès
tan farcit d'engany i obès!

El braç no us val una figa,
sembla un cabiró de biga
i el porteu molt mal estès;
caldrien fregues d'ortiga
que el nervi us deixessin tes.
Ah, Marquès, Marquès, Marquès
tan farcit d'engany i obès!

Marquès, qui de vós es fia
no té amor ni companyia;
ull viu, si vol sortir il·lès:
que vagi amb vós a ple dia,
de nit no li és permès.
Ah, Marquès, Marquès, Marquès
tan farcit d'engany i obès!

És ben foll qui amb vós es vana
de sestar de bona gana
sense calçó cordovès;
no és de fill de cristiana,
un costum tan poc cortès.
Ah, Marquès, Marquès, Marquès
tan farcit d'engany i obès!

Canto plorant, ple de tristor

Canto plorant, ple de tristor,
per la dolença que m'ha pres
havent-se mort el meu Marquès,
En Ponç, el pros de Mataplana,
que era desprès, franc i cortès,
ornat de bons capteniments,
considerat un dels millors
que a Sant Martí de Tors mai fos
fins a tocar la terra plana.

Molta d'angoixa i de dolor
ens ha deixat i ben malmès
nostre país, puix ja no hi és
En Ponç, el pros de Mataplana;
pagans l'han mort, ha estat remès
per Déu de tots els mancaments,
tant dels més grossos com menors,
car són els àngels valedors
de qui servà llei cristiana.

Marquès, en tot no vaig sinó
mentir i errar, quan, descortès,
blasmava tant vostres mercès,
ja que, d'ençà dels Mataplana,
no hi ha vassall més compromès,
digne de més mereixements,
ni més valent ni honrat que vós,
salvant els vostres rics majors,
i no us ho dic per fer-ne ufana.

Marquès, per tant de desamor
i d'ira que ens havia encès,
hagués volgut, si a Déu plagués,
que, abans d'eixir de Mataplana,
féssim les paus per sempre més;
ara tinc molts remordiments
perquè no us vaig prestar socors
tot defensant-vos, sense pors,
de mans de gent tan inhumana.

Del paradís al lloc millor
on és el bo del rei francès,
prop de Rotllà, ha estat admès
el meu Marquès de Mataplana;
i el meu joglar de Ripollès
i el meu Sabata amb altres gents:
dames de rostre molt formós
sobre tapits coberts de flors,
i l'Oliver, el de Lausana.

1 ●●● **Ho has entès?**

Quina estrofa del primer poema tracta cada un dels temes següents? Relaciona:

estrofa I	Acusació al marquès de fals i de lladre.
estrofa II	Referència al físic esguerrat del marquès.
estrofa III	Ridiculització del marquès per les dents que va perdre.
estrofa IV	Presentació del personatge a qui el trobador dedica els seus versos.
estrofa V	Atac al marquès pels seus costums poc cortesos.

2 ●●● **Paraules amagades**

Has entès totes les paraules del primer poema? Resol els mots encreuats amb paraules del text:

HORITZONTALS

1. De poca importància, no greu.
2. Pompa, ostentació.
3. Tens.

VERTICALS

4. Expressió de benedicció a favor d'una persona o cosa.

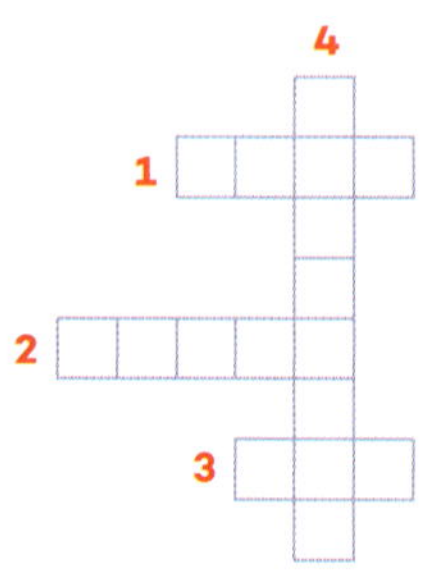

3 ●●● **Quin és l'origen?**

Saps de quin nom prové el verb sestar que apareix en el primer poema? Esbrina-ho i explica'n el significat.

4 ●●● **A quin gènere pertany?**

A quin gènere de la poesia trobadoresca pertany el primer poema? Justifica la resposta.

5 ●●● **T'hi has fixat?**

Fixa't en l'estructura del primer poema i respon les qüestions següents:

a. De quantes estrofes consta el poema?
b. Quants versos té cada estrofa?
c. Quantes síl·labes tenen els versos?
d. Quin nom rep el vers amb aquest nombre de síl·labes, heptasíl·lab, decasíl·lab o hendecasíl·lab?

Ara, completa:

El poema s'estructura en estrofes de ____ versos de ____ síl·labes cadascun, és a dir, ____, i en ____ versos més de tornada.

6 ●●● **Algunes qüestions bàsiques**

Ho has entès? Resol aquestes qüestions sobre el segon poema:

a. Com se sent Guillem de Berguedà? Per què?
b. Amb quins qualificatius Guillem de Berguedà es refereix a Ponç de Mataplana?
c. Qui són els pagans?
d. En quins versos el trobador confessa la seva actitud anterior equivocada envers el marquès?
e. Explica el significat de la quarta estrofa.
f. On situa, Guillem de Berguedà, el marquès de Mataplana després de mort?

7 ●●● **En poques paraules!**

Explica breument el segon poema. Per fer-ho, segueix els passos següents:

1. Digues a qui està dedicat el poema.
2. Digues quin és el tema del poema.
3. Explica quins sentiments té el poeta.

8 ●●● **De quin gènere es tracta?**

A quin gènere de la poesia trobadoresca pertany el segon poema? Justifica la resposta.

Ramon Llull

Creus que mai no és tard per fer un canvi de vida? El mateix va pensar Ramon Llull, que amb més de trenta anys va decidir donar un gir a la seva vida, i no li va anar gens malament: avui dia és considerat una de les grans figures universals de l'edat mitjana, i un nom cabdal de la literatura catalana.

Vídeo

La figura de Ramon Llull

Ramon Llull és una de les figures més rellevants de la literatura catalana. Pocs anys després d'haver passat la trentena, va experimentar un gir en la seva vida, va decidir dedicar-la a la fe i es va convertir en un gran pensador i un dels més grans escriptors de la cultura occidental.

Nascut a Mallorca vers el 1232-1233, va ser un dels primers autors europeus que va usar una llengua neollatina, el català, i va deixar una extensa obra de 234 títols. Li devem les primeres manifestacions literàries en llengua catalana.

Lector de ciència en llatí i àrab, Llull ha estat considerat un geni per la gran varietat de temes que va tractar: teologia, filosofia, alquímia, lògica, medicina, física, etc.

En Llull no es pot separar la faceta d'escriptor de les de filòsof i missioner, ja que concep la literatura com un instrument de divulgació de la seva Art. I què era la seva Art? Un sistema lògic de pensament que tenia dues finalitats: convertir els infidels a la fe de Crist i retornar els usos i els costums propis del cristianisme primitiu a la corrompuda societat occidental.

Llull, amb l'afany de difondre les seves idees, va ser un viatger incansable. Va visitar París, Bolonya, Colònia, Roma, el Mediterrani i el nord d'Àfrica, on va ser ferit de mort durant una predicació i va morir el 1316.

L'obra de Ramon Llull

Les obres narratives més difoses de Llull són aquestes:

Llibre d'Evast e Blanquerna

- **Argument:** El protagonista, Blanquerna, viu els diferents estats de vida religiosa possibles aleshores: ermità, abat, cardenal i papa.
- **Intenció:** Presenta un ampli panorama de les formes de vida ascendents de la burgesia en un context de crisi del cristianisme.

Llibre de les bèsties

- **Argument:** En Fèlix es troba durant el seu viatge uns frares que li expliquen que hi ha un gran aplec d'animals que s'han reunit per escollir un rei. Els animals parlen i obren com si fossin éssers humans o racionals.
- **Intenció:** Té una finalitat didàctica i moral sobre els comportaments humans representats pels animals.
- **Estructura:** És una narració autònoma que correspon al setè volum del *Llibre de meravelles* o *Fèlix* (1288-1289).

Llibre d'Amic e Amat

- **Argument:** Hi apareixen tres personatges: l'Amic (l'home), l'Amat (Déu) i l'Amor, que figura que fa d'intermediària entre tots dos.
- **Intenció:** Conté una metàfora moral per cada dia de l'any. És la màxima expressió de la mística lul·liana.

Llibre de l'orde de cavalleria

- **Argument:** Recull els sabers i les virtuts que ha de tenir qualsevol cavaller i els vicis que cal evitar.
- **Intenció:** Serveix com a manual de cavalleria cristià. Va influir en Joanot Martorell a l'hora de redactar *Tirant lo Blanc*.

Tenint en compte el paper de les dones en la societat medieval, creus que haurien pogut tenir la rellevància de Ramon Llull?

Àudio

Ramon Llull

Ramon Llull va arribar a ser escriptor, filòsof, místic, missioner i un gran viatger. De jove, pertanyia a la cort del rei i conreava la poesia amorosa de tradició trobadoresca, fins que un dia, quan tenia més de trenta anys, va tenir cinc aparicions de Crist crucificat que el van convèncer que havia d'abandonar la vida mundana i dedicar-se a la vida espiritual amb la missió de convertir els pagans al cristianisme.

TEXT A

En aquell temps, a començaments de l'hivern, s'esdevingué que un gran rei, molt noble i de costums molt pietosos, convocà la seva cort. I com que la seva cort tenia una gran fama arreu del món, un bon escuder, cavalcant tot sol damunt del seu palafrè, s'hi dirigia per ser adobat cavaller. Aleshores, de tan cansat que estava de cavalcar, s'adormí. En aquell mateix moment, el cavaller que feia penitència al bosc s'acostà a la font per contemplar Déu i per menysprear la vanitat d'aquest món, tal com s'havia acostumat a fer cada dia. Mentre l'escuder continuava cavalcant així, el seu palafrè sortí del camí, s'endinsà dins del boscatge tant com li vingué de gust, fins que anà a parar a la font on el cavaller feia oració.

El cavaller, quan veié venir l'escuder, deixà la seva pregària, s'assegué al bell prat, a l'ombra de l'arbre, i començà a llegir un llibre que tenia a la falda.

El palafrè, en arribar a la font, en begué aigua. I l'escuder, que s'adonà mentre dormia que el seu palafrè no es bellugava, es despertà i veié al seu davant el cavaller, que era molt vell, tenia una gran barba i cabells llargs i duia roba estripada per l'ús. Per la penitència que feia, era prim i tenia la pell molt blanca, i per les llàgrimes que vessava, tenia els ulls empetitits i la seva mirada era la d'un home sant.

Molt es meravellaren l'un de l'altre, ja que feia molt de temps que el cavaller vivia en solitari i no havia vist ningú des que abandonà la vida mundana i deixà de portar armes. L'escuder també es meravellà d'allò més per la manera com havia arribat en aquell lloc.

TEXT B

De la batalla del Lleopard i del Linx

A la cort del rei anà el Lleopard, i Na Renard, que el veié venir, digué al rei secretament aquestes paraules:

—Senyor, per la vostra unió amb la Lleoparda, he caigut en la ira del Lleopard. Si vós, davant del Lleopard, no m'honreu i no em feu l'honor d'estar més a prop de vós que cap altre, crec que el Lleopard em matarà.

En aquell moment el Lleó feu Na Renard del seu consell, i la feia estar a prop seu perquè el Lleopard no la gosés matar. I per consell de Na Renard, feu porter el Paó, que hi sent molt. A tot el consell del rei i a tots els barons que estaven en aquell lloc desplagué l'honor que el rei feia a Na Renard, i sobretot desplagué al Lleopard, al qual havien dit que Na Renard havia estat l'**ocasió** del maridatge de la seva muller i del rei.

ocasió Causant.

1 ●●● **Paraules difícils**

Saps què signifiquen? Busca en el diccionari aquests mots del text A i explica'n el significat:

cort · palafrè · escuder · adobar · penitència

2 ●●● **Algunes preguntes bàsiques**

Ho has entès tot? Contesta les preguntes següents sobre el primer text:

a. Cap on anava l'escuder? Per què?
b. On va anar a parar el cavall de l'escuder?
c. Què feia l'escuder?
d. On va ser la trobada entre l'escuder i el cavaller? Què hi feia el cavaller, allà?
e. Quina vida havia triat fer, el cavaller?

3 ●●● **Ho saps?**

Quins són els personatges del text A? Com són? A quin escenari té lloc l'acció?

4 ●●● **A quin llibre pertany?**

A quin llibre de Ramon Llull pertany el primer text? Per què ho creieu?

5 ●●● **Qui és Na Renard?**

Saps quin animal representa el personatge de Na Renard del text B? Una guineu, una rata, un lleopard o una lleona?

6 ●●● **Cinc preguntes bàsiques**

Respon les preguntes sobre el text B:

a. Qui es dirigeix al rei?
b. Què li demana? Per què?
c. Quina feina fa el paó? Per què?
d. La resta de la cort accepta l'actitud del rei envers Na Renard? Per què?
e. Quin personatge està més disgustat per la decisió del rei? Per què?

7 ●●● **Com i on?**

Quins són els personatges del segon text? A quin escenari té lloc l'acció?

8 ●●● **De quin llibre es tracta?**

A quin llibre de Ramon Llull pertany el segon text? Per què ho creus?

9 ●●● **Animals al poder!**

Què en sabeu, de les obres narratives en què els animals es comporten com les persones? Contesteu les preguntes:

a. En quin gènere narratiu popular els personatges són animals?
b. Recordeu pel·lícules en què els animals es comportin com si fossin humans? Expliqueu-ne l'argument i descriviu-los.

10 ●●● **Escriptors per un dia!**

Inventa't una narració breu ambientada a la cort d'un rei. Pensa un conflicte entre uns personatges que van a demanar ajuda al rei per resoldre'l.

11 ●●● **En veu alta!**

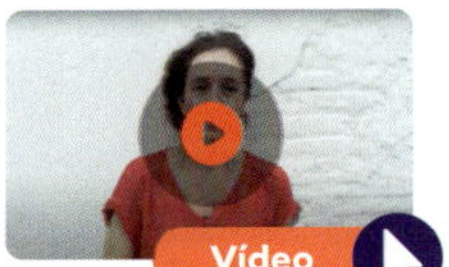

Vídeo

Llegint un text en veu alta podem transmetre un missatge als que ens escolten. Però s'ha de fer partint des de la nostra essència! Escolta aquests consells.

Ara, prepara la lectura en veu alta del text B.

- Fixa't en els signes de puntuació que organitzen el text i en la distribució del text en versos.
- Practica la pronúncia de les paraules que et semblin difícils.
- Recorda projectar bé la veu.
- Tria les paraules importants que vols remarcar.
- Recorda que cal tancar les frases amb l'entonació correcta.
- Assaja la lectura fins que tinguis prou seguretat.

Reflexionem sobre la llengua

Les grafies i els dígrafs x/ix, tx/ig, g/j, b/v, m/n, l·l i h

No és el mateix portar una baca al cotxe que portar-hi una vaca, oi? Mireu si és important l'ortografia!

Les grafies x i ix

En català oriental, **x** i **ix** corresponen al so de xeix, i la **i** del grup **ix** no es pronuncia (**ix** és un dígraf). En català occidental, la **x** a començament de mot i després de consonant sona com **tx**, i la **i** del grup **ix** es pronuncia (**ix** no és un dígraf). Fixa't en les regles ortogràfiques següents:

S'escriu **x**	A començament de mot.	*__x__al, __x__emeneia*
	Darrere consonant.	*ar__x__iu, man__x__a*
	Darrere **i**.	*cli__x__é, gui__x__*
	Darrere la **u** dels diftongs decreixents.	*xau__x__a, rau__x__a*
S'escriu **ix**	Darrere **a**, **e**, **o**, **u**.	*ca__ix__a, gre__ix__, co__ix__í, gru__ix__*

Els dígrafs tx i ig

Cal conèixer les regles ortogràfiques següents per escriure correctament aquests dígrafs:

S'escriu **tx**	A començament de mot.	*__tx__apela, __tx__ec*
	Entre vocals.	*co__tx__e, me__tx__a*
	A fi de mot quan els derivats tenen la mateixa grafia **tx**.	*capri__tx__ ▸ encapri__tx__ar*
S'escriu **ig**	A fi de mot quan els derivats tenen les grafies **j**/**g** o **tj**/**tg**.	*assa__j__ar ▸ assa__ig__* *desi__tj__ar ▸ des__ig__*

Les grafies g i j

En alguns casos, aquestes grafies sonen igual, per això cal conèixer les regles ortogràfiques següents:

S'escriu **g**	Davant **e**, **i**.	*__g__est, fre__g__ir, __G__enís, __G__inebra*
S'escriu **j**	Davant **a**, **o**, **u**.	*__j__aqueta, __j__oc, __j__ulivert*
	En les partícules **-jecc-** i **-ject-**.	*in__j__ecció, ob__j__ecte*
	En les formes dels verbs **jeure**/**jaure** i **ajeure**/**ajaure**.	*__j__eia, __j__èiem, __j__aurem, __j__au*
	En altres mots.	*__j__erarquia, __j__ersei, __j__esuïta*
	En alguns noms propis.	*__J__ehovà, __J__eremies, __J__eroni*
	En les contraccions de noms propis.	*__J__ep (Josep),* *__J__epet (Josepet)*

Les grafies b i v

S'escriu **b**	Davant **l** i **r**.	*pro**b**lema, **b**rau*
	Darrere **m**.	*com**b**oi, tom**b**a*
	Alternant amb **p** en la mateixa família de paraules.	*sa**b**er (sa**p**), re**b**re (re**p**), llo**b**a (llo**p**)*
S'escriu **v**	Darrere **n**.	*can**v**i, en**v**elat*
	En les terminacions de l'imperfet d'indicatiu dels verbs de la 1a conjugació.	*canta**v**a, parla**v**es, rima**v**a*
	Alternant amb **u** en la mateixa família de paraules.	*vi**v**ia (vi**u**re), ne**v**ada (ne**u**), escri**v**ia (escri**u**re)*

Les grafies m i n

S'escriu **m**	Davant **m**, **p** i **b**, a excepció dels compostos.	*i**m**mens, e**m**pipar, e**m**benar be**n**parlat, e**n**mig*
	Davant **f**, a excepció dels mots començats per **con-**, **en-** i **in-**.	*è**m**fasi, pa**m**flet, a**m**fibi co**n**fessar, e**n**focar*
S'escriu **n**	Davant **n** i **v**.	*co**n**nexió, co**n**veni*

La ela geminada i la h

S'escriu **l·l**	En molts mots començats per **al·l-**, **il·l-**, **col·l-**.	*al**·l**èrgia, il**·l**egal, col**·l**ega*
	En mots acabats en **-el·la**, **-il·la**.	*varice**l·l**a, ti**l·l**a*
	En mots que alternen amb **ll**.	*cora**ll** ▸ cora**l·l**í*
	En alguns noms propis.	*A**l·l**à, Ape**l·l**es, Ga**l·l**a*
Paraules que cal recordar amb **h** (llevat dels casos en què s'aspira, no es pronuncia mai)	A inici de mot.	***h**am, **h**armonia, **h**issar*
	Intercalada.	*ex**h**ibir, bo**h**emi, a**h**ir*
	En algunes interjeccions.	*e**h**em, o**h**, a**h***

Observacions

La lletra **w** només la trobem en paraules que provenen d'altres llengües i mantenen la grafia originària, com *hawaià*, *kiwi*, *waterpolo*, *whisky*..., i en noms propis estrangers, com *Darwin*, *Newton*, *Wagner*, *Washington*...

Hi ha mots estrangers que han catalanitzat la grafia **w** i s'han integrat totalment a la nostra llengua: *vàter*, *vamba*, *valquíria*...

Recorda

- S'escriu **x** a començament de mot, darrere consonant, darrere **i** i darrere la **u** dels diftongs decreixents.
- S'escriu **ix** darrere **a**, **e**, **o**, **u**.
- S'escriu **tx** entre vocals i a fi de mot quan els derivats tenen la mateixa grafia.
- S'escriu **ig** a fi de mot quan els derivats tenen les grafies **j/g** o **tj/tg**.
- S'escriu **g** davant **e**, **i**.
- S'escriu **j** davant **a**, **o**, **u**, en les partícules **-jecc-** i **-ject-** i en les formes del verb **jeure**.
- S'escriu **b** davant **l** i **r**, darrere **m** i alternant amb **p** en la mateixa família de paraules.
- S'escriu **v** darrere **n**, en les terminacions de l'imperfet d'indicatiu (1a conjugació) i alternant amb **u** en la mateixa família de paraules.
- S'escriu **m** davant **m**, **p** i **b**, a excepció dels compostos, i davant **f**, a excepció dels mots començats per **con-**, **en-** i **-in**.
- S'escriu **n** davant **n** i **v**.
- S'escriu **l·l** en mots començats per **al·l-**, **il·l-**, **col·l-**, mots acabats en **-el·la**, **-il·la** i mots que alternen amb **ll**.
- S'escriu **h** a inici de mot, intercalada i en algunes interjeccions.

Reflexionem sobre la llengua

1 ●●● Amb X o amb IX?

Quines lletres falten? Completa els mots següents amb x o ix segons correspongui:

gron__ador	re__a	que__a
pan__a	disbau__a	mi__a
__iclet	__arop	flu__
fa__a	va__ell	e__am
pi__allits	__imple	gru__

Després de fixar-te en aquests noms, quina conclusió en treus? Completa:

S'escriu x ____ i s'escriu ix ____.

2 ●●● Coneixes la norma?

Saps la norma ortogràfica? Digues en quins casos s'escriuen els dígrafs tx i ig a fi de mot i posa'n un exemple.

3 ●●● Són de la mateixa família!

Escriu un nom de la mateixa família que acabi en tx o ig per a cadascun dels verbs següents:

enrogir, batejar, empatxar, rajar, xarrupejar, escabetxar, bussejar, embogir, bloquejar, esquitxar, encapritxar, paladejar, festejar, escarritxar, regatejar

Després d'escriure aquests noms, quina conclusió en treus? Completa:

S'escriu __ a final de mot quan els derivats tenen les grafies tx i s'escriu __ a final de mot quan els derivats tenen les grafies g o j.

4 ●●● Ho saps explicar?

Per què les paraules projecte i objecció s'escriuen amb j si al davant tenen una e?

5 ●●● Amb G o amb J?

Completa els mots següents amb g o j segons correspongui:

curtmetrat__e	a__eien	__ove
ad__untar	__irafa	__ornada
__ir	__eroglífic	lle__ir
__erusalem	corre__ir	ob__ecció

6 ●●● En singular i en plural

Reescriu les oracions següents canviant-ne el nombre (de singular a plural i de plural a singular):

a. El saqueig de la casa no era l'objectiu de l'exèrcit.
b. Els marejos li provocaven brunzits a les orelles.
c. La plaça de la ciutat era plena de gom a gom.
d. L'estiueig del cosí va encendre la metxa del conflicte familiar.
e. El cartutx li va caure de la cartutxera.
f. Els desitjos dels pares van ser complerts pels fills.
g. Els assajos comencen molt d'hora, a les 7 del matí.

7 ●●● Per què s'escriuen amb N?

Per què les paraules tanmateix i enmig s'escriuen amb n davant de m i no pas amb m?

8 ●●● Com s'escriu l'imperfet?

Saps les formes verbals? Escriu l'imperfet d'indicatiu dels verbs canviar i embenar.

Després d'observar aquestes formes verbals, quina conclusió en treus? Completa:

En català les terminacions de l'imperfet d'indicatiu s'escriuen amb __.

9 ●●● Amb B o amb V?

Quina lletra hi falta? Completa els mots següents amb b o v segons correspongui:

__lau	po__le	ha__ia
sa__erut	con__eni	sem__rat
en__iar	__rut	re__ut
ar__re	em__enar	en__à
desim__olt	be__ia	em__olicar
ne__ar	__rioix	con__ersió

Després de fixar-te en aquestes paraules, quina conclusió en treus? Completa:

S'escriu __ davant l i r i darrere de m
i s'escriu __ darrere de n.

10 ●●● Amb L·L o amb L?

Completa els mots següents amb l·l o l:

a__icient	sí__aba	i__ícit
so__ució	a__usió	ravio__i
mi__er	ba__ena	co__isió
co__iri	tranqui__a	pupi__a

11 ●●● Porten hac?

Completa aquestes paraules amb h, si cal:

tru__à	__avui	ani__ilar
__ivernacle	ex__uberant	__arpia
ben__aurat	__abillament	Bo__í

12 ●●● S'escriuen amb l·l

Saps paraules que s'escriguin amb l·l? Consulta el diccionari i completa una taula com aquesta:

al·l-	col·l-	il·l-	mil·l-	-el·la

Ara, escriu una oració amb un mot de cada columna.

13 ●●● Tens memòria?

Feu memòria i elaboreu una llista de totes les paraules que recordeu que s'escriuen amb h.

14 ●●● DICTAT PREPARAT

Per escriure sense faltes, és important fixar-nos molt bé en les paraules. Llegeix el text següent abans que te'l dictin i fes les activitats:

Àudio

Quan un dia va anar a veure-la el seu promès i li va dir, tartamudejant, que haurien d'interrompre les relacions perquè els seus pares volien que marxés a treballar a la ciutat no sabia per quant de temps, la meva germana Joana només el va contemplar, sense dir res, amb la mirada d'iracunda crueltat, com si aberrantment allò representés un triomf per a ella. Com si, havent assumit per mitjà d'una brutal extorsió interior la malaltia que la rosegava, l'hagués convertida en una venjativa idea del mal, que llancés sobre els altres d'una manera tan gratuïta i abrusadora com li havia estat dirigida a ella.

BALTASAR PORCEL, *Cavalls cap a la fosca*. Edicions 62

a. Copia els mots que tenen b o v.

b. Copia els mots que tenen els grups mp, mf o nv.

c. Copia els mots que tenen alguna dificultat ortogràfica.

15 ●●● COMPAREM LLENGÜES!

Sabríeu dir aquestes frases en castellà? Traduïu-les. Compte amb l'ortografia!

T'imagines un xiclet amb gust de xocolata?

M'he deixat la motxilla al cotxe.

Ja és temporada de carxofes.

En línia

Posa't a prova

Prova de competències

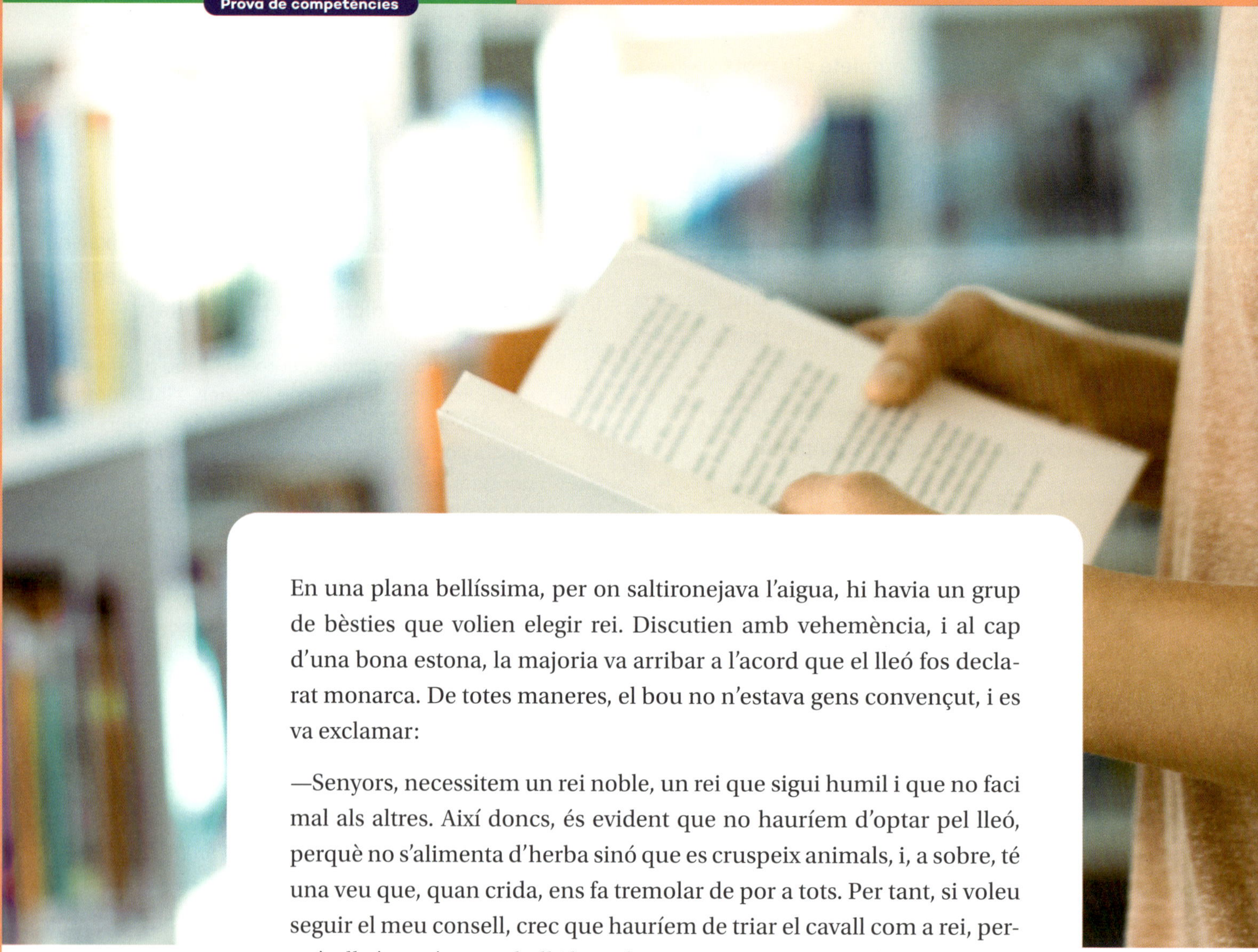

En una plana bellíssima, per on saltironejava l'aigua, hi havia un grup de bèsties que volien elegir rei. Discutien amb vehemència, i al cap d'una bona estona, la majoria va arribar a l'acord que el lleó fos declarat monarca. De totes maneres, el bou no n'estava gens convençut, i es va exclamar:

—Senyors, necessitem un rei noble, un rei que sigui humil i que no faci mal als altres. Així doncs, és evident que no hauríem d'optar pel lleó, perquè no s'alimenta d'herba sinó que es cruspeix animals, i, a sobre, té una veu que, quan crida, ens fa tremolar de por a tots. Per tant, si voleu seguir el meu consell, crec que hauríem de triar el cavall com a rei, perquè ell sí que és gran, bell i humil. Tingueu present que el cavall és una bèstia lleugera, no és orgullós i no menja carn.

Aquestes afirmacions del bou van agradar molt al cérvol, al cabirol, al moltó i a totes les altres bèsties que s'alimentaven d'herba, però una guineu, Na Renard, va fer un pas endavant i també va decidir de manifestar-se:

—Senyors, quan Déu va crear el món, no ho va fer amb la idea que l'home fos conegut i estimat, sinó amb la intenció que l'home conegués Déu i l'estimés, i amb aquesta idea Déu va voler que l'home fos servit per les bèsties, encara que aquest visqui de la carn i de les herbes. És per això, senyors, que no hauríeu de fer cas al que defensa el bou, que no estima el lleó perquè menja carn. El que hauríem de fer, sens dubte, és considerar les normes que Déu ha atorgat a les criatures.

Ramon Llull

1 Resol a partir del text:

- **Aquest fragment és...**
  - ○ ...un manual reial, perquè explica les virtuts que ha de tenir un monarca.
  - ○ ...una llegenda tradicional, perquè té una finalitat didàctica.
  - ○ ...una faula, perquè està protagonitzada per animals que parlen i obren com si fossin humans.
  - ○ ...un sermó religiós, perquè recull el més important de l'Art lul·liana.
- **A quina obra de Ramon Llull pertany?**
  - ○ Al *Llibre d'Evast e Blanquerna*.
  - ○ Al *Llibre de les bèsties*.
  - ○ Al *Llibre d'Amic e Amat*.
  - ○ Al *Llibre de l'orde de cavalleria*.
- **De què va aquesta obra? Explica-ho breument.**
- **Què vol dir discutir amb vehemència?**
  - ○ Discutir desganats, amb peresa.
  - ○ Discutir amb passió, amb entusiasme.
  - ○ Discutir amb alegria, eufòrics.
  - ○ Discutir amb tristesa, apagats.
- **Veritat o mentida? Identifica les afirmacions sobre el text que són certes:**
  - ○ Es descriu l'elecció d'un monarca.
  - ○ Recull les virtuts que ha de tenir un cavaller.
  - ○ És un retrat dels diferents estats de la vida religiosa.
  - ○ Conté una metàfora moral per ser llegida cada dia de l'any.
  - ○ Té una finalitat didàctica i moral.
  - ○ Serveix com a manual de cavalleria cristià.

2 Saps per què s'escriuen així? Explica la regla ortogràfica que segueixen aquests mots:

tam**b**é elе**g**ir a**m**b saltiro**n**eja**v**a **h**auríem

Completa la continuació del text amb les grafies adients:

El __ou va tornar a inter__enir per atacar les paraules de Na Renard. __olia defe__sar-se i deixar clara la se__a __ona fe: ell defensa__a que el rei fos el ca__all, que men__a __erba, i ta__bé __olia fer e__ident que si esti__ués actuant amb traïdoria, a l'__ora de triar rei, no optaria pel ca__all, am__ qui co__peteix per men__ar-se l'__erba que ell també men__a.

3 Escriu un text breu explicant el que saps sobre Ramon Llull. A quin període històric pertany? Per què és una figura tan important? Com concebia la literatura? Quines obres va escriure?

Amb 150 paraules en tindràs prou!

En línia

Què en sabem, ara?

Dones en la música, dones en la ciència, dones en l'art... Durant molts anys les dones han tingut més dificultats que els homes per accedir a alguns àmbits de la societat. Ara, les dones reivindiquen el seu lloc i recuperen la memòria de les pioneres que les han precedit.

Superresposta

Quin paper tenien les dones en la lírica medieval?

Prepareu la resposta en grup. Feu una presentació que tingui en compte els aspectes següents:

- Hi havia el mateix nombre de trobadors que de trobairitz? A què cantaven les trobairitz i els trobadors?
- Tenint en compte el paper de les dones en la societat medieval, creus que haurien pogut tenir la rellevància de Ramon Llull?

Escriu un text de 100 a 150 paraules amb una resposta raonada.

Valora't

Ja has arribat al final. És el moment d'aturar-se i reflexionar. Què contestaries a cada una d'aquestes preguntes?

Què has après? **Com ho has après?**

Com podries millorar? **Per a què et pot servir?**

Valoració en línia

Què t'ha semblat la seqüència 5?

★ ★ ★ ★ ★

SEQÜÈNCIA 6

Notícies fresques!

Et creus tot el que surt a les xarxes socials?

Et creus tot el que surt a les xarxes socials?

Connectem

A tota hora, per tot arreu, les notícies ens arriben encara que no les busquem! Diaris en paper o digitals, xarxes socials, televisió, ràdio... Notícies fresques! Però totes les notícies són iguals? Ens les podem creure totes? Què podem descobrir darrere de cada titular?

Superpregunta

Per què la notícia és una versió de la realitat?

Activa't 88

Connectem

Què en sabem?

Avança 90

La notícia periodística

Escrivim

Parlem

Reflexionem sobre la llengua
L'oració

Avalua't 102

Posa't a prova

Què en sabem, ara?

Valora't

Què en sabem?

Ets capaç de respondre ara mateix la superpregunta? Segurament et falten algunes dades, però en saps més del que et sembla. Vols comprovar-ho?

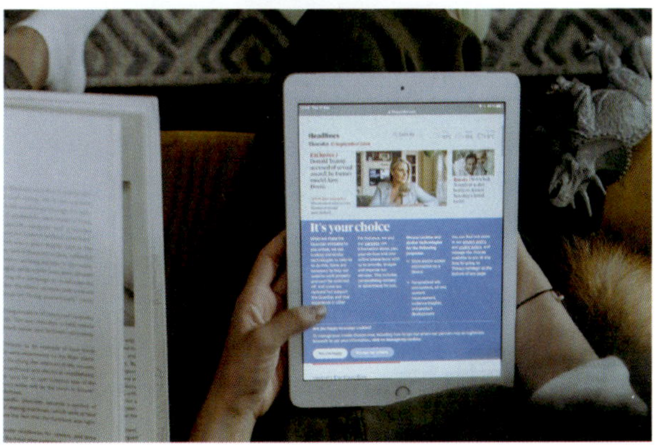

- T'agrada informar-te del que passa al teu voltant? Per què?
- Quines informacions t'interessen més? D'on obtens la informació?
- Què és el que segons tu fa que una notícia sigui notícia? Potser l'actualitat, la curiositat, el tema, la llengua i el to que es fa servir...?
- Qui escriu o comunica notícies? Quins mitjans fa servir?
- Quan reps o llegeixes una notícia, en què et fixes?
- Alguna vegada has pensat que una notícia falsa era veritat? Quina? I a l'inrevés: que una notícia certa era falsa?
- Com creus que es pot saber si una informació és certa o no?
- A quin mitjà de comunicació la informació és més rigorosa?

Te n'adones? Amb tot el que ja saps i amb el treball d'aquesta seqüència aconseguiràs resoldre la superpregunta. Endavant!

La notícia periodística

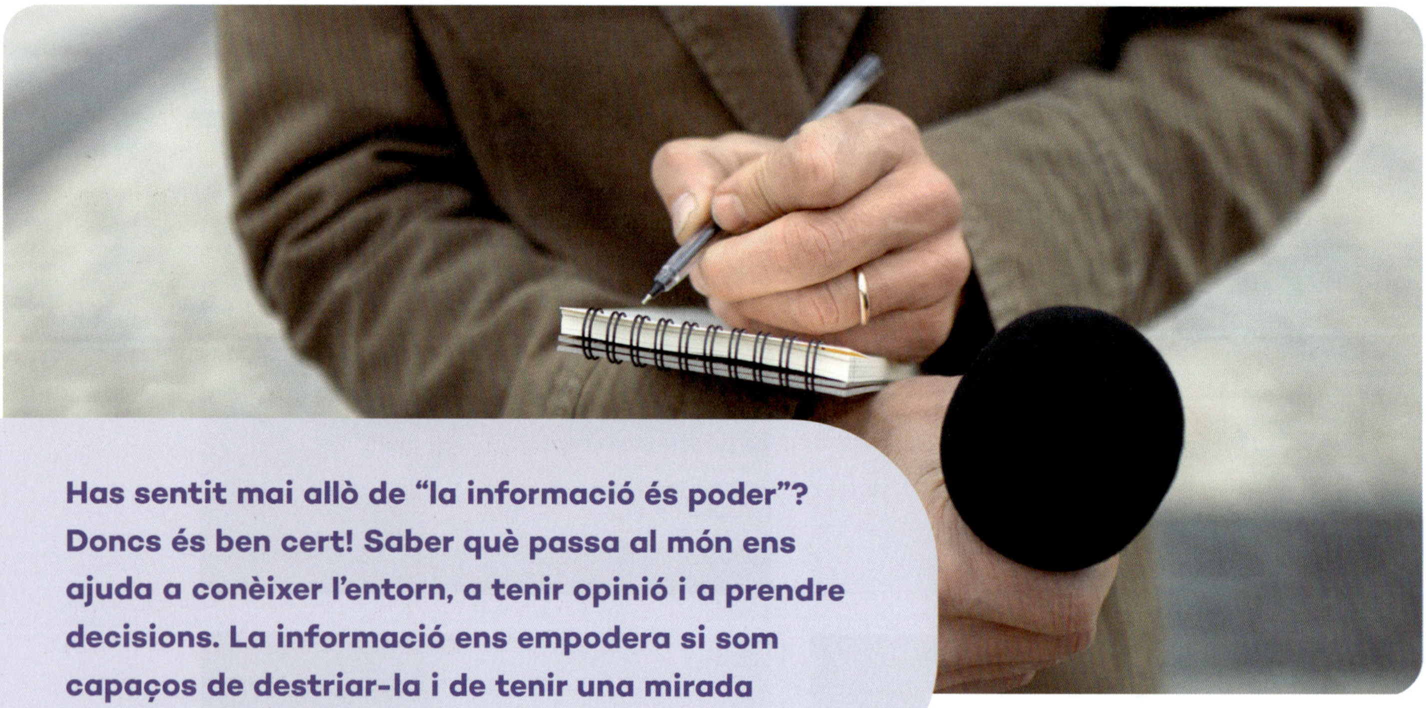

Has sentit mai allò de "la informació és poder"? Doncs és ben cert! Saber què passa al món ens ajuda a conèixer l'entorn, a tenir opinió i a prendre decisions. La informació ens empodera si som capaços de destriar-la i de tenir una mirada crítica sobre els mitjans. T'hi apuntes?

Què és notícia?

Una notícia és un relat, la construcció d'un fet o d'un esdeveniment que es considera important divulgar. No totes les informacions esdevenen notícia: és el mitjà de comunicació el que decideix que una informació passa a ser notícia. Però amb quin criteri? Es considera que un fet és noticiable si compleix un bon nombre d'aquestes característiques:

- **Veracitat:** el fet que s'explica és cert i demostrable.
- **Novetat:** es produeix un canvi en l'estat de les coses i el factor sorpresa contribueix a augmentar-ne l'interès.
- **Generalitat:** desperta l'interès d'un grup nombrós de persones, com més majoritari millor. És d'interès social i no particular.
- **Actualitat:** el fet o informació és recent.
- **Interès humà:** el fet és capaç de commoure o emocionar.
- **Proximitat:** el fet que s'explica és proper al públic receptor.
- **Excepcionalitat:** altera la condició general en relació amb la "normalitat".

L'estructura de la notícia

La notícia és el gènere informatiu per excel·lència, ja sigui en la premsa escrita (en paper o digital), oral (ràdio o podcast), visual (televisió) o multimèdia (internet). La notícia pertany al gènere narratiu i, com totes les narracions, explica uns esdeveniments viscuts per algú en un moment i un lloc determinats. El periodista l'ha d'explicar sense implicar-s'hi, sense expressar la seva opinió ni fer comentaris.

La informació que ofereix la notícia presenta un ordre d'interès creixent, com una **piràmide invertida**:

- El **títol** o **titular:** ha de respondre a les preguntes **qui**, **què** i **on**. Ha de ser breu i clar.
- L'**entrada:** és el primer paràgraf, en el qual es donen les dades bàsiques perquè el lector o lectora pugui conèixer els aspectes fonamentals de la notícia. Té, també, una altra funció: captar l'atenció de la persona que la llegeix o escolta.
- El **cos de la notícia:** és l'explicació de l'entrada i aprofundeix en els aspectes més rellevants de la notícia. S'hi explica, si cal, el *background* de la notícia, és a dir, els antecedents i el context dels fets que s'hi narren.

A més a més, també hi pot haver:

- **Titolets** o intertítols, inserits en el cos del text.
- **Fotografies** i altres elements, com les infografies.

Títol
Busca cridar l'atenció.

Entrada
Primer paràgraf. Hi ha les dades fonamentals de la notícia.

Cos
S'hi desenvolupa la notícia.

Tancament
Darrer paràgraf. Serveix per concloure la notícia.

Les sis preguntes de la notícia

Per escriure una notícia, es parteix de les sis preguntes clàssiques, que es coneixen també com les sis W, ja que cadascuna, formulada en anglès, conté aquesta lletra:

1. What: **Què** ha passat?
2. Who: A **qui** li ha passat?
3. When: **Quan** va passar?
4. Where: **On** va passar?
5. How: **Com** va passar?
6. Why: **Per què** o **per a què** va passar?

La resposta a aquestes preguntes s'ha de localitzar a la part superior de la notícia: entre el titular, l'entrada i el primer paràgraf. No totes les notícies responen a totes les preguntes, però almenys tres han de ser resoltes.

Les parts de la notícia

EPÍGRAF O AVANTTÍTOL — **DESCOBRIMENT HISTÒRIC**

TÍTOL O TITULAR — **Descobreixen una nova espècie de dinosaure a Xile**

SUBTÍTOL — **L'Arackar Licanantay pertany al grup dels titanosaures, animals herbívors, quadrúpedes de cap petit i coll i cua llargs**

ENTRADA — *El Ministeri de les Cultures de Xile ha presentat l'Arackar Licanantay, una nova espècie de dinosaure, que va viure a la zona del desert d'Atacama durant el període cretaci, entre 80 i 66 milions d'anys enrere.*

COS DE LA NOTÍCIA —

El dinosaure pertany al grup dels titanosaures, animals herbívors, quadrúpedes de cap petit i coll i cua llargs. Segons els investigadors, aquesta espècie tenia una longitud estimada de poc més de sis metres.

Algunes espècies de titanosaures són els animals més grossos que hagin trepitjat mai el planeta Terra. Tanmateix, l'Arackar Licanantay tenia una mesura molt més petita.

Els ossos que s'han trobat corresponen a un adult jove, i es creu que podria haver arribat als vuit metres. Entre les restes hi ha un fèmur, un húmer, un isqui i elements vertebrals del coll i el dors, de manera que és un dels fòssils de titanosaure més complets que s'han descobert al marge occident de l'Amèrica del Sud.

Vilaweb

La llengua de la notícia

El model de llengua en què han d'estar redactades les notícies és l'**estàndard**. És la varietat supradialectal que garanteix la comunicació entre els diversos parlants d'una comunitat lingüística. Per això ha de ser la varietat més neutra i la que tothom senti com a pròpia. Fixa't en els recursos següents:

Resposta a les 6 preguntes bàsiques:

Qui (el protagonista)	**Quan** (el temps)
Què (el fet)	**Com** (les circumstàncies)
On (el lloc)	**Per què** (la causa)

Narrador extern, en 3a persona.
Model de llengua estàndard.
Objectivitat.

Ús de connectors per facilitar la cohesió.

Ús dels protagonistes per augmentar la credibilitat: citacions textuals amb opinions.

Ús de la tècnica de la piràmide invertida. Les dades de més interès van en el primer paràgraf, en el següent s'hi afegeixen els detalls, i així successivament en ordre decreixent de novetat i interès.

A l'hora de redactar una notícia, cal tenir present l'**adequació**, és a dir, cal saber escollir entre les solucions lingüístiques d'una llengua la més apropiada a cada situació comunicativa. Per saber si una notícia té l'adequació necessària, cal fixar-se en els aspectes següents:

- Si el text assoleix el **propòsit comunicatiu** per al qual ha estat escrit (en la notícia, informar d'un fet).
- Si el **tractament personal** que utilitza el text és el correcte per a la situació comunicativa i si és el mateix en tot el text (si la formalitat és alta, no hi ha d'haver cap expressió col·loquial o vulgar).
- Si manté el mateix **nivell de formalitat** en tot el text. Per exemple, si la notícia tracta un tema especialitzat, és lògic que s'utilitzi la terminologia específica.

A més a més, la notícia ha de complir els principis de **precisió**, **claredat** i **concisió** que han de tenir tots els textos periodístics.

El titular

El primer que es veu en una notícia escrita en un diari en paper o digital, o en una notícia d'una xarxa social, són els títols i, si n'hi ha, les fotografies. Aquests elements —avanttítol, títol, subtítol i destacat— es diferencien dels paràgrafs del cos del text per la mida i el gruix de la tipografia i permeten descobrir el **primer nivell de lectura**, és a dir, els aspectes bàsics de la informació. També serveixen per captar l'atenció del lector o lectora.

En els mitjans audiovisuals, els titulars van acompanyats de les imatges que s'emeten i tenen la mateixa funció: descobrir de què es parlarà i atrapar l'espectador o espectadora. En el cas de la ràdio o els podcasts, aquesta funció la fan els titulars i les entradetes, perquè no tenen el suport de la imatge.

En tots els casos, el títol és la targeta de presentació de la notícia, el primer contacte. Per tant, cal que sigui molt clar i convincent.

El títol és una frase breu i senzilla, que destaca la característica que el periodista considera més important. Per tant, pot haver-hi diferents titulars —fins i tot oposats— sobre una mateixa notícia, perquè, tot i la neutralitat que s'exigeix al professional del periodisme, les tendències ideològiques dels mitjans donen més o menys importància a determinats aspectes d'una notícia o hi donen un enfocament diferent.

La llengua del titular

En un titular hi podem trobar diferents estructures:

ORACIÓ SIMPLE COMPLETA	*Les noves directrius de l'OMS sobre la qualitat de l'aire podrien evitar 114.000 morts l'any a Europa*
ORACIÓ PASSIVA EN QUÈ NOMÉS APAREIX EL PARTICIPI	*Cessat el president del Col·legi de Veterinaris per factures presumptament falses*
ORACIÓ AMB EL VERB SER O ESTAR ELIDIT	*La dieta tecnològica, una eina per evitar addiccions*
SINTAGMA NOMINAL, EL VERB ÉS SUBSTITUÏT PER UN NOM DE SIGNIFICAT EQUIVALENT	*Pallissa per encàrrec a una exjugadora del Barça*

Les notícies falses

Les coneixem amb el terme anglès fake news, que vol dir **notícies falses**, i cada dia n'hi ha centenars.

Tot i que alguns mitjans de comunicació tradicionals han caigut sovint en l'error de presentar com a fets certs mentides, o veritats manipulades, la majoria de notícies falses corren sense control pels mòbils i les tauletes dels ciutadans.

Quan una notícia impacta, sorprèn o fa riure, corre per la xarxa a tota velocitat. A les xarxes socials, per missatgeria, les notícies es popularitzen i arriben a milers de persones en poca estona. La velocitat de propagació de les notícies a la xarxa és exponencial, és a dir, es multiplica amb més rapidesa com més persones les llegeixen. Els usuaris, a més de ser consumidors, esdevenim productors, ja que fem córrer les notícies i n'accelerem la propagació, és a dir, les viralitzem.

Qui les fa córrer o per què? Els interessos poden ser diversos: manipular la informació a favor d'una ideologia, fer mal a determinats col·lectius, institucions o persones, fer riure, aconseguir visibilitat... Els motius poden ser molts, però el resultat és sempre la desinformació de la població i, de vegades, la creació de corrents d'opinió molt perillosos basats en mentides.

OBSERVA'N UN EXEMPLE

Algunes tendències polítiques neguen la violència de gènere i sostenen que la violència no té gènere. Així, combaten qualsevol llei que protegeixi les dones que reben agressions masclistes. A partir d'aquest context, fan córrer notícies com les següents:

Un 80% de les denúncies per violència masclista són falses

Aquesta informació, publicada en diversos webs de notícies, manipula dades oficials i les distorsiona per fer creure una realitat falsa. El CGPJ (Consell General del Poder Judicial) xifra en un 0,01% el volum de denúncies falses per violència masclista.

Cada any moren 30 homes a mans de les seves parelles

La informació del titular es basa en dades falses, ja que els organismes oficials donen dades molt inferiors. L'objectiu és demostrar que els homes estan desprotegits per la llei.

Ara, fixa't en els passos que cal seguir per detectar les notícies falses:

- **!** Sospita de les notícies molt polèmiques, massa sorprenents o que contradiuen la majoria de notícies publicades sobre un tema.
- Fixa't en qui difon la notícia: és d'algú en qui confies? Si és en una xarxa social, qui la comparteix? Fixa't en el seu perfil.
- Llegeix la notícia sencera, no et quedis en el titular i la foto.
- Contrasta-la amb altres fonts d'informació: fes una cerca a Google, busca mitjans de comunicació de confiança, etc.
- Fixa't en la data de publicació; hi ha notícies molt antigues que es fan córrer en un moment determinat de manera descontextualitzada.
- Verifica la font. Si l'adreça d'on prové la notícia no es correspon amb una mitjà d'informació, ens porta a un lloc que no reconeixem, etc., desconfia'n.
- **ABC** Fixa't en l'ortografia i la gramàtica del text, en el disseny poc professional. La qualitat del contingut et donarà una bona pista.
- **+** Hi ha portals especialitzats a desmentir notícies falses, tasca que en anglès es coneix com a *fact-checking*. Aquí en tens uns exemples:
  - El canal informatiu 324 destapa notícies falses.
  - Diversos mitjans de comunicació tenen equips que detecten fake news.
  - Verificat: una plataforma de *fact-checking*.

No contribueixis a escampar notícies falses. Si tens dubtes, no les comparteixis!

Quina part de la notícia posa més en evidència la ideologia d'un mitjà de comunicació?

Quina de les sis preguntes clàssiques té més pes a l'hora de fer visible l'opinió d'un periodista o d'un mitjà de comunicació?

1 ●●○ Què seria notícia aquí?

No hi ha les mateixes notícies en un diari català que en un diari anglès. Això ja t'ho deus imaginar, oi? Identifica quins fets serien notícia per a un diari català:

a. Un accident mortal d'un autocar a Girona.
b. La reforma del sistema educatiu.
c. Un canvi de professorat en un institut de Segòvia.
d. La inauguració d'un supermercat a Florència.
e. La descoberta d'una vacuna contra l'Alzheimer als Estats Units.
f. El desmantellament del grup terrorista Boko Haram.
g. La convocatòria d'eleccions del Govern central.
h. El naixement d'un xai amb dos caps a la Xina.
i. La victòria d'un equip de tercera regional gallec.
j. La inauguració d'un gran teatre a Barcelona.

Ara, pensa quines característiques compleixen els esdeveniments que has identificat.

2 ●●○ Titulars

Investiga en els mitjans de comunicació! Busca una notícia que respongui a una d'aquestes característiques i copia'n el titular. Ep, pot complir-ne més d'una!

Generalitat · Interès humà
Proximitat · Excepcionalitat

3 ●●○ Periodista per un dia!

Posa't el vestit de periodista! Escriu una entrada que inclogui aquestes sis respostes:

- **Qui?** Repartidors de plataformes o riders.
- **Què?** Manifestació.
- **On?** Davant la Conselleria de Treball de la Generalitat, a Barcelona.
- **Quan?** Ahir.
- **Com?** Amb les seves bicicletes, han aturat el trànsit durant una hora. De forma pacífica.
- **Per què?** Per reivindicar una llei que els protegeixi dels abusos laborals.

4 ●●○ Quines parts té?

Quines parts té la notícia? Identifica-les:

El Morell convoca un concurs de tiktoks per animar l'estiu

El concurs consisteix a utilitzar l'aplicació de moda per crear un vídeo d'entre 15 i 30 segons, que s'haurà de penjar entre el 5 i el 25 de juliol

TikTok, una aplicació de moda

CULTURA | Redacció Infocamp
Dijous, 1 de juliol del 2021 11:35

Les regidories de Joventut i Cultura i Festes de l'Ajuntament del Morell han ideat, per a aquest mes de juliol, una iniciativa divertida i refrescant per a tota la ciutadania morellenca: un concurs de tiktoks.

Així, el TikTok Summer Morell 2021 s'adreça a tota la població major de dotze anys resident al poble o que hi mantingui una certa convivència habitual, amb l'objectiu de generar un espai de distracció i entreteniment per a tots els públics. S'hi podrà participar a partir del 5 de juliol i fins al 25 de juliol, i els premis es lliuraran el 2 d'agost en el marc de la Festa Major de Sant Abdó i Sant Senén.

El concurs consisteix a utilitzar l'aplicació TikTok per crear un vídeo d'entre 15 i 30 segons que s'haurà de descarregar i penjar en forma de Reels en un perfil públic d'Instagram, on caldrà etiquetar @ajuntamentdelmorell i @centremorell, a més de la resta de *hashtags* que s'especifiquen a les bases.

Hi ha cinc categories: el millor *challenge*, el millor doblatge, el millor ball en grup, el millor ball en solitari i la millor comèdia. Pel que fa als premis, consistiran en sopars en establiments de restauració del nostre municipi.

www.infocamp.cat

- Creus que la notícia segueix l'esquema de piràmide invertida? Explica per què ho creus.
- Quina informació respon a les sis preguntes clàssiques?

5 ●●○ En context

Fixeu-vos en aquesta notícia i identifiqueu els fragments que contextualitzen la informació (el *background*):

El fundador d'Amazon, Jeff Bezos, deixa la direcció executiva a Andy Jassy

Coincidint amb el vint-i-setè aniversari de l'empresa que va fundar, Jeff Bezos va deixar ahir de ser el conseller delegat d'Amazon, l'empresa amb la qual ha esdevingut un dels homes més rics del món. Als seus cinquanta-set anys, el proper dia 20 de juliol Bezos preveu assolir una altra gran fita: viatjar a l'espai. Bezos continuarà vinculat a Amazon, ara com a president executiu. En la gestió del dia a dia, el substitueix el seu número dos i home de màxima confiança, Andy Jassy, que ha liderat la lucrativa divisió de la computació al núvol, Amazon Web Service.

www.elpuntavui.cat

6 ●●○ Cert o fals?

Et poden enredar? Les afirmacions sobre el títol de les notícies són certes o falses?

a. Recull el fet principal, la idea dominant.
b. Ha de despertar la curiositat del lector o lectora.
c. Generalment, és una frase subordinada.
d. És sempre objectiu.
e. També s'anomena entrada.

Ara, converteix en certes les afirmacions falses.

7 ●●○ Versions diferents

El mateix fet, dues versions. T'hi has trobat? En grup, compareu les notícies sobre el mateix fet i expliqueu-ne les diferències:

Set detinguts per falsificar targetes de metro i bus amb l'ajuda d'un treballador de TMB (*324*)

Un treballador del metro de Barcelona va vendre a falsificadors 47 bobines de títols de TMB (*El Periódico*)

8 ●●○ Ets un artista del titular?

Escriure titulars és tot un art! A veure com vas d'art. Escriu un titular per a cadascuna de les informacions següents:

Acte de rebuig, aquest dimecres, al Museu de Ciències Naturals de Barcelona (Museu Blau) contra el projecte d'ampliació de l'aeroport del Prat. Hi han participat representants de 300 entitats ecologistes, veïnals, de l'àmbit social i de la pagesia, contràries a la iniciativa d'Aena d'allargar la tercera pista 500 metres dins l'espai protegit de la Ricarda, al delta del Llobregat. S'oposen també a la construcció de la nova terminal satèl·lit de l'aeroport del Prat i a la connexió del Prat amb Girona i Reus a través de l'alta velocitat.

El progressiu i generalitzat declivi de la biodiversitat catalana ja té un diagnòstic. Catalunya ha perdut el 25% de la seva fauna salvatge en els últims vint anys, segons l'informe Estat de la Natura a Catalunya 2020, presentat aquest dimecres pel conseller de Territori i Sostenibilitat. Els resultats, recaptats gràcies al treball de més de 40 entitats, han estat avaluats amb l'indicador que les Nacions Unides utilitzen per examinar l'estat de les poblacions animals. És la primera vegada que el Govern posa xifres oficials a un deteriorament ambiental que s'estén sense pausa per terra, mar i aire.

9 ●●○ Detector de fake news!

T'han quedat clares les pistes per detectar les notícies falses? Demostra-ho i descobreix quines són fake news!

○ **Les vacunes magnetitzen el braç**
Contenen metalls pesants capaços d'atreure els imants.

○ **Broncano es riu de la mort d'una nena**
El programa de Broncano es burla de la mort d'una nena de sis anys atropellada en una escola de Madrid.

○ **Quinze milions de dòlars per ressuscitar el mamut**
L'empresa Colossal pretén manipular l'ADN d'elefants per reintroduir milers de mamuts llanuts a Sibèria.

○ **La Palma s'omple de turistes per fotografiar el volcà**
L'illa viu el terratrèmol més gran mentre rep 10.000 visitants.

En línia

Escrivim...

Coneixes algú a qui tot el que li passa sembla meravellós? O bé és una persona molt optimista o simplement "oblida" explicar allò que no li agrada tant. No diu mentides, però tampoc no diu TOTA la veritat. Els mitjans n'estan plens, d'aquestes notícies!

Analitza

1 Llegim notícies!

• **Llegeix** aquest fragment d'una notícia:

COLIVING: LA NOVA MANERA DE CONVIURE DELS MILLENNIALS

De compartir l'espai de treball amb altres persones amb qui no es té relació laboral a compartir el pis

L'**economia col·laborativa** està en auge en la societat actual. Fa anys es va implantar el concepte del *coworking*, que consisteix a **compartir l'espai de treball amb altres persones** amb qui no es té cap relació professional. Quan es va instaurar aquesta moda al nostre país, ningú no es va imaginar que funcionaria tan bé i que aviat es convertiria en una fórmula utilitzada per molts.

Però els temps evolucionen i el *coworking* ha fet un pas més enllà. S'ha implantat en algunes ciutats una fórmula que ja triomfa en altres països europeus: el ***coliving***. El seu origen es remunta a **Silicon Valley**. Professionals de tot el món arribaven a aquest nucli a treballar i sociabilitzar-se. Hi havia escassetat d'habitatge, i van sorgir edificis que **llogaven les habitacions**; eren una evolució dels clàssics ***roommates***. L'objectiu és conviure en un mateix immoble, amb un espai reduït de privacitat (una petita habitació) i **àrees comunes que fomentin la col·laboració** i la interacció entre els habitants. En definitiva, crear **"comunitat"**.

Tot sorgeix per una necessitat. Unir persones amb interessos comuns que es poden retroalimentar amb els seus coneixements. [...]

www.regio7.cat

• **Comenteu** en grup les qüestions següents i, després, **responeu-les** individualment:

a. Segons la notícia, per quins motius comparteixen habitatge els millennials?

b. Per què hi ha tants mots en anglès?

c. La persona que ha escrit el text té alguna opinió sobre el *coliving*? Diries que li sembla una bona idea, una mala notícia o es mostra neutral?

d. I a tu, què et sembla aquesta proposta?

2 T'agraden les sorpreses?

• **Llegeix** aquest altre fragment d'una notícia:

Del "coliving" al "freeganisme": quan l'anglès serveix per camuflar la precarietat

L'adopció d'anglicismes en el llenguatge quotidià emmascara la dificultat per accedir a necessitats bàsiques

Compartir pis perquè no tens prou ingressos per viure sol i *coliving* són sinònims. La primera manera de fer-hi referència, però, evidencia una necessitat. La segona transmet un estil, fins i tot una tendència. El fet que sigui en anglès no és casual, ja que l'ús de termes en aquesta llengua està cada vegada més estès per camuflar experiències derivades de la precarietat.

A banda del *coliving*, també han fet fortuna anglicismes com *freeganisme, job hopping, nesting o job sharing*. Què volen dir en realitat aquestes paraules? [...]

www.naciodigital.com

• **Comenteu** en grup les qüestions següents i, després, **responeu-les** individualment:

a. Segons la notícia, per quins motius comparteixen habitatge moltes persones?

b. Trobes cap relació entre aquesta notícia i la primera? Quina?

c. Quina opinió té la persona que ha escrit aquesta notícia sobre el *coliving*?

d. Totes dues notícies diuen la veritat, però quin mecanisme fa servir la primera?

i parlem

Has sentit la frase "ho han dit a la tele" per demostrar que el que es diu és cert? Però no se sent dir "ho han dit a Instagram". I tu, què tries?

Escriu i revisa

3 Ara us toca a vosaltres!

Series capaç d'explicar el mateix des de dos punts de vista? Per parelles, escriviu dues notícies amb punts de vista diferents sobre el mateix tema:

a. Trieu un tema sobre el qual tingueu un punt de vista diferent. Algunes idees

b. Cada membre ha d'escriure una notícia des del punt de vista triat. Recorda:

- No donis opinions obertament.
- Has d'aconseguir que el lector o lectora tingui una visió positiva o negativa sobre la notícia, segons el paper que hagis triat.
- Inventa't totes les dades que et faltin.
- Recorda les parts de la notícia, l'ordre dels continguts en piràmide invertida i la resposta a les sis preguntes clàssiques.

4 Com ha quedat el text que has escrit?

Rellegeix-lo i respon sí, no o es pot millorar:

- El text compleix la seva finalitat?
- La notícia té titular, entrada i cos?
- Respon almenys a tres de les sis preguntes clàssiques?
- La informació més important és a la primera part de la notícia?

Refés el text per millorar els aspectes que ara has vist que no acaben d'estar prou bé.

Intercanvia el text amb algun company o companya i ajudeu-vos a millorar-lo!

Quin és el paper dels mitjans de comunicació en la divulgació de les notícies?

En línia

Escolta

1 Fixa-t'hi

Observa les diferències entre aquesta notícia escrita i en format audiovisual:

Notícia escrita i audiovisual

Parla

2 En grup!

Busqueu una notícia escrita i feu les activitats:

- Redacteu-la de nou per adaptar-la a un informatiu televisiu.
- Busqueu imatges o enregistreu vídeos relacionats amb la notícia (simuleu declaracions, interpreteu alguna situació...).
- Si cal, feu infografies que ajudin a entendre la informació.
- Feu el guió de la notícia: quan s'emetran vídeos, quan es presentaran les infografies o declaracions...

3 Arriba l'hora de la veritat!

Ja teniu el guió i el material? Som-hi!

- Repartiu-vos els papers: muntador o muntadora, realitzador o realitzadora, presentador o presentadora i veu en off.
- Feu un vídeo de la notícia fent servir tots els recursos. Que no duri més de tres minuts!
- Mostreu-lo a la resta de companys i companyes, que en faran una valoració.

Rúbrica d'avaluació

Quins recursos propis de les notícies dels mitjans audiovisuals serveixen per donar més veracitat a la informació?

En línia

Reflexionem sobre la llengua

L'oració

"Bon dia!", "Bona tarda!", "Bon vespre!". Semblen oracions... però no ho són! En canvi, sí que ho seria si diguéssim "Desitjo que passi un bon dia". Veus la diferència? Si no hi ha verb, no hi ha oració.

Què és una oració?

Una **oració** és una unitat lingüística amb sentit complet i independent construïda al voltant d'un verb en forma personal. Habitualment consta de dues parts, el **subjecte** i el **predicat**. De vegades el subjecte queda sobreentès.

Hi ha dos tipus d'oracions: les oracions simples i les oracions compostes.

- Les **oracions simples** només tenen un verb en forma personal. Per exemple:

  *La mare **menja** torró.*

- Les **oracions compostes** tenen més d'un verb. Per exemple:

  *La mare **menja** torró i **parla** per telèfon.*
  *La Maria **m'ha dit** que **vindrà**.*

El subjecte i el predicat

La majoria de les oracions són formades per un subjecte i un predicat.

- El **subjecte**: és el sintagma nominal que concorda amb el verb en nombre i persona.
- El **predicat**: informa sobre alguna cosa del subjecte.

Observa l'exemple:

El pare (Subjecte) *estén la roba al balcó.* (Predicat)

Per identificar el subjecte d'una oració, podem canviar la persona o el nombre del verb i veure quin altre element ha de canviar també de persona o nombre. Llavors, sabrem quin és el subjecte. Fixa't en l'exemple:

El pare estén la roba al balcó.
Els pares estenen la roba al balcó.

Si canviem el nombre del verb (*estén* ▸ *estenen*), també hem de canviar el nombre de *el pare* (▸ *els pares*). *El pare*, doncs, és el subjecte.

És molt freqüent que, en l'ús habitual de la llengua, se sobreentenguin elements que es poden deduir pel context. Per exemple, pot ser que en una oració no aparegui el subjecte i el missatge s'entengui perfectament gràcies als morfemes de nombre i persona del verb.

(Nosaltres) (Subjecte) *Volem treballar per al col·lectiu.*

(Jo) (Subjecte) *Compraré les entrades.*

(Tu) (Subjecte) *Demà treballes?*

Aquest fenomen s'anomena **elisió**, i agilita la comunicació i la fa més fluida.

? És una oració el fragment "Les cortines de la botiga"? I "Cau neu"?

El sintagma nominal i el sintagma verbal

Les paraules s'agrupen en blocs anomenats **sintagmes** i s'organitzen al voltant d'un element, que n'és el **nucli**.

El subjecte és un **sintagma nominal**, i el nucli del sintagma nominal és un **nom**. El predicat és un **sintagma verbal**, i el nucli del sintagma verbal és un **verb**. El nucli del subjecte (un nom) i el del predicat (un verb) concorden en nombre i persona.

Observa els exemples:

El foc intens ha cremat moltes hectàrees de terreny.

Nucli (nom): *foc* — Nucli (verb): *ha cremat*

sintagma nominal subjecte: *El foc intens* — sintagma verbal predicat: *ha cremat moltes hectàrees de terreny.*

Els focs intensos han cremat moltes hectàrees de terreny.

Nucli (nom): *focs* — Nucli (verb): *han cremat*

sintagma nominal subjecte: *Els focs intensos* — sintagma verbal predicat: *han cremat moltes hectàrees de terreny.*

L'oració simple i l'oració composta

Els textos estan formats per oracions. En els textos escrits, per indicar on s'acaba una oració i on en comença una altra, fem servir un punt (o un signe d'interrogació, o un signe d'admiració o uns punts suspensius).

Parlem d'**oració simple** quan només hi ha un verb en forma personal independent i d'**oració composta** quan n'hi ha més d'un, en forma personal o no personal. Observa els exemples:

La Mireia treballa a la pastisseria.
La Mireia té un gos.

Cadascuna d'aquestes oracions consta d'un sol verb en forma personal. Es tracta, doncs, de dues oracions simples.

La Mireia, que treballa a la pastisseria, té un gos.

En aquest cas, l'oració consta de dos verbs (*treballa* i *té*). Es tracta, doncs, d'una oració composta.

? És simple o composta, l'oració "Girona serà la seu de la prova pilot"?

Recorda

- Una **oració** és una unitat lingüística construïda al voltant d'un verb en forma personal.
- Habitualment les oracions consten de **subjecte i predicat**.
- El subjecte és un sintagma nominal, el nucli del qual és un **nom**. El predicat és un sintagma verbal, el nucli del qual és un **verb**.
- Les **oracions simples** tenen un verb i les **oracions compostes** en tenen més d'un.

Reflexionem sobre la llengua

1 ●●● Troba el subjecte!

Quin és el subjecte de cada oració? Indica'l si apareix explícitament o escriu-lo si està elidit.

a. Els dos germans van guanyar la partida.
b. Sempre compra els bolígrafs a la papereria del barri.
c. Recordes on vas guardar els segells?
d. Els vaixells atracaran al port aquesta matinada.
e. Viatjarem cap al sud quan tinguem vacances.
f. Surt de l'escola a les cinc de la tarda.

2 ●●● I si modifiquem el verb?

T'has fixat què passa quan modifiquem la persona o el nombre del verb en una oració? Comprova-ho modificant-los en les oracions de l'activitat anterior.

A més del verb, quin altre element has hagut de modificar?

3 ●●● On són els verbs?

Saps identificar els verbs d'aquestes oracions? Troba'ls:

a. Un envàs de cartró és un objecte reciclable.
b. La Gemma diu que vindràs.
c. La trompeta sona malament.
d. Els llibres de la biblioteca són nous i cal tractar-los amb cura.
e. No t'oblidis l'entrepà.
f. La roba ha quedat estesa i temo que plogui.

Ara, digues si es tracta d'oracions simples o compostes. Com ho has sabut?

4 ●●● Simples i compostes

Inventa't i escriu tres oracions simples i tres oracions compostes.

5 ●●● Simple o composta?

Aquestes oracions són simples o compostes? Indica-ho:

a. Hem menjat una paella a la platja.
b. En Jep i en Fidel eren uns personatges que feien molta gràcia.
c. La música de la discoteca està a un volum altíssim.
d. Si vas a comprar, porta mantega i sucre.
e. Nosaltres triem l'opció que s'adapti millor a tothom.
f. El zoo de Barcelona està de reformes.
g. L'Andreu juga i l'Anna llegeix.
h. Ella sempre s'inventa activitats divertides que fan riure la canalla.

Ara, reescriu les oracions canviant el nombre del verb.

6 ●●● Com són les oracions?

Llegeix el text següent i resol les qüestions:

"La bicicleta verda"

Alemanya-Aràbia Saudita 2012.
Dir. Haifaa Al Mansour.
Amb Reem Abdullah i Waad Mohammed.
Drama.

Wadja és una nena de 10 anys que viu en una societat tan tradicional que algunes coses —com anar en bicicleta— estan prohibides. Malgrat tot, és una nena divertida i emprenedora que sempre voreja el límit entre el que està autoritzat i el que està prohibit. Wadja vol tenir una bicicleta per poder competir amb el seu amic Abdullah en una cursa, però la seva mare no li ho permet perquè considera que les bicicletes són un perill per a la dignitat d'una noia.

El 9 NOU

a. Hi ha cap oració simple en el text? Per què?
b. Quantes oracions compostes hi ha? Copia-les.
c. Quin és el subjecte dels verbs subratllats?

7 ●●● Quin és el predicat?

Quin és el predicat de les oracions següents? Indica'l:

a. En Marcel i en Quim són molt bons amics.
b. Estudia a la universitat.
c. El tren ens porta fins a la platja de Canet de Mar.
d. Els diners són per comprar el menjar de tota la setmana.
e. Hem comprat les espelmes a la pastisseria.
f. Sabeu on anirem d'acampada?
g. El foc ha devastat les terres del nord.
h. No saps de quina manera es prepara una fondue?

Quines oracions tenen el subjecte elidit? Quin seria el subjecte?

8 ●●● Quin és el nucli?

Quin és el nucli del SN subjecte i quin és el del SV predicat? Escriu-los:

a. La Gemma i la Pepa són bones estudiants.
b. Els escriptors consagrats publiquen articles d'opinió en els mitjans de comunicació.
c. L'Enric juga molt bé a golf.
d. La informàtica és una passió per a alguns.
e. L'Esteve viu a la plaça del poble.
f. Els mòbils d'última generació fan meravelles.
g. Els rius de la comarca estan força nets.

Després de fixar-te en aquestes oracions, quina conclusió en treus? Completa:

- El subjecte és un SN el nucli del qual és ____.
- El predicat és un SV el nucli del qual és ____.

9 ●●● Com les relacionaries?

Relaciona un subjecte amb un predicat per formar oracions:

Els gossos de la gossera	està reservat per anar a comprar.
Nosaltres	no passen gana.
En Joan i en Pere	has trobat mai un bitllet de cinc euros a terra?
El dissabte al matí	vivim al cinquè segona.
Tu	celebren junts les revetlles.

10 ●●● Són oracions?

Aquestes construccions es poden considerar oracions? Explica per què:

a. Bona nit, nois.
b. La Gemma és molt agradable.
c. Els llibres vermells d'en Nil.
d. L'hort d'en Pere.
e. En Jordi i jo signarem avui.
f. La meva neboda, que es diu Eliana.

11 ●●● COMPAREM LLENGÜES!

Fixeu-vos en aquesta frase en les tres llengües:

Català	Tenen una motxilla blava.
Castellà	Tienen una mochila azul.
Anglès	They have a blue bakcpack.

Després de fixar-te en aquestes oracions, quina conclusió en treus? Completa:

En ____ hi pot haver el subjecte elidit perquè les desinències verbals ja ens aporten informació sobre la persona i el nombre. En canvi, en ____ sempre hem d'indicar el subjecte de manera explícita.

Posa't a prova

Prova de competències

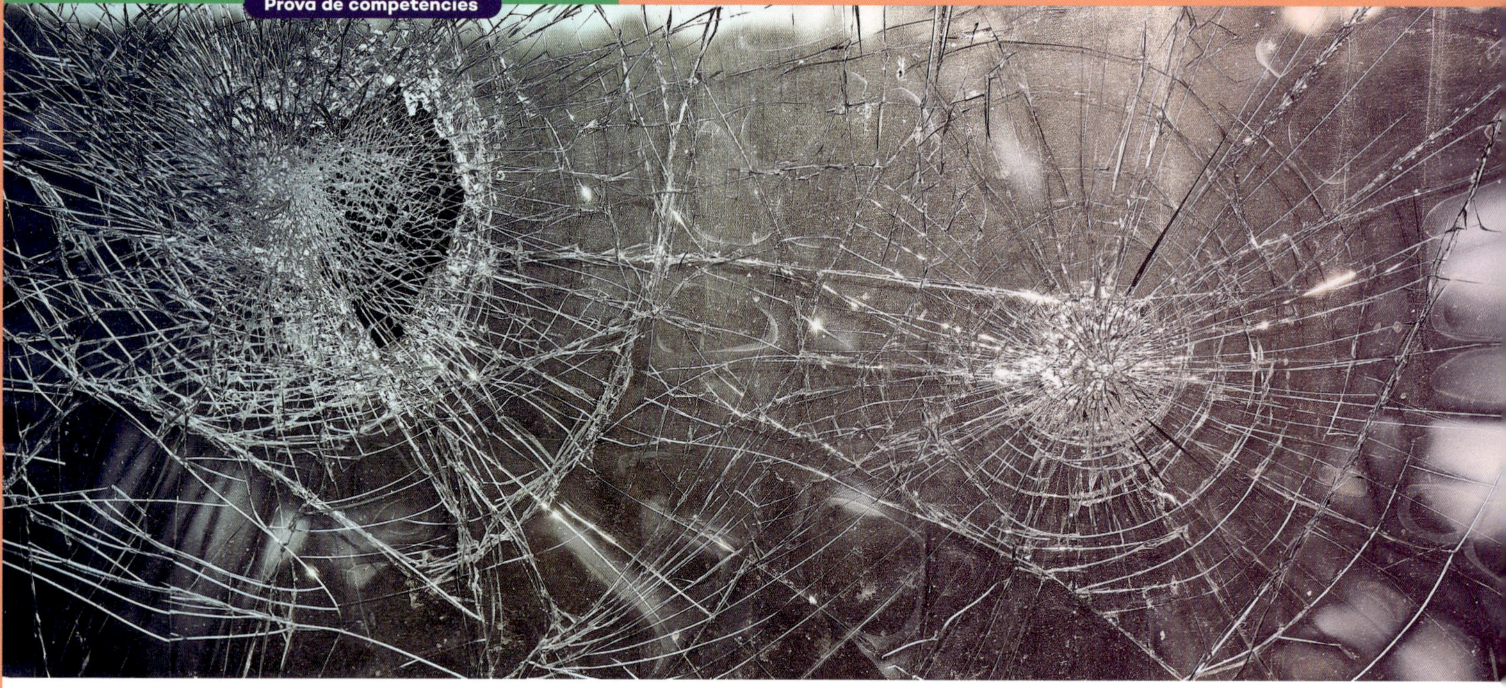

Detenen un home per robar en cinc establiments de Calafell en una nit

Els Mossos encara busquen l'altre autor del delicte, que va poder escapar-se en el moment dels fets

Dimecres passat, els Mossos d'Esquadra van detenir un lladre que havia comès cinc robatoris al llarg de la nit a Calafell. La detenció va dur-se a terme al mateix municipi i hi ha un segon sospitós que no ha estat arrestat.

Els fets van passar mentre els dos individus suposadament intentaven robar un altre establiment a prop del passeig marítim de Calafell. Els policies locals van enxampar-los in fraganti, però, en veure'ls, els lladres van marxar corrents. Finalment, els Mossos van poder detenir un dels dos implicats, un jove de 21 anys.

Ara, el jove ha estat posat en llibertat amb càrrecs i els Mossos busquen el segon implicat, que sí que va poder escapar-se en el moment dels fets.

El mateix modus operandi a Barcelona

En l'escorcoll, els Mossos van trobar diners en efectiu i una ampolla de licor. El presumpte lladre tenia trossos de vidre a la jaqueta, i aquest detall va fer que el relacionessin amb els altres robatoris en establiments de Calafell la mateixa nit. El seu modus operandi consistia a trencar el vidre, accedir a l'interior del local i robar diners en efectiu i aparells electrònics.

Els dos lladres havien estat detinguts prèviament a Barcelona per cometre cinc robatoris en una nit fent servir el mateix mètode.

CCMA (adaptació)

1 Resol a partir del text:

- **Quines de les característiques següents té aquesta notícia?**
  - ○ Relata un fet d'actualitat (recent).
  - ○ Està narrada en primera persona per un dels protagonistes.
  - ○ Utilitza un llenguatge formal.
  - ○ Conté citacions textuals dels protagonistes.

- **Vertader o fals? Respon:**
  a. Aquesta notícia té un títol, un subtítol i un titolet.
  b. La informació de màxim interès la trobem en el darrer paràgraf.
  c. En el títol hi trobem la resposta a les preguntes què, per què i on.
  d. La resposta a la pregunta com s'ha produït la detenció la trobem en el cos de la notícia.

- **Quina informació del text respon a cada una de les sis preguntes clàssiques? Copia-la:**
  a. Què?
  b. Qui?
  c. Quan?
  d. On?
  e. Com?
  f. Per què o per a què?

- **Amb què relacionaries l'expressió llatina modus operandi?**
  - ○ Amb l'estratègia que han utilitzat els Mossos d'Esquadra per detenir els lladres.
  - ○ Amb la finalitat dels robatoris.
  - ○ Amb la manera d'actuar d'aquests delinqüents.
  - ○ Amb la quantitat de robatoris que han comès.

2 La frase "Dimecres passat, els Mossos d'Esquadra van detenir un lladre que havia comès cinc robatoris al llarg de la nit a Calafell"...

- ○ ...és una oració simple completa.
- ○ ...és una oració composta.
- ○ ...és una oració amb el subjecte elidit.
- ○ ...no té cap verb en forma personal.

Separa el subjecte i el predicat d'aquestes oracions:

a. Els Mossos encara busquen l'altre autor del delicte.
b. Detenen un home per robar en cinc establiments de Calafell en una nit.
c. El presumpte lladre tenia trossos de vidre a la jaqueta.
d. Els Mossos van poder detenir un dels dos implicats, un jove de 21 anys.

3 Ara et toca a tu! Escriu un títol, un subtítol i una entrada per a una notícia sobre el descobriment d'un fàrmac per a una malaltia greu.

No has de sobrepassar els 150 mots!

Què en sabem, ara?

Hi ha notícies falses i n'hi ha que, sense ser mentida, tampoc no diuen tota la veritat. Potser val més no llegir ni sentir notícies, oi? Doncs no! La major part de les notícies compleixen els principis d'honradesa, independència i neutralitat. Així que pots seguir informant-te; això sí, amb esperit crític!

Superresposta

Per què la notícia és una versió de la realitat?

Prepareu la resposta en grup. Feu una presentació que tingui en compte les qüestions següents:

- Quina part de la notícia posa més en evidència la ideologia d'un mitjà de comunicació?
- Quina de les sis preguntes clàssiques té més pes a l'hora de fer visible l'opinió d'un periodista o d'un mitjà de comunicació?
- Quin és el paper dels mitjans de comunicació en la divulgació de les notícies?
- Quins recursos propis de les notícies dels mitjans audiovisuals serveixen per donar més veracitat a la informació?

Escriu un text d'unes 150 paraules amb una resposta raonada.

Valora't

Ja has arribat al final. És el moment d'aturar-se i reflexionar. Què contestaries a cada una d'aquestes preguntes?

Què has après? **Com ho has après?**

Com podries millorar? **Per a què et pot servir?**

Valoració en línia

Què t'ha semblat la seqüència 6?

★ ★ ★ ★ ★

SEQÜÈNCIA 7

Lluita contra el mal

Com es pot escriure sobre el mal?

Com es pot escriure sobre el mal?

Activa't 106

Connectem

Què en sabem?

Avança 108

La prosa historiogràfica

Llibre dels fets o Crònica de Jaume I

Crònica de Bernat Desclot

La prosa religiosa i la humanística

Lo Somni, Bernat Metge

Reflexionem sobre la llengua

El sintagma nominal

Avalua't 118

Posa't a prova

Què en sabem, ara?

Valora't

Connectem

Coneixes o has sentit a parlar de *Les cròniques de Nàrnia*? És una sèrie d'onze llibres escrits per C. S. Lewis. Se n'han fet pel·lícules i sèries i hi ha veritables fanàtics del món màgic de Nàrnia i dels protagonistes que lluiten contra el mal. I aquí volíem arribar! Diuen que tot està inventat, i potser és veritat, perquè de cròniques per explicar la lluita contra el mal ja en trobem fa vuit segles. Vuit-cents anys! Et sonen les quatre grans cròniques? Se t'acut de què parlem?

Superpregunta

Què es considerava que era el mal fa vuit-cents anys?

Què en sabem?

Ets capaç de respondre ara mateix la superpregunta? Segurament et falten algunes dades, però en saps més del que et sembla. Vols comprovar-ho?

- Cròniques... Què són? A més d'un partit de futbol, de què més es pot fer una crònica?
- Qui escriu les cròniques?
- On s'escriuen les cròniques? Quina llargada tenen?
- N'has llegit mai cap? De quin tema?
- T'agrada conèixer la història de primera mà dels protagonistes o prefereixes que te l'expliqui un tercer? Per què?
- Des de quan creus que s'escriuen cròniques? N'hi ha quatre de molt antigues i famoses. Saps de quines grans cròniques es tracta? Quan es van escriure? De què parlaven?

Te n'adones? Amb tot el que ja saps i amb el treball d'aquesta seqüència aconseguiràs resoldre la superpregunta. Endavant!

La prosa historiogràfica

En els informatius de la televisió se sol parlar de la crònica política i de l'esportiva. Al segle XIII les cròniques eren molt diferents!

Vídeo

Les quatre grans cròniques

Als segles XIII, XIV i XV, mentre la poesia encara seguia la tradició trobadoresca i feia servir un català molt influït pel provençal, la prosa evolucionava en diferents àmbits, com el de la història, la religió i les noves propostes humanístiques.

Com era la poesia dels segles XIII i XIV? I la prosa?

Actualment, qui escriu cròniques? Amb quina finalitat?

Les obres més importants de la narrativa històrica d'aquests segles van ser les quatre grans cròniques, que són extenses narracions de fets històrics, gairebé sempre de caràcter bèl·lic, que pretenien justificar les actuacions polítiques dels reis catalans i, alhora, deixar constància d'unes accions que havien de servir d'exemple als futurs reis.

Les cròniques dels reis catalans van ser les primeres d'Europa redactades en una llengua romànica: el català. És important destacar-ne el valor literari, lingüístic i històric, ja que, sobretot, narren fets contemporanis als autors, basats en l'experiència viscuda.

A qui pertanyien els regnes de Mallorca i València abans de la conquesta de Jaume I?

Les quatre grans cròniques són les següents:

Llibre dels fets o Crònica de Jaume I

És la més antiga de les cròniques. S'hi narren en forma autobiogràfica la vida i les gestes més importants del rei. A més d'explicar els fets militars, dona detalls de la seva vida quotidiana. Se centra sobretot en les conquestes de Mallorca (1229) i València (1245).

Crònica de Bernat Desclot

S'hi descriu amb detall i rigor històric el regnat de Pere II el Gran. Tracta essencialment de la conquesta de Sicília i de la invasió de Catalunya pels francesos.

Crònica de Ramon Muntaner

S'hi narra el període que va des del naixement de Jaume I fins a la coronació d'Alfons el Benigne. Muntaner és el protagonista dels fets que narra, però sobretot posa èmfasi en les empreses militars dels reis catalans.

Crònica de Pere el Cerimoniós

La més tardana de les cròniques. S'hi narra la incorporació del regne de Mallorca a la Corona d'Aragó i, també, la guerra contra els nobles rebels a València i Aragó.

Les quatre grans cròniques tenen estils diferents:

- El ***Llibre dels fets*** aconsegueix un to verídic gràcies a l'ús d'un llenguatge popular (refranys, dites i expressions col·loquials) i el retrat de la llengua d'alguns personatges forasters (aragonès, castellà, francès i àrab).
- La **Crònica de Bernat Desclot** és escrita en general amb un estil objectiu i impersonal, tot i que Desclot s'entusiasma quan parla del rei.
- La **Crònica de Ramon Muntaner** es caracteritza per l'ús d'un llenguatge viu i col·loquial, pensat per ser llegit en veu alta.
- La **Crònica de Pere el Cerimoniós** alterna un estil més sobri quan la narració es basa en la documentació amb un de més expressiu quan inclou records personals.

Quins són els textos historiogràfics més importants d'aquests segles?

Quines batalles o fets històrics destaquen en cada crònica?

Àudio

Jaume I

La Crònica de Jaume I aconsegueix un to verídic gràcies a l'ús d'un llenguatge popular.

Llibre dels fets

I Nos que ens en tornàvem amb els nostres, retrocedírem cap a la vila per vigilar els sarraïns, que eren en gran nombre als afores, i un ballester ens disparà [...] i una punta de sageta se'ns va clavar al cap, a prop del front. I gràcies a Déu, no va travessar el casc, i ens sobresortia la sageta ben bé a meitat del cap; i Nos, de la ràbia que teníem, férem una manotada a la sageta de tal manera que la trencàrem; i la sang ens rajava cara avall; i amb el mantell de seda que Nos dúiem ens netejàrem la sang, i rèiem, per tal que l'exèrcit no defallís. I entràrem dins un lloc on solíem reposar, i se'ns va inflar tota la cara i els ulls; tant que de l'ull de la part en què ens havien ferit no poguérem veure-hi durant quatre o cinc dies. I, quan la cara se'ns va desinflar, cavalcàrem entre les files dels nostres per tal que els homes no es desmoralitzessin.

(Versió actualitzada)

Àudio

Bernat Desclot

De la vida de Bernat Desclot no se'n sap gaire més del que ell mateix explica en la mateixa crònica.
Pere el Gran va continuar l'expansió mediterrània que havia iniciat el seu pare, el rei Jaume I.

Crònica de Bernat Desclot

Pere el Gran s'ha compromès a assistir a un torneig a Bordeus.

Per complir la seva paraula de cavaller, haurà d'afanyar-se, ja que es troba a l'illa de Sardenya i té menys d'un mes per fer el camí.

El vent els venia de cara, de tal manera que no podien avançar en el seu camí, i a més, el temps era molt desfavorable. Aleshores el rei es va enfadar molt, perquè el termini era molt breu, ja que fins al desafiament que havia de tenir amb el rei Carles a la ciutat de Bordeus només faltaven vint-i-vuit dies. I el rei ordenà a en Ramon Marquet, que era el capità del seu navili, que fes venir dues galeres, que calia sortir d'allà remant, ja que tenien el vent en contra.

—Senyor —digué en Ramon Marquet—, què preteneu? Que no veieu que el temps ens és advers i no podem navegar amb galeres? Encara més: tot Sardenya és plena de vaixells pirates. Us aconsello que no us arrisqueu d'aquesta manera.

—Teniu raó —va respondre el rei—. Però cal que ho faci: ja m'hi he compromès per escrit i no hi ha res a fer. Per mi no quedarà: faré tots els possibles per ser a Bordeus el dia del desafiament.

(Versió actualitzada)

1 ●●● Algunes preguntes bàsiques

Ho has entès? Contesta aquestes preguntes sobre el *Llibre dels fets*:

a. En quina persona és escrit el text?

b. Qui és el narrador?

c. Quina indumentària porta a sobre? Per què?

d. Què explica? On es troba?

e. Qui són els sarraïns? Qui són "els nostres"?

2 ●●● Paraules de batalla!

Amb l'ajuda del fragment del *Llibre dels fets*, resol aquests mots encreuats de paraules del camp semàntic de la batalla:

VERTICALS

1. Arma ofensiva per llançar projectils, sobretot sagetes, formada per un arc amb la corda corresponent, col·locat transversalment damunt un mànec o suport de fusta.
2. Conjunt de les forces armades d'un estat.
3. Exèrcits.

HORITZONTALS

4. Soldat armat amb ballesta.
5. Peça de l'armadura antiga o medieval que cobria i resguardava el cap.
6. Fletxa.

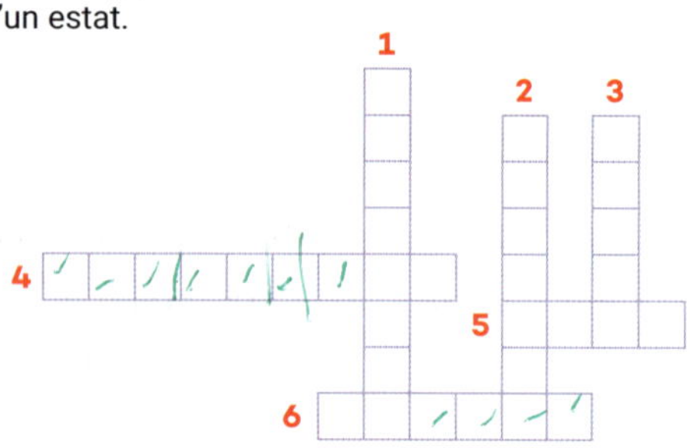

3 ●●● T'hi has fixat?

Fixa't en els mots del primer text i resol:

a. Quin nexe es repeteix sovint al llarg del fragment?

b. Quina figura retòrica consisteix en la repetició de nexes: l'asíndeton, el polisíndeton o la metàfora?

c. Quina sensació crea aquesta repetició? Si cal, llegeix el text en veu alta per esbrinar-ho.

d. Escriu un sinònim per a cadascuna d'aquestes paraules del text: retrocedir, sarraïns, rajar, manotada, defallir, desmoralitzar.

e. Quins trets de la psicologia del rei Jaume I es poden deduir només de la lectura d'aquest text?

4 ●●● Com va ser engendrat?

Per parelles, busqueu què es diu en el *Llibre dels fets*, la Crònica de Bernat Desclot o la Crònica de Ramon Muntaner sobre la manera tan curiosa com Jaume I el Conqueridor va ser engendrat.

www

Ara, expliqueu-vos-ho oralment l'un a l'altre de manera molt breu.

5 ●●● Quin ordre segueixen?

En quin ordre succeeixen els fets següents en la Crònica de Bernat Desclot? Ordena'ls cronològicament:

a. El rei entén les raons d'en Marquet, però no en fa cas.

b. El rei Pere s'enfada, ja que el camí és llarg i no té gaire temps.

c. El capità desaconsella l'ús de les galeres per diverses raons.

d. El monarca ordena al capità que faci venir dues galeres per marxar remant.

e. El vent impedeix la navegació.

6 ●●● De Sardenya a Bordeus!

Quina distància hi ha entre Sardenya i Bordeus? Consulta la pàgina web www.es.distance.to per esbrinar-ho.

7 ●●● Si jo fos...

Imagina que ets el rei o la reina d'Aragó. Escriu en primera persona majestàtica (nos veiérem, nos férem...) unes 12 línies de la teva crònica. Per fer-ho, segueix els passos següents:

1. Inventa't un fragment històric o bé tria algun dels episodis històrics treballats i explica'ls com si els haguessis viscut.
2. Fes servir la conjunció i per unir les frases.
3. Repassa el text i intenta donar-hi un to ben orgullós i coratjós.
4. Després, llegiu els vostres escrits en veu alta.

En línia

La prosa religiosa i la humanística

No tota la prosa dels segles XIII, XIV i XV era en forma de crònica. Continuava havent-hi prosa religiosa, com en els segles anteriors, però també hi havia novetats! La prosa humanística reflectia una nova visió del món.

La prosa religiosa

Arran de la crisi en què va entrar l'Església al segle XIV, diversos religiosos van utilitzar la literatura (sermons, tractats morals, etc.) per adoctrinar el poble, que perdia la fe, i assenyalar-li la conducta que havia de seguir.

Entre aquests religiosos destaquen tres frares:

- **Francesc Eiximenis** (1330/35-1409), que va escriure *Lo Crestià*, en què exposava les idees sobre el dogma i la moral cristians.
- **Vicent Ferrer** (1350-1419), autor de nombrosos sermons.
- **Anselm Turmeda** (mitjan segle XIV-1430/40), que va escriure *La disputa de l'ase* i que és l'exemple més representatiu d'aquesta crisi ideològica per la seva conversió a l'islamisme.

Quin era l'objectiu de la prosa religiosa?

La prosa humanística

Al segle XIV, al nord d'Itàlia es van iniciar uns canvis que van revolucionar el món europeu i el van fer entrar en una nova època amb noves formes de pensament, com l'**humanisme**, que implicava, a més del coneixement dels autors clàssics, una nova actitud davant la vida, amb opinions crítiques que denotaven un canvi de mentalitat, amb una nova visió de la persona i la seva situació al món.

HUMANITAS és un mot llatí que prové del grec φιλανφρωπια, que significa "amor a la condició humana".

L'humanisme és un moviment de renovació cultural que va sorgir a Itàlia (segle XIV) i es va expandir per Europa durant els segles XV i XVI. Es tracta d'un corrent de pensament que col·loca l'home com a centre del seu interès. El seu vessant cultural és el Renaixement.

Bernat Metge va ser l'introductor de les idees humanístiques a Catalunya. El 1396 va ser processat i empresonat a causa de la mort, en circumstàncies poc clares, del rei Joan I. Va ser rehabilitat el 1399 pel nou rei Martí l'Humà. D'aquesta experiència, en va sortir *Lo Somni*, que va escriure per defensar-se de les falses acusacions de què va ser objecte i per tal que la seva innocència quedés fora de qualsevol dubte.

Si vols tenir més informació de Bernat Metge i la seva obra, pots mirar aquest vídeo:

Quin va ser el nou pensament que va aportar un canvi de la mentalitat medieval?

Qui és l'autor més representatiu de l'humanisme a Catalunya?

Contra quin mal lluitaven els autors de la prosa religiosa?

Àudio

Bernat Metge

Lo Somni consta de quatre llibres: en el primer, l'autor mostra el seu escepticisme sobre la immortalitat de l'ànima; en el segon, comenta l'actualitat del moment; el tercer llibre constitueix una crítica contra les dones i el quart, un elogi de les dones, especialment les reines catalanes.

Lo Somni

Fa poc temps que estant a la presó, no per cap crim que els meus envejosos perseguidors sabessin de mi, com després s'ha demostrat de manera ben clara per vergonya seva, sinó únicament per la injustícia amb què em tractaven, o potser per la inescrutable voluntat de Déu, un divendres cap a mitjanit, mentre estudiava a la cel·la on acostumava a estar, la qual és testimoni dels meus pensaments, em va assaltar un gran desig de dormir; em vaig posar dempeus i vaig passejar una mica, però, vençut per la son, em vaig estirar al llit sense despullar i em vaig adormir immediatament. Tanmateix, no amb el son amb què ho fem normalment, sinó més aviat a la manera dels enfebrats i afeblits.

En aquest estat, em va semblar que se m'apareixia un home de mitjana estatura i cara respectable, vestit de ric vellut carmesí sembrat de corones dobles d'or, amb un barret vermell al cap. I l'acompanyaven dos homes molt alts. Un d'ells era un jove força bell amb una lira a les mans. L'altre, amb llarga barba i sense ulls, era molt vell i tenia un gran bastó a la mà. Al seu voltant hi havia molts falcons, astors i gossos de diferents races, que xisclaven i udolaven molt desagradablement.

I després d'haver mirat i remirat, especialment aquell home de mitjana estatura, em va semblar que era Joan d'Aragó, el rei de gloriosa memòria mort feia poc, a qui jo havia servit durant molt de temps. I amb aquest dubte, em vaig espantar terriblement. Llavors ell em va dir:

—No tinguis gens de por, perquè jo soc aquell que et penses.

En sentir-lo parlar, el vaig reconèixer de seguida. Després, tremolant, vaig dir:

—Oh, senyor! Com és que sou aquí? Que no vau morir?

—No vaig morir —va respondre—, sinó que vaig lliurar la carn a la seva mare i vaig tornar l'esperit a Déu, que me l'havia donat.

—Com, l'esperit? —vaig objectar—. No crec que l'esperit sigui res ni que pugui tenir cap altre destí que no sigui el mateix que té la carn.

—Així doncs, què creus que soc? Que no saps que vaig morir fa poc i, doncs, vaig deixar la vida corporal?

—Ho he sentit dir —vaig respondre—, però ara no ho crec, perquè si fóssiu mort no seríeu aquí; per això penso que sou viu. La gent diu que heu mort perquè sempre s'alegra de novetats i especialment de tenir nous governants, o perquè vol cometre algun acte il·lícit.

—La notícia és certa —va dir—, soc mort. I el que parla amb tu és el meu esperit.

—Vós, senyor, em podeu dir el que vulgueu; però, mentre parli amb vostra reverència, no creuré que sigueu mort, perquè els morts no parlen.

—És veritat que els morts no parlen; però l'esperit no mor i, per tant, no li és impossible parlar.

(Versió actualitzada)

1 ●●● Ho has entès?
Quina paraula falta? Completa el text sobre el fragment que has llegit:

presó · mort · mala voluntat · servidor · Joan d'Aragó · son · dormia · Bernat Metge · llit

En aquest fragment, el narrador, el mateix ____, explica com, quan era a la ____, i no pas precisament per faltes que hagués comès, sinó per la ____ d'alguns, li vingué una ____ sobtada i s'estirà al ____ a dormir.

Mentre ____, se li aparegué un home que li semblà que podia ser el rei ____, el qual feia poc que havia ____. Ell el coneixia bé perquè havia estat ____ seu.

2 ●●● Sopa de lletres
Quina paraula del text correspon a cada definició? Busca-les en la sopa de lletres:

1. Ajeure's, ficar-se al llit.
2. Cambra o dormitori individual petit als convents, els col·legis, les presons, etc.
3. Vermell fosc, tirant a blau.
4. Teixit de pelfa amb el pèl tallat o arrissat, de seda, llana, cotó, etc.
5. Donar a algú allò que li és degut.

O	M	X	E	T	R	A	C	T	I	U	P
H	S	S	S	C	O	T	E	E	O	P	E
A	X	O	T	A	A	O	N	D	L	R	O
B	X	S	I	G	X	R	T	E	L	L	V
U	X	N	R	I	S	N	M	S	O	F	A
V	X	E	A	C	T	A	L	E	V	U	I
O	X	T	R	U	C	R	X	R	S	N	E
W	U	X	S	E	J	I	R	T	M	I	A
D	A	E	E	E	F	I	U	I	J	E	I
T	U	L	L	E	V	T	I	C	S	S	U

3 ●●● Qui ho fa?
Quin personatge posa en dubte les paraules de l'altre? I quin les argumenta?

4 ●●● Cinc preguntes bàsiques
Ho has entès? Contesta les preguntes:

a. Quin és el primer sentiment que té Bernat Metge quan reconeix la persona de Joan I?
b. Com justifica Joan I la seva presència a Bernat Metge, que li diu que és mort?
c. Què opina Bernat Metge sobre l'esperit abans de tenir l'aparició?
d. Per què Bernat Metge no es pot creure que Joan d'Aragó és mort?
e. Quina és l'opinió del rei sobre l'esperit?

5 ●●● Tipologies textuals
Quines són les dues tipologies textuals del text? Quines línies les delimiten?

6 ●●● En resum...
Com resumiries el fragment de *Lo Somni*?

7 ●●● Vols saber-ne més?
Busqueu informació sobre Bernat Metge i feu una fitxa amb aquestes dades:

- Data i lloc de naixement i de mort.
- Lloc on va treballar i persona per a qui va treballar.
- Llengües que coneixia i altres coneixements.
- Any que va ser processat i empresonat.
- Any en què va ser alliberat.

8 ●●● No a les injustícies!
Escriu un text denunciant alguna injustícia que hagis patit. Per fer-ho, segueix els passos següents:

1. Pensa bé de quin fet et vols defensar.
2. Decideix a qui vols adreçar el text.
3. Fes una llista dels arguments que exposaràs.
4. Pots crear un personatge a qui puguis argumentar la teva visió del fet.
5. Recorda fer una presentació del fet abans de desenvolupar la conversa o el text.
6. Revisa el text i corregeix-lo.

Reflexionem sobre la llengua

El sintagma nominal

Les ulleres, les bufandes, les joies... són complements. Però de complements no només en portem les persones: els noms, també! I ens donen molta informació. O t'imagines el mateix si et diuen "la casa blanca de nova construcció que hi ha a la cantonada" que si simplement et diuen "una casa"?

El nucli i els complements

El **sintagma nominal** (SN) és constituït, bàsicament, per un **nom** (o substantiu) o un **pronom**, que fa de **nucli**. Tanmateix, al seu voltant hi poden haver **determinants** (que van davant del nom), **quantificadors** i **complements del nom** (que normalment van darrere del nom i el complementen amb més informació).

Comprem joguines.
SN (N)

Comprem la teva joguina.
SN (Det + N)

Comprem una joguina del Japó.
SN (Det + N + CN)

El nom

Un **nom** (o **substantiu**) és una categoria lèxica que designa una persona, un animal, un objecte o una cosa. Des del punt de vista semàntic (del significat), els noms es classifiquen en dos grups i en diversos tipus:

CLASSE	TIPUS	EXEMPLES
Comú (no es refereix a cap individu o lloc determinat)	**comptable - no comptable** (segons si designa elements que es poden comptar o no)	*amic, arbre...* *aigua, oli...*
	concret - abstracte (segons si es refereix o no a coses que es poden veure, tocar o olorar)	*casa, carrer...* *felicitat, simpatia...*
	individual - col·lectiu (segons si designa un element sol o un conjunt d'elements)	*ovella – ramat* *abella – eixam* *arbre – bosc*
Propi (es refereix a un individu o lloc determinat)	de persona, geogràfic...	*Emma, Pau, Tarragona, Canigó, Ebre, França...*

El pronom

La paraula **pronom** provém del llatí PRO-NOMINE i significa "en comptes del nom". Alguns pronoms substitueixen els noms en les oracions.

Els pronoms s'utilitzen sovint per evitar repeticions en els textos i perquè aquests siguin, així, més fàcils i àgils de llegir. Per exemple:

Hem comprat una butaca nova i estem esperant que vinguin a portar la butaca.

Hem comprat una butaca nova i estem esperant que vinguin a portar-la.

Els determinants

Determinant és el terme genèric amb què es designen els diferents elements que determinen el nom que acompanyen. N'hi ha de diferents tipus:

ELS ARTICLES	Indiquen el gènere i el nombre del nom.	*el, la, l', els, les; en, na; un, una, uns, unes*
ELS DEMOSTRATIUS	Indiquen proximitat o llunyania respecte del nom.	*aquest, aquesta, aquests, aquestes, aquell, aquella, aquells, aquelles, això, allò*
ELS POSSESSIUS	Determinen la propietat o pertinença dels elements que acompanyen.	*meu, teu, teva, seva, meus, teus, mon, ma, vostre, vostres...*

Els quantificadors

Els **quantificadors** són les paraules que serveixen per mesurar o per expressar quantitats. N'hi ha de diversos tipus d'acord amb la manera com es vol expressar la quantitat: exacta, ordenada, fraccionada, múltiple...

ELS QUANTITATIUS	Expressen una quantitat sense concretar.	*prou, molts, poques, uns quants, força, tantes...*
ELS NUMERALS	Expressen diversos tipus de quantitats. N'hi ha de cinc tipus: cardinals, ordinals, partitius, múltiples i col·lectius.	*un, una, dos, dues, primer, segon, mitja, doble, centenar...*
ELS INDEFINITS	Es refereixen al nom que acompanyen de manera indefinida.	*algun, alguna, certes, diversos, altre, altra, tota, tots, cap...*

Els complements del nom

Els **complements del nom** s'usen molt en textos descriptius. Poden ser adjectius, sintagmes preposicionals, sintagmes nominals, oracions...

Observa els exemples:

Les caixes grosses. (adjectiu)

Les caixes de cartró. (SPrep)

Les caixes, els estris més útils. (SN)

Les caixes que vam comprar a la botiga. (oració de relatiu)

Recorda

- Un **SN** és constituït per (un determinant +) un **nom** (+ un CN) o per un pronom.
- El **nom** designa una persona, un animal, un objecte, etc.
- Els **determinants**, els **quantificadors** i els **complements del nom** acompanyen, designen o complementen el nucli del sintagma nominal.

Reflexionem sobre la llengua

1 Quin és el nucli?

Indica el nucli d'aquests sintagmes nominals:

a. Tria **el complement adient**.
b. Sempre sap **la resposta**.
c. Arriben **els avions de Mallorca**.
d. Recordem **lletres de cançons**.
e. **Elles** baixen del cim.
f. Xiulen **les cançons del cançoner**.
g. **La noia francesa** és un encant.

Després de fixar-te en aquests sintagmes, quina conclusió en treus? Completa:

El sintagma nominal (SN) és constituït, bàsicament, per un ____, que fa de nucli.

2 Concrets o abstractes?

Els noms següents són concrets o abstractes?

tristesa · fuet · prestatgeries · amor · noia · blau · got · mar · solidaritat · bosc · homes · bolígraf · Matagalls · esperança · banda · fe · mòbil

3 Masculí o femení?

Quin és el gènere dels noms següents?

espelma · foli · telèfon · pinça · castell · ventilador · font · altaveu · jeroglífic · càmera · incineradora

4 On són els determinants?

Quins mots són determinants? Identifica'ls:

a. La nena es compra gelats.
b. El meu pare viu a l'estranger.
c. Has vist aquells núvols darrere la muntanya?
d. Els membres del jurat m'han parlat de tu.
e. Aquell matí va ser molt especial per a ella.

5 Falten articles!

Quin article falta? Completa els sintagmes següents amb l'article adient:

____ dent	____ Univers
____ Isabel	____ bateria
____ quadre	____ bombers
____ bastida	____ refugi
____ universitat	____ patinet
____ escales	____ turbants
____ història	____ mitjons

6 Complementen el nom

Quin és el complement del nom de cada un dels sintagmes nominals següents? Identifica'ls:

a. Les dones del barri.
b. Un record bonic.
c. L'espantaocells vistós.
d. Els entrepans que vam comprar a l'estació.
e. Els diners del pare.
f. La pesca, un ofici molt dur.
g. La gent valenta.
h. El pa que has tallat.

Després de fixar-te en aquests sintagmes, quina conclusió en treus? Completa:

Els complements del nom poden ser ____.

Ara, digues quina estructura tenen:

Les dones del barri	Adjectiu
Un record bonic	SPrep
L'espantaocells vistós	SN
Els entrepans que vam comprar a l'estació	Oració
Els diners del pare	
La pesca, un ofici molt dur	
La gent valenta	
El pa que has tallat	

7 ●●● Determinants i quantificadors

Ets capaç de trobar els determinants i els quantificadors d'aquest text? Demostra-ho:

Visc entre les runes d'un gran amfiteatre, a la part sud de la ciutat. No em fa por viure sola, em sé espavilar força, i hi ha tanta gent, gran i petita que viu com jo! Ho sé prou bé, perquè m'agrada xerrar amb tothom. I, sobretot, escoltar les seves increïbles històries. Diuen que m'assemblo massa a una captaire i que soc massa petita per no anar a escola. Tots els nens de la meva edat van a escola, i després a anglès, o a fer esport, o a... Jo no. Però no em cal anar a escola per divertir-me. Els meus amics diuen que soc valenta. Jo sé del cert que he tingut molta por, molta. M'espanta, més que res en aquest món, que els meus amics no tinguin temps de venir-me a veure. O que arribi un dia en què jo no tingui ni cinc minuts per parlar amb ells...

Teresa Duran i Marta Luna,
Un i un i un... fan cent. La Galera

Determinants: tres articles definits, dos possessius i un demostratiu.

Quantificadors: un numeral, tres quantitatius i un indefinit.

8 ●●● Com seria amb un pronom?

Per quin pronom substituiries els SN destacats? Reescriu l'oració amb el pronom que hagis triat:

a. La Marta s'ha comprat un gelat per menjar-se **el gelat** després de dinar.

b. S'ha fet malbé la rentadora i vindrà el tècnic a reparar **la rentadora**.

c. Anirem a comprar les entrades i guardarem **les entrades** al moble del rebedor.

d. El llibre de la Lola s'ha perdut i haurem de substituir **el llibre**.

e. M'agrada el nom de l'exposició de la biblioteca; t'agradaria anar a veure **l'exposició de la biblioteca** amb mi?

Després de fixar-te en aquestes oracions, quina conclusió treus sobre l'ús del pronom?

9 ●●● Quin és el col·lectiu?

Relaciona cada definició amb el nom col·lectiu corresponent:

- Grup d'estels.
- Conjunt de veïns d'un poble, d'un barri, etc.
- Col·lecció de plantes.
- Grup de cases separat d'una població.
- Grup d'ocells que passa volant.

- bandada
- herbari
- veïnat
- constel·lació
- caseria

10 ●●● Què hi ha en el text?

Localitza els determinants, els quantificadors i els complements del nom dels substantius destacats:

La **Montse** era alta, com ella, d'aspecte normal. **Cabells** castanys, **ulls** marrons, **nas** lleugerament desproporcionat, **llavis** fins i rectes... Això no obstant, lluïa un **top** molt cenyit que ho marcava tot amb generositat, i passava de portar sostenidors. El **tatuatge** d'una papallona s'entreveia a la part esquerra del seu abdomen, sorgint de la part més remota de la seva anatomia. Per acabar de completar el **quadre**, se li notava que tenia problemes. Els seus **ulls** mostraven senyals de cansament, els tenia envermellits, i a sota s'hi obrien les **ulleres**, com bosses esperant la caiguda.

Jordi Sierra i Fabra, *Radiografia de noia amb tatuatge*. La Galera

11 ●●● COMPAREM LLENGÜES!

Com traduiríeu aquestes oracions al castellà? Compte amb els pronoms febles!

El pastís, vaig haver de comprar-lo perquè no tenia temps de fer-lo.

El llit antic, volem que vinguin a buscar-lo.

Si t'agrada aquest dibuix, te'l regalo.

Aquesta pel·lícula, l'has vista?

Posa't a prova

Prova de competències

Llibre dels fets

Jaume I

I perquè aquells que escolten aquest llibre sàpiguen que la nostra expedició a Mallorca constituí una gran proesa, en citarem només un exemple [...].

Un sarraí de Mallorca anomenat Ifantil·là reuní tots els moros de la muntanya, que eren ben bé cinc mil, entre els quals uns cent a cavall, i pujà en un puig fortificat que hi havia sobre la font de Mallorca. Allí parà les seves tendes: n'hi devia haver aproximadament entre trenta-cinc o quaranta. Aquell Ifantil·là feu sortir els seus soldats amb aixades i desvià l'aigua de la font que anava a la vila cap a un torrent que hi havia més avall, de tal manera que a nosaltres ens va deixar sense aigua.

Comprenguérem de seguida que allò no ho podria suportar l'expedició, així que acordàrem que hi anessin un dels caps o dos amb tres-cents cavallers a combatre amb ells per recobrar la font. Ordenàrem a don Nunó que hi anés, ell es preparà i el nomenàrem cap d'aquella companyia. Entre els seus cavallers i els que li foren cedits, reuní uns tres-cents homes.

Els sarraïns intentaren defensar aquella muntanyeta, però els nostres anaren cap a ells i els venceren allí dalt mateix. Van capturar Ifantil·là, que era el seu cap, i el mataren. Amb ell hi moriren més de cinc-cents homes i la resta fugí cap amunt. Els nostres agafaren les seves tendes, saquejaren el campament i ens portaren el cap d'Ifantil·là. Nos el férem col·locar a la fona de la catapulta i ordenàrem que el llancessin dins la vila. Feren córrer de nou l'aigua cap al campament i tots estigueren contents aquella nit, cosa lògica tenint en compte el gran problema que havíem superat.

(Versió actualitzada)

1 Resol a partir del text:

- **Aquest fragment és una mostra de...**
  - ○ ...prosa humanística: reflecteix un canvi de mentalitat respecte de l'edat mitjana.
  - ○ ...gènere líric: és escrit en vers.
  - ○ ...prosa historiogràfica: narra fets bèl·lics en forma de crònica.
  - ○ ...prosa religiosa sobre moralitat: pretén adoctrinar.

- **Vertader o fals? Respon:**
  - a. El narrador del *Llibre dels fets* és el rei Jaume I.
  - b. L'estil del text és impersonal i sobri, per això utilitza la tercera persona.
  - c. La llengua original d'aquest text era el llatí.
  - d. Nos era el pronom anomenat majestàtic que usaven els reis per referir-se a si mateixos.

- **En quin ordre succeeixen els fets?**
  - a. Don Nunó i els seus cavallers maten 500 sarraïns i en saquegen el campament.
  - b. Els sarraïns tallen el subministrament d'aigua als seus enemics.
  - c. Ifantil·là reuneix les seves tropes i acampa sobre un turó.
  - d. Els vencedors llancen amb la catapulta el cap de l'enemic vençut.

  ○ B ▸ C ▸ D ▸ A
  ○ C ▸ B ▸ A ▸ D
  ○ A ▸ D ▸ C ▸ B
  ○ A ▸ B ▸ C ▸ D

- **A quin fet històric o bèl·lic es refereix aquest text?**

2 Busca en el text un exemple de cada un d'aquests tipus de noms:

nom comú: abstracte, concret, col·lectiu, individual, comptable i no comptable

nom propi: geogràfic i de persona

Relaciona cadascun d'aquests sintagmes nominals amb l'estructura corresponent i, després, digues quin és el nucli:

la nostra expedició a Mallorca	determinant (article) + determinant (possessiu) + nom + sintagma preposicional
un puig fortificat	determinant (article) + nom + oració
la font que anava a la vila	determinant (article) + nom + adjectiu
el gran problema que havíem tingut	determinant (article) + adjectiu + nom + oració

3 Escriu un text breu explicant el que saps sobre els diferents tipus de prosa catalana a l'edat mitjana (segles XIII i XIV): Quins tipus de prosa hi havia? Quina era la finalitat de cada un? En coneixes algun títol i autor?

Amb 150 paraules en tindràs prou!

Què en sabem, ara?

Ara ja saps que les cròniques poden narrar tant el darrer partit de futbol del teu equip com les principals conquestes dels reis catalans de fa vuit-cents anys.

Superresposta

Què es considerava que era el mal fa vuit-cents anys?

Prepareu la resposta en grup. Feu una presentació que tingui en compte els aspectes següents:

- Quines batalles o fets històrics destaquen en cada crònica?
- Contra quin mal lluitaven els autors de la prosa religiosa?

Escriu un text de 100 a 150 paraules amb una resposta raonada.

Valora't

Ja has arribat al final. És el moment d'aturar-se i reflexionar. Què contestaries a cada una d'aquestes preguntes?

Què has après? **Com ho has après?**

Com podries millorar? **Per a què et pot servir?**

Valoració en línia

Què t'ha semblat la seqüència 7?

★ ★ ★ ★ ★

SEQÜÈNCIA 8

Anem a fons

Va de reportatges!

Va de reportatges!

3, 2, 1, acció!

Connectem

Les pantalles són presents en la nostra vida, però com afecten el teu cervell? I la vista? Què passarà amb la generació enganxada a les pantalles? Un equip d'investigadors ho ha estudiat i els resultats han estat sorprenents. T'interessa saber què han descobert? On se t'acudiria buscar-ne informació? Especialistes, testimonis, estudis publicats, dades... Potser t'aniria bé llegir o mirar algun reportatge sobre el tema?

Superpregunta

Per què el reportatge és un gènere col·laboratiu?

Activa't 122

Connectem

Què en sabem?

Avança 124

El reportatge

Escrivim

Parlem

Reflexionem sobre la llengua
Els pronoms

Avalua't 140

Posa't a prova

Què en sabem, ara?

Valora't

Què en sabem?

Ets capaç de respondre ara mateix la superpregunta? Seguraments et falten algunes dades, però en saps més del que et sembla. Vols comprovar-ho?

- Has vist o llegit mai algun reportatge? De quin tema?
- En què s'assemblen un reportatge i un documental? Què creus que fa atractiu un reportatge?
- T'agrada conèixer el que passa al món amb profunditat o ets més de quedar-te amb els titulars?
- Com creus que els periodistes aconsegueixen tanta informació? Diries que treballen sols o en equip?
- I tu, ets més de treballar individualment o en equip?

Te n'adones? Amb tot el que ja saps i amb el treball d'aquesta seqüència aconseguiràs resoldre la superpregunta. Endavant!

El reportatge

Les persones que cuinen —si t'agrada cuinar ja ho saps— es queixen que sovint dediquen molta estona a fer un plat que els altres es mengen en dos minuts. Decidir què es cuinarà, anar a comprar i triar els ingredients, netejar-los, cuinar-los... Quina feinada! Amb el reportatge passa el mateix: decidir el tema, buscar informació, consultar fonts, entrevistar testimonis; molta estona de cuina per aconseguir un text que es consumeix com si res!

Què és un reportatge?

El reportatge és un gènere periodístic d'**informació** (reportatge objectiu) o d'**interpretació** (reportatge interpretatiu que combina informació i opinió), que consisteix a relatar uns fets d'interès general.

El reportatge pot estar deslligat de l'actualitat, perquè es recupera un fet que ja va tenir lloc i s'hi aprofundeix per donar més informació sobre el tema. També es poden fer reportatges sobre fets que no són ni han estat notícia, però que són d'interès.

És un gènere que exigeix que hi hagi una tasca d'**investigació**. Es tracta de fer una tasca de documentació, per fer referència a allò que ja s'ha dit sobre el tema, i d'investigació, per explicar coses noves, que el lector o l'oient encara desconeix i que ajuden a entendre el tema.

Tipus de reportatges

Hi ha diferents tipus de reportatges, entre els quals destaquen aquests:

Segons el tractament de la informació
Informatiu: Aprofundeix en una notícia recent i inclou declaracions, descripcions d'ambient, etc. des d'una perspectiva descriptiva i objectiva. No ha d'incloure opinions personals o valoracions.
Interpretatiu: Posa l'accent en l'anàlisi i l'explicació de com i per què han tingut lloc alguns fets d'actualitat. El periodista treu conclusions i pot triar l'estil i l'estructura del text.
Segons el contingut
D'investigació: El periodista ha d'investigar sobre informacions desconegudes fins al moment. Se sorprèn el lector, l'espectador o l'oient per la revelació de fets que no es coneixien. Cal que els fets tinguin veracitat i objectivitat.
Social: Tracta aspectes amb transcendència per a la comunitat: nous hàbits socials, festes populars, problemàtiques de determinats sectors de població, etc.
Científic: Descriu i explica de forma entenedora avenços i descobriments de la ciència.
Biogràfic: Aprofundeix en la biografia, els interessos i els detalls vitals d'algun personatge d'interès.
De viatges: Explica destins per viatjar, amb descripcions, consells, etc. És essencialment descriptiu i fa servir un llenguatge col·loquial.

Parts del reportatge

Infografia

En un reportatge, el periodista pot fer servir un estil més literari, ja que aquest gènere es troba entre el periodisme i la literatura, i combina dos gèneres: el **narratiu** i el **descriptiu**.

L'estil i els recursos que faci servir a l'hora d'escriure el text són les eines que té per atreure el lector o lectora. En qualsevol cas, tots els reportatges han de mantenir els principis de **claredat** i **precisió**.

Les parts del reportatge són les següents:

- El **títol**: ha de ser breu, creatiu i informatiu.
- L'**entrada**: ha de ser atractiva, suggeridora. Pot ser una descripció, una declaració o qualsevol altre recurs interessant que animi l'usuari a seguir llegint o escoltant.
- El **cos del text**: l'estructura és lliure, però cal seguir un fil discursiu que doni una estructura unificada. És a dir, el periodista, abans de posar-se a escriure el reportatge, ha de tenir pensada l'estratègia que farà que el lector o l'espectador mantingui l'interès.

La llengua del reportatge

L'estil del reportatge és més lliure i creatiu que el d'altres gèneres periodístics, com la notícia.

Les característiques principals de la llengua del reportatge són aquestes:

- **Llibertat expressiva:** tot i que el periodista ha d'intentar narrar de forma objectiva, té la possibilitat de desenvolupar un estil narratiu propi per acostar-se més a les persones a qui es dirigeix.
- **Claredat i precisió:** són comunes a tots els gèneres periodístics, amb una organització lògica de les frases que no porti a confusió i l'ús d'un vocabulari comprensible per al lector, l'oient o l'espectador. Si el reportatge és especialitzat, es pot fer servir un vocabulari més tècnic, que caldrà explicar si va dirigit a un públic general.
- **Fluïdesa narrativa:** s'aconsegueix a partir de paràgrafs no gaire llargs, amb frases simples, amb alternança de la descripció, l'exposició i les entrevistes.
- **Descripcions:** condicionen l'ús d'un vocabulari ampli, amb l'ús d'adjectius, comparacions i fins i tot metàfores.

Elements del reportatge

En el reportatge no només és important explicar el que ha passat, sinó que cal explicar els **antecedents**, **contextualitzar** els fets i **contrastar**-los. Per fer-ho, cal **recórrer a les fonts documentals**, **cercar informació** i incloure-hi entrevistes a testimonis o persones expertes en la matèria.

A part de les fonts documentals, que són comunes a tots els reportatges, ja siguin escrits, radiofònics o multimèdia, cada canal té elements propis:

Reportatge escrit

S'afegeixen al text escrit elements gràfics per complementar o ampliar la informació, com fotografies (els peus de foto serveixen per ampliar la informació), dibuixos, infografies, esquemes...

Reportatge radiofònic

S'hi incorporen recursos sonors, com entrevistes enregistrades amb la veu dels testimonis o els especialistes, sons ambientals o música i altres efectes que permetin a l'oient aproximar-se més a la realitat que s'explica.

Reportatge audiovisual

És un dels més populars. Com que els mitjans digitals en publiquen i en comparteixen a les xarxes socials, arriben a un gran nombre de persones. S'hi combinen elements expressius i narratius per complementar el text narrat: fotografies, vídeos, gràfics, infografies animades o recursos sonors.

Ja sigui a les xarxes socials, als mitjans en paper o als mitjans audiovisuals, cal que tinguem una actitud crítica a l'hora d'interpretar els missatges que hi apareixen. Es tracta d'analitzar i avaluar opinions o afirmacions i contrastar-les per tenir una visió tan ajustada com sigui possible de la realitat.

En el reportatge, quins recursos es fan servir per ampliar el contingut de la notícia?

1 ●●○ **Són iguals?**

Recordes en què es diferencia un reportatge d'una notícia? Si és així, fixa't en les semblances i les diferències entre aquests dos textos:

On comença l'espai? Bezos insinua que Branson no es pot dir astronauta

Per a la majoria de països i institucions, l'espai exterior comença a cent quilòmetres d'altitud, però per als Estats Units i la NASA l'inici és més avall, a uns 80 quilòmetres de la superfície terrestre.

El límit de l'espai és una convenció, però basada en criteris tècnics

Xavier Duran 20/07/2021 - 18.45

El fundador d'Amazon, Jeff Bezos, ja és oficialment astronauta. També ho són els que l'han acompanyat aquest dimarts en el Blue Origin i que han assolit els cent quilòmetres d'altitud.

Són també astronautes el fundador de Virgin, Richard Branson, i els que van viatjar amb ell en el Virgin Galàctic? La discussió és molt tècnica, perquè depèn d'on es decideix que comença l'espai. A una altitud de 100 quilòmetres? O a uns 80?

Abans d'entrar en què diuen els científics, un simple tuit situa el debat en el seu lloc: la guerra comercial i d'egos. Just abans que Branson fes el seu vol, el compte de Twitter de Blue Origin, l'empresa fundada per Bezos per als seus projectes espacials, volia deixar clar que només una petita part de la població mundial podia considerar astronauta el seu gran rival, Branson.

Blue Origin al·lega, i amb raó, que "només el 4% del món reconeix el límit de 80 quilòmetres —o 50 milles— com l'inici de l'espai".

Branson va arribar a aquest límit. Però Bezos l'ha superat i va assolir els 100 quilòmetres. I aquí no hi ha dubte: el 100% dels països consideraran astronauta el fundador d'Amazon.

Un límit controvertit

Però per què per a alguns l'espai exterior comença a cert lloc i per a altres l'inici és més amunt? El debat no ha sorgit ara amb Bezos i Branson, però com escrivia la periodista Marina Koren a *The Atlantic*, "quin sentit té pagar una extraordinària quantitat de diners per anar a l'espai si el teu ric amic pot negar que hi vas anar?".

D'entrada, l'entitat que registra els rècords aeronàutics i astronàutics, la Fédération Aéronautique Internationale (FAI), i altres institucions estableixen que l'espai exterior comença a l'anomenada "línia de Kármán", situada a 100 quilòmetres justos sobre la superfície de la Terra.

En canvi, l'exèrcit dels Estats Units i la NASA donen les ales d'astronauta a qui hagi arribat 12 milles més avall. L'altura concreta són 50 milles —80 quilòmetres. Per tant, als Estats Units Branson també és astronauta.

I no seria tot tan fàcil com decidir que l'espai comença on acaba l'atmosfera terrestre? Potser sí, però aleshores les discussions vindrien per decidir en quin punt acaba aquesta atmosfera.

Així, tal com s'explica a la web de la NOAA (l'Administració Nacional dels Oceans i l'Atmosfera dels Estats Units), el 2009 investigadors de la Universitat de Calgary van llançar un instrument anomenat Supra-Thermal Ion Imager per mesurar el lloc on els vents de l'atmosfera deixaven lloc als fluxos de partícules amb càrrega elèctrica de l'espai. És a dir, un lloc relativament tranquil a l'escenari de violents corrents carregats.

I la seva conclusió va ser que això es produïa a 118 quilòmetres —73 milles— sobre el nivell de l'oceà. Bezos no ho sap o ho sap però no ho ha esmentat, perquè amb aquest criteri ell tampoc no seria astronauta. Afortunadament per a ell, el criteri no ha estat oficialment adoptat per ningú.

Però encara és més complex, explica la NOAA: si hem d'establir que l'espai comença on no hi ha ni rastre de l'atmosfera terrestre, caldria pujar a mil quilòmetres. I, per a alguns, anar més enllà.

Si fos així, ni tan sols l'Estació Espacial Internacional es podria anomenar així, perquè orbita a uns 360 quilòmetres de la Terra, lluny encara d'aquests mil on començaria l'espai. Ni seria espacial el telescopi Hubble, que es troba per sota dels 600 quilòmetres.

Establir on comença l'espai exterior no deixa de ser una convenció. Però això no significa que s'estableixi a la babalà.

La línia de Kármán, el límit més acceptat

La línia de Kármán, adoptada per la FAI com l'inici de l'espai, porta el nom d'un físic i enginyer hongarès: Theodore von Kármán, un dels grans experts en coets i vols supersònics.

Kármán va pensar que un límit raonable per establir on comença l'espai exterior era el lloc on les forces orbitals superen les forces aerodinàmiques.

Explicat d'una manera més senzilla, els avions s'enlairen en bona part perquè l'aire que es fa passar per sota de les ales els empeny i els fa pujar. En cert punt, l'atmosfera és tan poc densa que aquest sistema no serveix. Aleshores, l'avió o la nau han de tenir un altre sistema de propulsió. O aconseguir que se'ls endugui la força que els farà entrar en òrbita.

Potser per triar un nombre rodó, Kármán va proposar que això es deu produir als cent quilòmetres d'altitud. I aquí és on tenim la imaginària línia que porta el seu nom.

www.ccma.cat (adaptació)

El multimilionari Jeff Bezos salta a l'espai durant deu minuts i deu segons

El directiu d'Amazon viatja amb el seu germà, Wally Funk i Oliver Daemen. Els tripulants obtenen el títol d'astronautes.

Els homes més rics del planeta segueixen desafiant-se per la conquesta de l'espai. El magnat nord-americà Jeff Bezos va aconseguir ahir viatjar a l'espai en la primera missió tripulada de la seva companyia espacial Blue Origin. La seva aventura va ser breu però intensa. En només 10 minuts i 10 segons, el coet New Shepard es va enlairar des de la base espacial de Van Horn, a Texas, va arribar a més de 100 quilòmetres d'altura, va viatjar per l'espai durant uns tres minuts i va tornar a la Terra. Aquesta efímera odissea espacial va ser suficient per atorgar el títol d'astronautes a quatre terrícoles més: Jeff Bezos, el seu germà Mark Bezos, la veterana Wally Funk (de vuitanta-dos anys) i l'holandès Oliver Daemen (de divuit anys).

Bezos, segon per l'esquerra, amb la resta de la tripulació | REUTERS

El vol de l'històric cap d'Amazon es va produir només nou dies després que el multimilionari Richard Branson, fundador de Virgin Galactic, presumís del mateix. Amb tot, Branson es va quedar a les portes de l'espai, ja que el seu vol va arribar a 80 quilòmetres de la superfície terrestre.

www.regio7.cat (adaptació)

Has observat les diferències i les semblances? Identifica les característiques que corresponen a cada text:

	REPORTATGE	NOTÍCIA
El títol i l'entrada capten l'atenció del lector o lectora plantejant una polèmica.		
L'entradeta és informativa.		
S'organitza en apartats amb titolets.		
Té una extensió llarga.		
Contextualitza els fets i en presenta els antecedents.		
Hi ha fotografies i peus de foto, que amplien la informació.		
Se citen moltes fonts d'informació.		
L'estil és més literari.		
El periodista té més llibertat expressiva.		
Desenvolupa extensament un fet que és noticiable.		
Hi ha citacions entre cometes.		
El tema central és la competència entre Bezos i Branson.		

En línia

2 ●●● **En profunditat!**
Fixa't en el reportatge de l'activitat anterior i contesta:

a. Creus que el títol fa atractiu el reportatge? Quin recurs fa servir el periodista per despertar l'interès?
b. El tema del reportatge està lligat a una notícia d'actualitat? Quina?
c. El periodista que l'ha escrit emet alguna opinió o fa alguna interpretació del tema? Rellegir la notícia t'ajudarà a respondre.
d. Quines fonts fa servir en el reportatge?
e. Quin llenguatge fa servir en aquest reportatge? Entens totes les paraules que hi surten? Quines paraules no entens?
f. Amb quina idea tanca el reportatge? Té relació amb el títol?
g. Quins recursos o documents gràfics hi ha en el reportatge? Com complementen o amplien la informació?
h. Creus que és un reportatge escrit, radiofònic o multimèdia? Per què?
i. De quin tipus de reportatge es tracta? Abans de respondre, revisa l'apartat sobre els diferents tipus de reportatges!

3 ●●○ **Quina part és?**
Saps identificar les parts del reportatge? Demostra-ho i identifica-les en el reportatge de l'activitat 1.

Hi has de trobar el títol, l'entrada, el cos, els titolets, la imatge i el peu d'imatge.

4 ●●○ **Fes de periodista!**
Com vas de creativitat? Pensa i escriu un titular per a un reportatge que té aquesta entrada:

L'ús abusiu de les noves tecnologies —internet, xarxes socials, jocs, apostes virtuals, compres compulsives, cibersexe...— s'està convertint en un veritable problema, i els joves i adolescents són especialment vulnerables.

5 ●●○ **Com captaries la seva atenció?**
Sabries captar l'atenció del lector o lectora amb una entrada atractiva? Pensa-hi i escriu-ne una per a un reportatge que té aquest titular:

La salut mental de les persones joves, una prioritat

6 ●●○ **Quin tipus de reportatge és?**

Sabries distingir diferents tipus de reportatges? Llegeix aquestes entrades i indica el tipus de cada reportatge:

Com regulem l'ús dels patinets a la via pública?

Des de fa uns anys que els patinets són habituals als carrers de les ciutats. Les administracions comencen a impulsar normatives per regular-ne l'ús. N'hi ha prou amb educació i sensibilització viària?

Valors, núm. 194

QUI VA MATAR BERTA CÁCERES?

Entre vuitanta i cent dones activistes ecologistes han estat assassinades arreu del món en els darrers deu anys.

www.vilaweb.cat

El GPS: com sap el teu telèfon mòbil exactament on ets?

Baixes del tren, surts de l'estació i... on ets? No reconeixes aquest lloc. T'has perdut? No passa res, avui en dia tenim recursos de sobra. Agafes el mòbil, obres els mapes i immediatament et diu on ets i, si cal, cap on has d'anar per arribar a la teva destinació. Però com sap el teu telèfon mòbil exactament on ets?

www.cienciaoberta.cat

VÍCTIMA O HEROÏNA?

El mateix any que va pintar el quadre *Judit al banquet d'Holofernes* (1634), Rembrandt es va casar amb la seva estimada Saskia. Per això s'ha interpretat aquesta dona carregada de joies com a símbol de la plenitud i la felicitat matrimonial.

Sàpiens, núm. 232

Murten i les vinyes del Vully

Des de la capital del cantó de Fribourg fem una escapada per conèixer la vila medieval de Murten i les vinyes del Vully, que s'estenen turó amunt a la vora del llac de Morat dins una bombolla climàtica que els proporciona un entorn idíl·lic.

www.rutesdelmon.com

Fixa't en els títols dels reportatges. Quin és el recurs més comú? Per què creus que és així?

7 ●●○ **Cert o fals?**

Què en saps, ara, del reportatge? Digues si les afirmacions següents són certes o falses:

a. Els reportatges sempre han de partir d'una notícia actual.

b. En la primera part del reportatge hi ha d'haver la informació més important.

c. Els reportatges han d'estar contextualitzats i, si cal, explicar els antecedents dels continguts que s'hi desenvolupen.

d. Els reportatges poden desenvolupar temes d'interès social, científic o d'investigació, sense que hagin de ser d'actualitat.

e. En els reportatges no cal incloure-hi testimonis, citacions o referències perquè amb l'opinió del periodista n'hi ha prou.

f. L'estil del reportatge és força lliure i incorpora recursos i procediments expressius.

Escrivim...

Fas cerques a Google? Entres a les xarxes socials? Res no és gratuït. Les teves dades corren per la xarxa i les empreses les venen amb objectius comercials. La xarxa ho sap tot de tu! I això pot anar en contra teu.

Analitza i prepara

1 Mira aquest reportatge

Si el trobes massa llarg pots mirar-ne només els primers 15 minuts!

- **Comenteu** en grup les qüestions següents i, després, **responeu-les**:
  - Qui presenta el titular i l'entrada? Com ho fa?
  - Quin tipus de testimonis inclou?
  - Està basat en una notícia d'actualitat? Quin tipus de reportatge diries que és?
  - És informatiu o interpretatiu? Per què?

- T'has fixat en els recursos audiovisuals que s'hi utilitzen? **Tria les opcions correctes**:

a. Després de la presentació hi ha una entrada amb fragments de declaracions, per captar l'atenció de l'espectador o espectadora.

b. El fil del relat el narra un periodista que apareix en escena durant tot el reportatge.

c. Les declaracions de cada testimoni duren aproximadament 30 segons.

d. El llenguatge és especialitzat, de caràcter científic i força complicat d'entendre.

e. El fil del relat està narrat per una veu en off.

f. La veu en off i les imatges van lligades.

g. S'expliquen els fets amb el suport d'imatges.

h. La locució mai no va acompanyada de so.

i. Algunes imatges situen l'espectador o espectadora en el tema.

j. Es fan servir efectes sonors.

k. El llenguatge és planer i adequat a tots els públics.

2 Quina triaríeu?

- En grup, **decidiu** sobre quina d'aquestes notícies faríeu un reportatge audiovisual:

L'emergència climàtica és aquí: onades de calor extrema als EUA, el Canadà i Sibèria

Els deltes de l'Ebre i el Llobregat, amb l'aeroport i el port, poden desaparèixer del tot.

www.vilaweb.cat

Un home mata la parella a Pozuelo de Alarcón

Ja són 28 les dones assassinades per les seves parelles o exparelles aquest any.

www.ccma.cat

Noruega prohibeix que les influencers retoquin les seves fotos

L'aplaudida llei imposa multes per a aquells que editin i retoquin imatges sense declarar-ho.

www.ara.cat

- Ja ho teniu? Repartiu-vos les tasques i **prepareu un guió audiovisual**:

Idea central	• Sobre quin tema voleu informar? • Quin missatge voleu transmetre?
Fonts	• Quines fonts documentals podeu fer servir? • Investigueu i preneu-ne nota.
Recursos audiovisuals	**Imatges:** • Les heu de crear? Quines? • Existeixen? • Calen gràfics? Quins? **Entrevistes:** • Fareu entrevistes? A qui? **Sons:** • Afegireu sons? Per a què? • Hi afegireu música? Quina? Quan?

i parlem

Alguns van dir que la ràdio desapareixeria amb la televisió. Es van equivocar, és ben viva! I gràcies als podcasts més que mai. Saps què són?

Escriu i revisa

3 Poseu-ho per escrit!

Escriviu el guió del vostre reportatge:

- Documenteu-vos en fonts fiables.
- Feu una introducció al tema que tractareu.
- Organitzeu la informació en blocs temàtics.

Recordeu que, un cop tingueu el guió escrit, encara queda molta feina per fer: enregistrar, il·luminar, sonoritzar, muntar... Per fer un reportatge audiovisual cal un gran equip de persones!

4 Com ha quedat el guió que heu esctit?

Rellegeix-lo i respon sí, no o es pot millorar:

- El reportatge compleix la seva finalitat d'ampliar una notícia?
- Heu fet servir amb bon criteri els recursos propis d'aquest gènere?
- L'entrada introdueix de manera atractiva el tema que tractareu?
- Heu fet servir fonts documentals per acreditar la informació?

Refeu el text per millorar els aspectes que ara heu vist que no acaben d'estar prou bé.

Quins perfils professionals creus que intervenen en un reportatge audiovisual? ?

En línia

Escolta

1 Escolteu un podcast

Creus que encara hi ha esclavisme? Escolteu aquest podcast d'un reportatge sobre l'esclavitud moderna:

Podcast

Comenteu en veu alta:

- Quin és el tema central? I el titular?
- Quins recursos s'hi fan servir?
- És el mateix un testimoni que una entrevista? Posa un exemple de cada del reportatge.
- Quina és la conclusió del reportatge?

Parla

2 En grup!

Trieu un dels reportatges de la seqüència o busqueu-ne un escrit o audiovisual. Repartiu-vos les tasques i feu un reportatge radiofònic, que enregistrareu com a podcast:

- Feu servir les referències (testimonis, citacions, referències a revistes o altres fonts documentals) que hi apareixen.
- Simuleu els testimonis.
- Busqueu sons i música per donar-hi ritme.
- Enregistreu el podcast amb l'aplicació de gravació del vostre telèfon o amb el programa Audacity o algun altre de similar.

Deixeu sentir el vostre podcast a la resta de la classe, que n'haurà de fer la valoració.

Rúbrica d'avaluació

Quin paper tenen els testimonis i els entrevistats en el reportatge radiofònic o podcast? ?

En línia

Reflexionem sobre la llengua

Els pronoms

"Ahir vaig veure el Pere i vaig dir al Pere que avui trucaria al Pere." Alguna cosa falla en aquesta oració, oi? No et sona millor si diem "Ahir vaig veure el Pere i li vaig dir que avui li trucaria"? No et repeteixis com un lloro i fes servir els pronoms febles!

Funció i tipus de pronoms

Recorda que el pronom és una categoria lèxica. Pot equivaldre a un nom, un adjectiu, un adverbi o un sintagma preposicional:

Menja ***pomes.*** ▸ ***En*** *menja.*

Va arribar ***cansat.*** ▸ ***Hi*** *va arribar.*

Ves ***allà.*** ▸ *Ves-**hi**.*

Va parlar ***de Mercè Rodoreda.*** ▸ ***En*** *va parlar.*

Quan parlem o escrivim, fem servir els pronoms per evitar les repeticions. Diem o escrivim, per exemple:

Avui he parlat amb la Joana i ***li*** *he dit que demà l'anirem a veure.*

I no pas:

Avui he parlat amb la ***Joana*** *i he dit a la* ***Joana*** *que demà anirem a veure la* ***Joana.***

El significat dels pronoms depèn del context:

He dit ***a la Joana*** *que l'anirem a veure.*

Hi *anirem molt aviat,* ***a la biblioteca.***

No ***ho*** *diré a ningú,* ***això que m'has explicat.***

No ***en*** *beguis,* ***de refrescos.***

Tu *no ho facis, ja ho faré* ***jo.***

Què *vols,* ***que sigui puntual****?*

Hi ha diferents tipus de pronoms:

TIPUS DE PRONOMS	EXEMPLES
demostratius	*això, allò...*
possessius	*nostre, nostra, seu, meu...*
quantificadors	*algú, res, tothom, cadascú...*
relatius	*que, on, qui, què...*
interrogatius	*què, quina, qui...*
forts	*jo, tu, ell, ella, nosaltres, ells, elles, mi, vostè...*
febles	*em, et, es, en, hi, ho...*

Els **pronoms** representen les tres persones gramaticals, primera (**jo**), segona (**tu**), tercera (**ell**), i poden ser **forts** o tònics i **febles** o àtons.

? Quin és l'intrús?
què • em • ella • algú • quan • qui • ell

Els pronoms forts

Els pronoms **forts** o **tònics** es pronuncien amb accent. Normalment fan referència a persones i poden ocupar diferents llocs dins l'oració:

En Joan anirà a l'aeroport. ▸ *Ell anirà a l'aeroport.*

Subjecte — Pronom (subjecte)

Compraré això a la Maria. ▸ *Compraré això a ella.*

complement indirecte — Pronom (complement indirecte)

Parlen de la senyora Maria! ▸ *Parlen de vostè!*

complement de règim preposicional — Pronom (complement de règim preposicional)

Els pronoms febles

Els pronoms **febles** o **àtons** van sempre davant o darrere del verb, i poden anar apostrofats o bé amb guionet (els que van darrere el verb):

***M'**agrada llegir. Acosta**'m** el llibre.*

***Em** vaig clavar una punxa. Vaig clavar-**me** una punxa.*

***T'**enviaré un missatge. Aparta**'t** d'aquí.*

***Et** llegiré un conte. Vaig llegir-**te** el conte.*

***Ens** troba la talla. Troba**'ns** la talla, sisplau.*

- Van darrere del verb quan està en imperatiu (*acosta'm*), infinitiu (*jugar-hi*) o gerundi (*mostrant-lo*).
- Van davant del verb en els altres casos (*ho acosta*, *hi jugava*, *el mostra*).
- En el cas de les perífrasis verbals i del temps passat perifràstic, poden anar davant (*hi hem de trucar*, *hi vam trucar*) o darrere (*hem de trucar-hi*).

Fixa't que la major part dels pronoms febles (excepte **li**, **hi** i **ho**) tenen diverses formes segons la posició en què estiguin respecte al verb i la grafia amb què aquest comença o acaba (vocal o consonant):

POSICIÓ DEL PRONOM	EXEMPLES
Davant del verb que comença amb consonant.	***em** parla, **et** sembla, **es** pentina, **en** vull...*
Davant del verb que comença amb vocal o **h**.	***l'**endevina, **s'**ho pensa, **t'**admiro, **n'**agafo...*
Darrere del verb que acaba amb consonant o diftong.	*esperar-**me**, voler-**te**, fixeu-**vos**, canviar-**ne**...*
Darrere del verb que acaba amb vocal.	*digue**'m**, espera**'t**, mira**'ls**, menja**'n**...*

Funcions dels pronoms febles

En una oració, els pronoms febles substitueixen els diferents complements verbals. En general, les funcions que poden fer els pronoms són aquestes:

- complement directe (CD)
- complement indirecte (CI)
- atribut (Atr)
- complement de règim (CR)
- adjunt del predicat (AP) o complement circumstancial (CC)
- complement predicatiu (CPred)

SUBSTITUCIÓ DEL CD		
CLASSES DE CD	PRONOMS	EXEMPLES
CD definit: precedit d'un article definit, d'un demostratiu o d'un possessiu.	**el**, **la**, **els**, **les**	*Porta **el llibre**.* ▸ *Porta**'l**.* *Porta **la llibreta**.* ▸ *Porta-**la**.* *Porta **els meus llibres**.* ▸ *Porta**'ls**.* *Porta **les meves llibretes**.* ▸ *Porta-**les**.* *Porta **mon avi** al metge.* ▸ *Porta**'l** al metge.*
CD indefinit: sense determinant o precedit d'un article indefinit.	**en**	*Compra **llibres**.* ▸ ***En** compra.* *Compra **alguns llibres**.* ▸ ***En** compra alguns.* *Té catorze **anys**.* ▸ ***En** té catorze.* *Llegeixo **un llibre**.* ▸ ***En** llegeixo un.*
CD neutre (**això**, **allò** o una oració).	**ho**	*Mira **això**.* ▸ *Mira-**ho**.* *Mira **que sigui la bona**.* ▸ *Mira-**ho**.*

SUBSTITUCIÓ DEL CI	
PRONOMS	EXEMPLES
li, **els** (-**los**, **'ls**, darrere del verb)	*Dona **el llibre al seu amic**.* ▸ ***Li** dona el llibre.* *Dona el llibre **als seus amics**.* ▸ ***Els** dona el llibre.* *No puc donar els llibres **a les meves amigues**.* ▸ *No puc donar-**los** els llibres.* *Dona els llibres **a les teves amigues**.* ▸ *Dona**'ls** els llibres.*

? Aquesta substitució pronominal no està ben feta! Corregeix-la:
He de donar les claus a les veïnes. ▸ He de donar-les les claus.

SUBSTITUCIÓ DE L'ATRIBUT		
CLASSES D'ATRIBUTS	PRONOMS	EXEMPLES
Atribut definit: precedit d'un article, d'un demostratiu o d'un possessiu.	**ho**, **el**, **la**, **els**, **les**	*La Mar és **la cosina**.* ▸ *La Mar **ho** és / **l'**és.* *Els meus avis són **aquests corredors**.* ▸ *Els meus avis **ho** són / **els** són.*
Atribut = adjectiu, SPrep, SN indefinit, adverbi	**ho**	*El llibre és **nou**.* ▸ *El llibre **ho** és.* *El llibre és **de la Joana**.* ▸ *El llibre **ho** és.* *És **així**.* ▸ ***Ho** és.*
Atribut emfàtic	**en**	*Si que **n'**és, de **fàcil**, aquest joc!*
Atribut locatiu	**hi**	*És **a casa**.* ▸ ***Hi** és.*

SUBSTITUCIÓ DEL CR I DE L'AP		
SEGONS LA PREPOSICIÓ	PRONOMS	EXEMPLES
Introduïts per la preposició **de**.	**en**	*Es cansen **de treballar**.* ▸ *Se'**n** cansen.* *Venen **de la biblioteca**.* ▸ ***En** venen.* *Baixen **de l'autobús**.* ▸ ***En** baixen.*
Introduïts per altres preposicions.	**hi**	*Treballen **a l'estació**.* ▸ ***Hi** treballen.* *Falta sal **a la sopa**.* ▸ ***Hi** falta sal.*

SUBSTITUCIÓ DEL COMPLEMENT PREDICATIU		
SEGONS ELS VERBS	PRONOMS	EXEMPLES
Amb els verbs **fer-se**, **dir-se**, **nomenar**, **fer**, **sentir-se**	**en**	*Es fa **membre del club**.* ▸ *Se'**n** fa.* *Ara fa **de mestra**.* ▸ *Ara **en** fa.*
Amb altres verbs, com **tornar-se**, **quedar-se**...	**hi**	*He quedat **de pedra**.* ▸ ***Hi** he quedat.*

Observacions

- No tots els adjunts del predicat es poden substituir, com, per exemple, l'AP de temps. En l'oració *Arribaré a l'estació a les deu*, només es pot substituir l'AP de lloc: *Hi arribaré a les deu*.
- L'AP de manera s'ha de substituir sempre pel pronom **hi**, encara que vagi introduït per la preposició **de**: *Vaig de bòlit.* ▸ ***Hi** vaig.*
- El pronom **en** també pot substituir el complement del nom (*M'agrada aquest músic, però no **en** conec el nom*) i el subjecte, amb verbs com **sortir**, **arribar**, **quedar**, **faltar**... (*Falta una peça.* ▸ ***En** falta una.*)

Recorda

- Els **pronoms** són elements gramaticals amb un significat que depèn del context.
- Hi ha dos tipus de pronoms: els **forts** o tònics i els **febles** o àtons.
- Els pronoms **forts** fan de subjecte de l'oració i, precedits de preposició, poden fer de diferents complements verbals.
- Els pronoms **febles** substitueixen els complements verbals (CD, CI, atribut, CR, AP i CPred).

Reflexionem sobre la llengua

1 ●●● Quins són pronoms?

Quins mots d'aquestes oracions són pronoms? Indica'ls:

a. Ella va a treballar.
b. Tu els pentines.
c. Truca-hi!
d. Això és fantàstic!
e. Els duc a la butxaca.

2 ●●● Determinants o pronoms?

Indica si els mots destacats d'aquestes oracions són determinants o pronoms:

a. Aquest avi és molt divertit.
b. Pot opinar **tothom**.
c. S'han lliurat **diversos** premis.
d. La meva àvia és biòloga.
e. Allò no m'ho esperava.
f. Les nostres amigues arribaran tard.
g. Si t'agraden més **aquests** bombons, agafa'n.
h. El llapis verd és **meu**.

Després de fixar-te en aquests sintagmes, quines conclusions en treus? Completa:

En un SN, els ____ acompanyen un nom.
En un SN, els ____ són el nucli i equivalen a un nom.

3 ●●● Tònics o àtons?

Els pronoms destacats són tònics o àtons? Indica-ho:

a. Em faré un pírcing.
b. Nosaltres en sabem.
c. El veig de lluny!
d. Ho faran **vostès**?
e. Aquest sí que és bo!
f. A **mi** no **m'**agrada.
g. Ningú la coneix.
h. Molts hi creuen.

4 ●●● Com substituiries el SN?

Amb quin pronom tònic substituiries el subjecte o el sintagma nominal destacat d'aquestes oracions? Reescriu-les amb el pronom adequat:

a. La Maria comprarà el diari.
b. S'ha referit a **l'Estel**.
c. Els bessons prenen la llet amb mel.
d. L'Helena i l'Ona són bones amigues.
e. A **la mare** li agrada el cafè.

5 ●●● Com substituiries els CD?

Amb quin pronom substituiries els CD d'aquestes oracions? Reescriu-les amb el pronom adequat:

a. Fes la maleta!
b. Agafa les claus.
c. He amagat la sorpresa.
d. Ha trobat les claus.
e. Diu que vindrà demà.
f. Compra la bombeta.
g. Fes això.

6 ●●● Pronoms i CI

Completa les oracions amb un pronom que representi el CI:

a. ____ vaig comunicar la notícia.
b. ____ donaven revistes.
c. Regala-____ la foto.
d. ____ escric la carta.
e. ____ regala flors.
f. Doneu-____ l'encàrrec.

7 Com substituiries el CR?

Per quin pronom substituiries el CR de les oracions següents? Reescriu-les amb el pronom feble adient:

a. M'he oblidat d'agafar les claus.
b. Estic interessat en aquest projecte.
c. Sempre pensa en les vacances.
d. Els mestres parlen dels alumnes.
e. Es queixen dels exàmens.
f. S'exposen als perills.

8 Com substituiries l'AP?

Per quin pronom substituiries l'AP de les oracions següents? Reescriu-les amb el pronom feble adient:

a. Menjaven l'entrepà al pati.
b. Llegiré el llibre sota un ametller.
c. Busca les claus al cotxe.
d. Caminava a poc a poc.
e. No volia viure amb aquell noi.

9 Com els combinaries?

Escriu bé aquestes combinacions de pronoms i verb:

fixeuvoshi | usnagafa | shoestalvia
mhisento | recordaten | riureusen

10 Els distingeixes?

Quins dels mots destacats són pronoms i quins són determinants?

a. **Aquest** vaixell és nou.
b. **Poques** vegades la sento queixar-se.
c. **Això** està molt bé.
d. El **segon** pis és el meu.
e. No ha vingut **ningú**.
f. Ho ha volgut veure **tothom**.
g. El **meu** pare fa anys.

11 De quin tipus és?

De quin tipus és el complement destacat? Indica-ho i reescriu la frase amb el pronom feble adequat:

a. Escriu la redacció **al pare**.
b. Explicava **contes** als infants.
c. Renta la cara **a l'Ona**.
d. En Pep només té **un coixí**.
e. La noia collia **fruita**.
f. La riera baixa **plena**.
g. Tornàvem **de Barcelona**.
h. Tothom renunciava **al premi final**.
i. Pensa **a tancar la porta amb clau**.
j. Aquella gata és **poruga**.

12 Tenen CD?

Quines oracions tenen un CD?

a. Menjo carn d'olla.
b. Diuen que és mentida.
c. Durant les festes, venia postals de Nadal.
d. Comprarà la maquinària.
e. Cada vespre visita l'àvia.
f. Renunciarà al sou.
g. El cotxe és al mecànic.

Ara, substitueix el CD pel pronom feble adient.

13 Les saps reescriure?

Per quin pronom tònic substituiries els sintagmes nominals següents? Reescriu les frases amb el pronom adient:

a. Ja m'ha trucat **la Clara**.
b. **En Francesc** ha anat a escalar.
c. **La Joana i la Marga** són amigues íntimes.
d. **El senyor Ramon** confia en vostè.
e. **La Neus** ha tingut una criatura.
f. **Les noies** fan dansa del ventre.
g. **L'Anna i en Jordi** practiquen esport el dissabte.

14 ●●● CD indefinit

Per quin pronom substituiries el CD indefinit d'aquestes oracions? Reescriu-les amb el pronom corresponent:

a. Vaig trobar molts bolets.
b. Tenia tos.
c. Volia llet.
d. Necessitava ajuda.
e. Dibuixava tres ocells.
f. Feia bombolles de sabó.
g. Portava dues pintures.
h. Escrivia poemes.
i. Ven loteria.

Després de fixar-te en aquestes oracions, quina conclusió en treus? Completa:

El CD definit se substitueix sempre pel pronom feble ____.

15 ●●● En o hi?

Torna a escriure aquestes oracions substituint els complements subratllats pels pronoms febles en o hi segons correspongui:

a. La teva germana sempre parla **de cinema**.
b. Les jugadores van sortir **del camp** contentes.
c. Vivia **sol**.
d. La consideren **una pobra noia**.
e. L'Eva s'ha posat **vermella**.
f. La Roser s'ha quedat **aquí**.
g. La teva neboda va **de llesta**.
h. En Miquel s'ha quedat **sol**.

16 ●●● Quina és la forma adequada?

Com escriuries aquestes formes d'imperatiu? Escriu-les amb la forma adequada dels pronoms febles que hi ha entre parèntesis:

a. feu (me)
b. guarda (en)
c. espavileu (els)
d. engega (els)
e. porteu (en)
f. dona (em)
g. prepara (et)
h. tasta (en)
i. compra (en)
j. escolta (el)
k. mireu (ens)
l. truca (em)

17 ●●● Substitueix l'AP

Com substituiries els AP d'aquestes oracions? Reescriu-les amb els pronoms adients, si és possible fer la substitució:

a. Vesteixen a la moda.
b. En Jan menja amb els dits.
c. He anat a Cadaqués.
d. L'Ariadna condueix amb seguretat.
e. Pensa anar fins a Núria.
f. No t'enfadis amb ell!
g. No sortirà de classe abans de les nou del vespre.

Després de fixar-te en aquestes oracions, quina conclusió en treus? Completa:

L'AP ____ no es pot substituir per un pronom feble.

18 ●●● Substitueix el CD

Escriu aquestes oracions substituint el CD en negreta pel pronom feble corresponent:

a. La Joana cull **pomes**.
b. Hem comprat **el segell** a l'estanc.
c. En Jordi ha cosit **els pantalons**.
d. Vol **entrepans** per dinar.
e. Mostra **el dibuix**.
f. Controla **que tot vagi bé**.

19 ●●● On són?

Localitza tots els pronoms febles que hi ha en les oracions següents:

a. Li he demanat que em deixi una clau, però no en té cap.

b. Hem de portar els apunts? No, no heu de portar-los.

c. Si no t'agrada l'embotit, no te'l mengis.

d. Ahir va anar a la piscina, però avui no hi anirà.

Ara, indica quin nom substitueixen.

20 ●●● Quin és quin?

Quin pronom feble substitueix el CD de cada oració? Indica'l:

Compro la moto al noi.	els
Ella compra les pastanagues.	la
Envia diners a l'estranger.	n'
Escolta el que t'explico.	les
Posa't el jersei.	el
El meu germà fa els mots encreuats molt ràpid.	ho
Preveuen inundacions fortes.	en

21 ●●● Quina és la correcta?

Quina substitució pronominal és la correcta? Tria l'opció correcta en cada cas:

a. En Josep té tos i la Maria no **en té** / **la té**.

b. Avui el tiet farà el dinar per a tots i demà **en farà** / **el farà** l'àvia.

c. Has comprat peres? Sí, perquè el pare **en vol** / **ho vol**.

d. Saps quines notes has tret? No **ho sé** / **en sé**.

e. Em vaig comprar aquells pantalons i ara sempre **me'ls poso** / **m'ho poso**.

f. L'avió ahir va sortir amb retard, però avui no **en sortirà** / **hi sortirà**.

g. Anirem a la zona cremada del bosc per **plantar-hi** / **plantar-ne** nous pins.

22 ●●● Troba la forma adequada

Substitueix el CD de cada oració per la forma del pronom adequada:

el / -lo | ho / -ho

a. Ja vas demanar allò?

b. On voleu comprar el pa?

c. Encara no sé si vindrà en Dídac.

23 ●●● Quina frase és correcta?

Identifica la frase correcta de cada grup:

- ○ El significat dels pronoms depèn del context.
- ○ Els pronoms són noms buits de significat.
- ○ Els pronoms són elements gramaticals amb significat complet.

- ○ Els pronoms àtons fan de subjecte de l'oració.
- ○ Els pronoms àtons substitueixen els complements verbals.
- ○ Els pronoms àtons poden fer de complement del nom.

- ○ Els pronoms tònics fan de subjecte de l'oració.
- ○ Els pronoms tònics substitueixen els complements verbals.
- ○ Els pronoms tònics poden fer de complement del nom.

24 ●●● COMPAREM LLENGÜES!

Com traduiríeu aquestes oracions al català? Compte amb les repeticions: fes servir els pronoms febles!

a. Trabajaba en Madrid y se quedó a vivir allí.

b. A Marta no le gustaba Toni, no confiaba en él.

c. Gratifica a todos los empleados y habla muy bien de ellos.

d. Echa mucho de menos a sus primas, antes jugaba cada día con ellas.

e. Oía cómo los gorriones gorjeaban y no pudo evitar fotografiar a aquellos pajaritos.

El batec de la pedra volcànica

Benvinguts a Castellfollit de la Roca, el poble de postal que viu dalt d'un cingle

Dels centenars i centenars de viles, ciutats, pobles i llogarrets que formen el nostre país, potser cap és tan nostrat i estimat —i fotografiat!— com l'encisador Castellfollit de la Roca, al nord del Parc Natural de la Zona Volcànica de la Garrotxa i a l'entrada de l'Espai d'Interès Natural de l'Alta Garrotxa.

Emmarcat en un entorn de postal, aquest municipi, un dels més petits del país, és únic i singular. La seva espectacular cinglera és formada per penya-segats de roca basàltica, producte d'antiquíssimes erupcions volcàniques. I a dalt, posat com un trofeu en un pedestal, hi reposa el poble de Castellfollit.

Als peus del majestuós cingle

No podíem començar d'altra manera que visitant el famós cingle de Castellfollit de la Roca. La millor forma d'apropar-s'hi és per la carretera N-260z, a l'est del poble. Des d'aquesta zona, el nucli queda enlairat al cim i nosaltres l'admirem des de sota. Per gaudir al màxim d'aquesta magnífica vista, hi ha la passarel·la des d'on tothom pren la imatge més icònica de Castellfollit, vist des de sota com una nau que solca el mar. Bucòlic!

Cases de pedra... volcànica

Tots aquests carrerons es troben envoltats de casetes de pedra, la majoria de pedra basàltica, que és la més abundant a la zona. Algunes són més altes, d'altres més baixes; algunes estan reformades, d'altres desgastades; algunes acullen un petit restaurant o allotjament, i d'altres, una mirada des de darrere la cortina o el silenci més absolut. És aquest irregular amuntegament de casetes el que fa que sigui un poble tan encantador.

Hi ha productes casolans de Castellfollit que en són típics, com l'embotit, amb una tradició centenària. Altres productes típics de Castellfollit que no hauríeu de deixar escapar són els de la seva tradició pastissera: a Ca l'Enric fa dècades que són pastisseria i fàbrica de galetes, i Cal Tuset és una pastisseria especialitzada en unes magdalenes farcides de molt de renom. Cal no oblidar la cervesa artesana Poch's, l'única elaborada al poble, que us servirà per amanir qualsevol àpat que hi feu.

Xavi Roura Cegarra,
Descobrir Catalunya (adaptació)

1 Resol a partir del text:

- **En quin ordre apareix la informació en el text?**

  a. Es donen indicacions per fotografiar el cingle sobre el qual es troba Castellfollit de la Roca.

  b. Es recomanen productes típics locals.

  c. S'indica la localització del poble.

  d. Es descriu l'interior del poble.

  ○ A ▸ B ▸ C ▸ D ○ C ▸ A ▸ D ▸ B

  ○ A ▸ C ▸ D ▸ B ○ B ▸ C ▸ A ▸ D

- **Aquest reportatge de viatges és un text...**

  ○ ...informatiu.

  ○ ...essencialment descriptiu.

  ○ ...que revela fets fins ara desconeguts, fruit d'un treball d'investigació.

  ○ ...instructiu.

- **El títol d'aquest reportatge...**

  ○ ...vol captar l'interès del lector amb una frase creativa i suggeridora.

  ○ ...pretén respondre a les preguntes què, qui i on.

  ○ ...és un eslògan publicitari per promoure el turisme.

  ○ ...és una citació d'un fragment del reportatge.

- **Què li suggereix la visió de Castellfollit de la Roca des de sota del cingle a l'autor?**

  ○ Un volcà en erupció.

  ○ Un poble fantasma.

  ○ Un vaixell que navega pel mar.

  ○ Un castell majestuós.

2 Busca en el text les frases següents i llegeix-les. Després, reescriu-les substituint el pronom en negreta pel sintagma al qual fa referència:

La millor forma d'apropar-s'**hi** és per la carretera N-260z [...].

Algunes són més altes, d'altres més baixes [...].

Completa les frases amb el pronom feble adient per substituir el SN el nucli:

- Des d'aquesta zona, el nucli queda enlairat i nosaltres ______ admirem des de sota.
- Mirem el nucli i ______ fotografiem des de sota.
- El nucli enlairat és bucòlic, sempre hi ha gent admirant ______.
- Pau, veus el nucli allà enlairat? Observa ______ bé.

3 Imagina que a l'institut heu pensat posar en marxa una revista sobre temes d'interès per als alumnes. Has decidit col·laborar-hi escrivint un reportatge social sobre alguna problemàtica del barri. Escriu un títol i una entrada per al teu reportatge que captin l'atenció del lector.

Amb 150 paraules n'hi ha prou!

En línia

Què en sabem, ara?

Treballes en equip? Cooperar, col·laborar, compartir una feina sempre és enriquidor. No només permet fer més feina en menys temps, sinó que també s'aconsegueixen resultats de més bona qualitat. De vegades és una opció, però d'altres és pràcticament una necessitat. Com ho portes, això de col·laborar?

Superresposta

Per què el reportatge és un gènere col·laboratiu?

Preparéu la resposta en grup. Feu una presentació que tingui en compte les qüestions següents:

- En el reportatge, quins recursos es fan servir per ampliar el contingut de la notícia?
- Quins perfils professionals creus que intervenen en un reportatge audiovisual?
- Quin paper tenen els testimonis i els entrevistats en el reportatge radiofònic o podcast?

Escriu un text d'unes 150 paraules amb una resposta raonada.

Valora't

Ja has arribat al final. És el moment d'aturar-se i reflexionar. Què contestaries a cada una d'aquestes preguntes?

Què has après? **Com ho has après?**

Com podries millorar? **Per a què et pot servir?**

Valoració en línia

Què t'ha semblat la seqüència 8?

★ ★ ★ ★ ★

SEQÜÈNCIA 9

Herois i heroïnes

En coneixes cap de carn i ossos?

En coneixes cap de carn i ossos?

3, 2, 1, acció!

Activa't 144

Connectem

Què en sabem?

Avança 146

La novel·la de cavalleries
Tirant lo blanc, Joanot Martorell

La poesia del segle XV
"LXXIX", Ausiàs Marc

Reflexionem sobre la llengua
El verb

Avalua't 156

Posa't a prova

Què en sabem, ara?

Valora't

Connectem

"Herois i heroïnes de carn i ossos". Mmmm... que no ho som tots, de carn i ossos? O és que les heroïnes i els herois són d'una altra pasta? Com es creen? Potser un bon dia algú es lleva i pensa: "Crec que la meva veïna és una heroïna i ho hauria de saber tothom. Ara em dedicaré a escriure-ho!" I va i s'empesca una novel·la i aconsegueix que la llegeixi moltíssima gent. No sembla gens fàcil, oi? Doncs així ho van fer els autors de les novel·les de cavalleries del segle XV. Els seus herois eren cavallers valents i forçuts, virtuts molt valorades en aquell moment històric.

Superpregunta

Quines diferències hi ha entre els cavallers de les novel·les, els actuals i els de la poesia d'Ausiàs Marc?

Què en sabem?

Ets capaç de respondre ara mateix la superpregunta? Seguramente et falten algunes dades, però en saps més del que et sembla. Vols comprovar-ho?

- Així, ràpid, quins herois i heroïnes et venen al cap?
- Què tenen en comú les persones normals i corrents i els personatges que has anomenat?
- Hi ha cap cavaller entre els personatges que has pensat? I cap "cavallera"?
- Els herois tenen superpoders... sempre? Com explicaries què és un superpoder? I un fet o una acció heroica?
- **Cavaller** i **heroi** poden ser sinònims en algun context? En quin? Per què?
- Què vol dir l'expressió **ser un cavaller**? I **ets el meu heroi**?

Te n'adones? Amb tot el que ja saps i amb el treball d'aquesta seqüència aconseguiràs resoldre la superpregunta. Endavant!

La novel·la de cavalleries

Superman, Spiderman, Wonder Woman... són herois i heroïnes que tots coneixem, però sabíeu que a l'edat mitjana ja hi havia històries protagonitzades per herois? Els cavallers tenien tot el protagonisme!

Què són les novel·les de cavalleries?

El segle XV destaca per la qualitat excepcional de la novel·la de cavalleries. Es tracta d'un gènere narratiu en prosa en què s'expliquen les aventures d'un heroi que personifica els ideals cavallerescos: la fidelitat, el menyspreu a la mort i la defensa del senyor, la dama i els indefensos.

Quin és el sentiment que uneix un cavaller i una dama?

Com són els herois d'històries d'aventures que has llegit o que has vist en el cinema? Quins valors tenen? Què defensen? Quins són els seus enemics?

Les novel·les de cavalleries se situen en l'època coetània o molt propera a l'autor, el marc geogràfic és identificable i els herois són valents i forçuts, però dins d'uns límits humans.

En català destaquen dues grans novel·les de cavalleries:

Curial e Güelfa

Autoria: D'autor anònim.

Data d'escriptura: Entre el 1435 i el 1462.

Argument: El protagonista és Curial, un jove sense fortuna que, gràcies a la protecció de Güelfa, una dama vídua que se n'enamora, podrà accedir a l'orde de cavalleria i demostrar-li el seu amor i agraïment.

Aspectes que cal destacar: Un dels atractius d'aquesta obra sense precedents a l'època, que també li dona un aire de modernitat, és la versemblança de la història. Els fets es localitzen geogràficament a diversos indrets, com Itàlia, França, el nord d'Àfrica..., i cronològicament al segle XIII, amb prínceps i cavallers que van existir realment.

Tirant lo Blanc

Autoria: Joanot Martorell (València, 1405/10-1465).

Data d'escriptura: Entre el 1460 i el 1464.

Argument: La novel·la narra les aventures de Tirant a la cort d'Anglaterra, a Sicília, a la Mediterrània i a la cort de Constantinoble, on arriba gràcies a la fama que adquireix i on es desenvolupen els seus amors amb Carmesina. Després, Tirant lluita contra els turcs a l'imperi Bizantí i al nord d'Àfrica. Quan torna de les campanyes bèl·liques, l'emperador de Constantinoble li cedeix la mà de la seva filla Carmesina i, per tant, la successió a la corona i el títol de Cèsar de l'Imperi. Tirant reconquereix la resta de l'Imperi, però es posa malalt i mor camí de tornada a Constantinoble. Carmesina i l'emperador moriran de dolor.

Aspectes que cal destacar: En la novel·la, hi desfila una mostra variada de personatges amb mentalitat més burgesa que no pas medieval, que transgredeixen les normes. Aquest és un tret de la seva modernitat, juntament amb la versemblança narrativa, la ironia i l'humor.

Quines són les dues novel·les de cavalleries més importants de l'edat mitjana en llengua catalana?

Quins són els ideals cavallerescos que personifiquen l'heroi de les novel·les de cavalleries?

Com són els herois de les novel·les de cavalleries?

Àudio

Joanot Martorell

Va ser escriptor i cavaller, fill d'una família originària de Gandia provinent de la mitjana noblesa. La seva vida va ser plena de lluites i desafiaments i va viatjar molt per diverses ciutats europees.

Tirant lo Blanc és escrita en dos estils diferents i complementaris: d'una banda, l'anomenada "valenciana prosa", un estil culte, retòric i sobrecarregat i, de l'altra, un estil més col·loquial, reflex de la parla viva valenciana, que es percep en els diàlegs breus i els refranys.

La traducció castellana de *Tirant lo Blanc* va aparèixer el 1511 i Miguel de Cervantes la va elogiar en les pàgines del Quixot.

Tirant lo Blanc

TEXT 1

—Cavaller virtuós, bé pots veure que la teva mort, o la vida, està a les meves mans; per això mana'm què vols que faci de tu: si vols la vida o la mort. Com que jo em consolaré més del bé que del mal, mana a la meva mà dreta que et tingui misericòrdia, que et vulgui perdonar i que no et faci tant de mal com podria.

—Més dolor tinc —va dir el cavaller— de les teves paraules cruels, tan plenes d'extrema vanitat, que de perdre la vida, i crec que més m'estimo la mort que no demanar perdó a la teva supèrbia.

TEXT 2

Quan l'emperador deia totes aquelles paraules, les orelles de Tirant se les van escoltar ben atentament, però els ulls, per la seva part, només contemplaven la bellesa de Carmesina. I com que feia molta calor, ja que les finestres havien estat tancades per llarg temps, la princesa portava la camisa mig descordada i mostrava els dos pits com dues pomes del paradís que semblaven de cristall. Aquestes van hipnotitzar els ulls de Tirant, i els van donar entrada amb tal empenta que no van saber trobar la porta per sortir, i es van trobar empresonats per sempre sota el poder d'una persona lliure fins que la mort els va separar.

Però us puc dir, certament, que els ulls de Tirant mai no havien rebut un aliment com aquell; que, per més honors i consolacions que hagués vist, aquell de la infanta va ser el més fort.

TEXT 3

—Digueu-me, Tirant —va dir la princesa—: si Déu us deixa obtenir el que desitgeu, digueu-me qui és la senyora que tant de mal us fa passar, que, si us puc ajudar en alguna cosa, ho faré de molt bona voluntat, perquè estic frisosa per saber-ho.

Tirant es va posar la mà a la màniga i en tragué el mirall, i va dir:

—Senyora, la imatge que aquí veureu em pot donar mort o vida. Maneu-li, altesa, que em tingui pietat.

La princesa va prendre ràpidament el mirall i amb passos accelerats va entrar a la seva cambra pensant que hi trobaria el retrat d'una dona pintada, però no hi veié res més que la seva cara. Llavors va comprendre que la festa anava per ella, i es va admirar molt que un home pogués declarar-se a una dama sense parlar.

Editorial Proa (versió modernitzada)

1 Definicions i paraules

Quines paraules del text 1 corresponen a les definicions següents? Escriu-les:

a. Profunda pietat o compassió que impulsa a perdonar i a socórrer algú.

b. Orgull que sent una persona perquè té un alt concepte de les seves qualitats, acompanyat d'un desig excessiu de ser lloat per la gent.

c. Excessiva estima de si mateix amb menyspreu dels altres.

2 Pensa un títol!

T'has fixat que als textos que has llegit els falta títol? Després de llegir-los, se t'acut un títol per a cadascun? Pensa-hi i escriu-lo.

3 Com és Tirant?

Quina imatge t'has creat del personatge de Tirant, llegint els tres textos anteriors? Explica-ho breument.

4 Aprofundeix-hi!

Fixa't en els títols següents d'alguns capítols de *Tirant lo Blanc* i contesta les preguntes que hi ha a continuació:

LES PARAULES QUE TIRANT DIGUÉ AL CAVALLER AMB QUI COMBATIA QUAN L'HAGUÉ VENÇUT

DE QUAN EL REI D'ANGLATERRA ES CASÀ AMB LA FILLA DEL REI DE FRANÇA, I DE LES GRANS FESTES QUE ES VAN FER

DE COM TIRANT MANIFESTÀ EL SEU NOM I EL SEU LLINATGE A L'ERMITÀ

DE COM TIRANT PREGÀ A L'ERMITÀ QUE LI DIGUÉS QUINA COSA ERA L'ORDE DE CAVALLERIA

LA RESPOSTA QUE TIRANT VA FER AL SENYOR DE VILESERMES QUAN LI DEMANÀ EL FERMALL QUE LA BELLA AGNÈS LI HAVIA DONAT

COM TIRANT VA SER FERIT AL COR AMB UNA FLETXA QUE LI TIRÀ LA DEESSA VENUS PERQUÈ MIRAVA LA FILLA DE L'EMPERADOR

COM LA PRINCESA CONJURÀ TIRANT QUE LI DIGUÉS QUI ERA LA SENYORA QUE ELL TANT ESTIMAVA

COM PLAERDEMAVIDA VA POSAR TIRANT EN EL LLIT DE LA PRINCESA

a. Digues quins tres títols corresponen a cada un dels textos de la pàgina anterior.

b. Quins personatges del llibre surten en aquests títols? Fes-ne una llista.

c. Què t'ha cridat més l'atenció d'aquests títols? Explica-ho breument.

d. Escriu un títol curt per a cada un dels títols anteriors.

e. Tria un dels capítols anteriors (capítol LX, capítol CXVIII i capítol CXXVII). Llegeix-lo i fes-ne un breu resum. Capítols

En línia

La poesia del segle XV

Però no tots els cavallers són com els superherois; n'hi ha que a més de participar en campanyes militars també escriuen poemes! Us sona el nom d'Ausiàs Marc?

Ausiàs Marc

Vídeo

Ausiàs Marc (València 1400-1459) és el poeta més rellevant de la literatura catalana medieval.

Va ser un cavaller i noble que, com altres escriptors de l'època, va participar en diferents campanyes a Sardenya, Còrsega i el nord d'Àfrica al servei del rei Alfons el Magnànim. Quan va tornar, va tenir una posició destacada a la cort com a falconer reial. Va ser aleshores que va començar a escriure els poemes que el van convertir en un dels poetes més importants de l'Europa del seu temps.

L'element més renovador de la poesia de Marc és el seu estil i el tractament de la figura de la dama. En tots dos casos, deixa progressivament de banda la influència dels trobadors i es dirigeix a la dama com una dona de carn i ossos, no pas com la dama idealitzada dels poetes anteriors.

En la poesia d'Ausiàs Marc, l'home té virtuts i defectes, dubtes i certeses, i està disposat a parlar d'allò que l'obsessiona, que no és més que l'amor, que unes vegades és més sensual i unes altres és espiritual.

A què es deu dedicar un falconer?

Quin és el nou tractament envers la dama que fa Ausiàs Marc, a diferència dels trobadors?

Marc escriu en català i abandona definitivament la llengua provençal. L'obra conservada d'Ausiàs Marc consta de 128 poemes, que, segons la temàtica, es classifiquen en diferents cants:

Cants d'amor
Dirigits a les diferents dames que va estimar.

Cants morals
Essencialment filosòfics. Segueixen la tradició medieval.

Cant espiritual
Invoca Déu perquè l'ajudi a vèncer la seva manca de religiositat i l'aculli en la seva glòria.

Cants de mort
Reflexiona sobre l'amor més enllà de la mort.

Ausiàs Marc va fer servir diferents **senyals** segons la dama a qui dedicava els seus poemes: Plena de seny, Llir entre cards, Oh, foll amor, Amor, amor i Mon darrer bé.

Aquest senyal era el pseudònim utilitzat per encobrir el nom de la persona a qui es dirigien les composicions, especialment la dama, per tal de mantenir el secret del seu amor.

Sobre quins temes va escriure Ausiàs Marc?

Recordes la paraula que designa el pseudònim que feien servir els trobadors provençals per encobrir el nom de la dama a qui dirigien les seves composicions?

Com és l'home en la poesia d'Ausiàs Marc?

Àudio

Ausiàs Marc

En aquest poema, i segons la tradició, els amants són ferits amb tres tipus de fletxes: d'or, d'argent i de plom. Amor va gastar totes les seves fletxes d'or en el passat, excepte una, amb què va ferir el poeta. Així, ell, el poeta, esdevé el millor amant del món.

LXXIX

Desgraciats, els qui en terra jaieu
colpits d'amor, amb el cos sangonent
i tots els qui amb un cor molt ardent
heu estimat, un prec: No us n'oblideu!
Veniu plorant, cabells esborrifats
i obert el pit mostrant com vostre cor
fou travessat per la sageta d'or
amb què l'amor nafra els enamorats.

Els cops d'amor són de tres qualitats
segons els dards, és clar, que fa servir,
ja que els ferits dolors han de sofrir
segons el cop que els ha deixat nafrats.
D'or i de plom aquestes fletxes són
i d'un metall que s'anomena argent:
cadascun d'ells provoca un sentiment,
distints com són els metalls que hi ha al món.

L'amor, enllà del temps el més pregon,
les fletxes d'or totes les va llançar,
però, distret, una se'n va guardar
i em va ferir, causa del meu malson.
Si molts amants per elles van ser morts,
ja no en té més per fer guerra mortal.
Amb les d'argent només deixa senyal,
ja que els ferits de la mort són estorts.

Amb les de plom només té avui deports
i el seu poder no arriba ni a fer sang.
L'amor, veient el seu poder tan manc,
ha trencat l'arc: jo en dono al món reports.
Proclama amb cor rebec la seva pau,
i ja a la gent no li calen capells
ni cal muntar, per fugir d'ell, castells,
atès que el seu poder per terra cau.

Mes jo romanc a mort, qui me n'abstrau?
La seva pau és guerra per a mi:
si en guerra fos aquella que em ferí,
jo fora en pau, vençut i el seu esclau.
El món té pau, tinc guerra jo tot sol
perquè l'amor les guerres ha finit.
Estic ferit, i no puc ser guarit,
si del meu mal la que estimo no es dol.

Oh foll amor, només qui és betzol
col·loca el goig sobre fals fonament;
on reposar no sap l'enteniment,
el qual només al ver rendir-se vol.

Llir entre cards. Antologia poètica,
versió moderna a cura de Climent Forner. Editorial Proa

1 ●●● Són sinònimes!

Busca aquests mots en el diccionari i escriu-ne una paraula o una expressió sinònima:

esborrifat · deport · nafrar · manc · estort · argent · report · pregon · rebec

2 ●●● Amb quina estrofa té relació?

A quina estrofa del poema fa referència cada una de les frases següents?

- Hi ha tres maneres diferents de sentir l'amor.
- El poeta es dirigeix a la seva estimada.
- El poeta ha quedat sol i ferit davant la resta del món, que viu en pau.
- Amb les fletxes que li queden, l'amor ha perdut poder.
- L'amor va ferir el poeta amb una fletxa d'or que encara li quedava.
- El poeta es dirigeix als qui han estat ferits d'amor.

3 ●●● T'hi has fixat?

Analitza el poema i completa:

El poema té ____ estrofes de ____ versos i els versos tenen ____ síl·labes. La rima de les estrofes és ____ i el senyal del poema és ____.

Ara, completa aquest text:

Els poemes d'Ausiàs Marc presenten una forma regular amb estrofes de ____ versos de ____ síl·labes, és a dir, ____, amb rima ____, i una estrofa final de ____ versos, la tornada, en què apareix el ____ amb què es dirigeix a la dama.

4 ●●● Poemes musicats

Escolteu la versió musicada del poema "Veles i vents" i comenteu quina impressió us ha deixat Ausiàs Marc.

5 ●●● Més poemes!

Llegeix aquestes estrofes de diferents poemes d'Ausiàs Marc i respon:

XXXIX

No posi esment en els meus versos qui
no estigui trist, o bé no n'hagi estat,
i qui de mals se senti trasbalsat
no cerqui un lloc obscur on entristir:
són versos fruit d'una ment agitada,
sortits sense art d'un home sense seny.
I la raó, que a tal dolor m'empeny,
la sap l'amor, que n'és causa provada.

LXXXI

Tal com aquell qui es veu prop de la mort,
patint mal temps i perills en la mar,
i veu el lloc on es podrà salvar,
però no el pot atènyer per dissort,
m'esdevé a mi que vaig molts mals passant
i veig que vós me'ls podríeu guarir.
Desesperat, insatisfet de mi,
el vostre orgull aniré proclamant.

a. Analitza els versos i la rima de les estrofes.
b. Redacta l'estrofa del poema XXXIX amb les teves paraules.
c. Explica la comparació que hi ha en el poema LXXXI.
d. Fes una llista dels mots i les expressions que fa servir el poeta per manifestar com se sent.
e. Explica l'estat del poeta i quina n'és la causa.

6 ●●● En veu alta!

Llegint un text en veu alta podem transmetre un missatge als que ens escolten. Però s'ha de fer amb emoció! Escolta aquests consells.

Ara, prepara la lectura en veu alta del poema LXXIX d'Ausiàs Marc i enregistra't:

- Fixa't en els signes de puntuació.
- Practica la pronúncia de les paraules difícils.
- Parteix d'un tempo lent i combina'l amb diferents velocitats.
- Tanca les frases amb l'entonació correcta.
- Assaja la lectura fins que tinguis prou seguretat.

En línia

Reflexionem sobre la llengua

El verb

Si et dic que "dorm*ien*", diràs que et dono poca informació... però fixa't quantes coses pots saber només amb la terminació -ien. Que eren més d'una persona, que era en el passat, que l'acció encara no estava acabada... I tot això només amb tres lletres! És el poder de les desinències!

La morfologia verbal

Les formes verbals, com la majoria de les paraules, són formades per:

- Un **radical** (o arrel o lexema), que expressa el significat del mot i que és invariable (en els verbs regulars). Per exemple, el radical del verb **cantar** és **cant-**.
- Una **desinència**, que varia segons la persona, el nombre, el temps, l'aspecte i el mode.

NOMBRE	RADICAL	DESINÈNCIA		
		present	imperfet	futur
singular	cant-	-o	-ava	-aré
	cant-	-es	-aves	-aràs
	cant-	-a	-ava	-arà
plural	cant-	-em	-àvem	-arem
	cant-	-eu	-àveu	-areu
	cant-	-en	-aven	-aran

El **mode** indica l'actitud del parlant. Hi ha tres modes: **indicatiu**, **subjuntiu** i **imperatiu**.

L'**aspecte** fa referència a la temporalitat interna de la situació, és a dir, al fet que aquesta es presenti com una situació en procés de realització o no acabada (aspecte **imperfectiu**, *cantava*) o delimitada i acabada (aspecte **perfectiu**, *va cantar*).

El **verb** té una flexió molt rica, a diferència del nom, l'adjectiu i els determinants, que només tenen morfemes de gènere i de nombre.

La conjugació verbal

Del conjunt ordenat de totes les formes d'un verb se'n diu **conjugació verbal**, i inclou temps simples (*estudiem*, *estudiareu*...), temps compostos (*hem estudiat*, *haureu estudiat*...) i formes no personals (*estudiar*, *estudiant*, *estudiat*...), que no es conjuguen.

Els verbs s'agrupen en tres models de conjugació:

PRIMERA CONJUGACIÓ	Infinitiu acabat en **-ar**	*cant**ar***, *passej**ar***, *an**ar***, *est**ar***
SEGONA CONJUGACIÓ	Infinitiu acabat en **-er** o **-re**	*tém**er***, *desf**er***, *perd**re***, *beu**re***
TERCERA CONJUGACIÓ	Infinitiu acabat en **-ir**	*dorm**ir***, *serv**ir***, *cos**ir***, *fing**ir***

Segons si segueixen o no els models de conjugació, els verbs s'agrupen en dues categories: els **verbs regulars**, que són els que tenen el mateix radical en totes les formes verbals i les mateixes desinències que la resta de verbs de la seva conjugació, i els **verbs irregulars**, que presenten variacions en el radical o bé no es conjuguen exactament amb les mateixes desinències que els verbs de la seva conjugació.

Irregularitats de la primera conjugació

Els únics verbs de la primera conjugació que contenen irregularitats en el radical són **anar** i **estar** (aquest últim té algunes desinències que coincideixen amb les de la segona conjugació).

D'altra banda, en alguns verbs de la primera conjugació es produeixen **modificacions ortogràfiques**:

- Els verbs acabats en **-ear** (*crear*), **-iar** (*estalviar*), **-oar** (*lloar*) i **-uar** (*suar*) porten dièresi en les tres formes del singular i en la tercera del plural del present de subjuntiu (*creï*, *creïs*, *creï*, *creïn*...) i en les terceres persones de l'imperatiu (*creï*, *creïn*).
- Els verbs acabats en **-car**, **-çar**, **-jar** i **-gar** alternen les grafies **c/qu, ç/c, j/g, g/gu** segons la vocal que hi hagi al darrere: *toco*, *to**qu**es*, *to**qu**i*; *ca**ç**o*, *ca**c**es*; *men**j**o*, *men**g**es*; *ple**g**a*, *ple**gu**en*...

Irregularitats de la segona conjugació

Els verbs de la segona conjugació són els més irregulars. Una de les irregularitats consisteix en l'**alternança del so [k] i [g]** en el radical d'alguns temps verbals d'uns verbs determinats (*be**c***, *be**g**ui*, *be**g**ut; cone**c***, *cone**g**ut*...).

Aquests verbs són els següents:

- Els que acaben en diftong: *caure*, *deure*, *riure*..., però no *veure*.
- Els que acaben en **-ndre**, **-ldre** i **-ler**: *vendre*, *moldre*, *valer/valdre*...
- Els que acaben en **-èixer**: *conèixer*, *aparèixer*.
- Altres verbs, com *dir* i *dur*.

Una altra irregularitat la presenten els verbs que **acaben en diftong**, que canvien la **u** del gerundi per **v** o per **i** o que la suprimeixen: *de**u**re* (*de**v**ent*), *cre**u**re* (*cre**i**ent*), *pla**u**re* (*plaent*).

Irregularitats de la tercera conjugació

Els verbs de la tercera conjugació acaben en **-ir** i segueixen dos models de conjugació: com **dormir** o com **servir**.

La majoria de verbs es conjuguen com **servir**, amb l'increment **-eix-** (en el català central) en algunes persones del present d'indicatiu, del present de subjuntiu i de l'imperatiu (*serveixo*, *serveixin*, *serveix*). Aquests verbs s'anomenen **incoatius**.

? Quins verbs són incoatius? Identifica'ls:
resumir • sortir • bullir • assentir • morir • corregir

Recorda

- Les formes verbals són formades per un **radical**, que expressa el significat del mot, i una **desinència**, que varia segons la persona, el nombre, el temps, l'aspecte i el mode.
- Hi ha **verbs regulars i verbs irregulars**, segons si segueixen o no els models de conjugació.

Reflexionem sobre la llengua

1 ●●● Quin és el radical?

Quin és el radical d'aquestes formes verbals? Indica les lletres que el formen:

dormia · comuniquem · enganyaré · bracejant · volava · menjava · acariciarem · conservaré · temeren · decidiràs · cantaves · conduirà

2 ●●● A quina conjugació pertanyen?

Quin és l'infinitiu dels verbs de l'activitat anterior? Escriu-los i classifica'ls segons la conjugació a la qual pertanyin.

3 ●●● Per exemple?

Escriu un exemple de temps verbal simple, de temps verbal compost i de forma no personal. Després, inventa't una oració amb cada un.

4 ●●● Amb les teves paraules!

Què és un verb regular? I irregular? Explica-ho amb les teves paraules i posa'n exemples.

5 ●●● Com es conjuga?

Saps conjugar el verb anar? Escriu-ne el present d'indicatiu i el present de subjuntiu.

Després de conjugar aquests temps verbals, quina conclusió en treus? És regular o irregular?

6 ●●● En present de subjuntiu

Saps conjugar el present de subjuntiu corresponent a aquests formes verbals? Fes-ho i digues també quin és l'infinitiu de cada verb.

resolc · tinc · conec · aprenc · visc · dic · vinc

7 ●●● Formes no personals

Quin és el gerundi i el participi d'aquests verbs? Completa una taula com aquesta:

Infinitiu	Gerundi	Participi
beure	bevent	begut

complir · fondre · moldre · poder · riure · tenir · encendre · valer · obrir · dur · resoldre

8 ●●● En present d'indicatiu

Saps conjugar el present d'indicatiu dels verbs següents? Endavant!

aplicar · menjar · alçar · trucar · arranjar · trossejar · modificar · adreçar · descalçar · airejar

Després d'escriure aquestes formes verbals, quina conclusió en treus? Completa:

La grafia j alterna amb la grafia _, la grafia ç alterna amb la grafia _ i la grafia c alterna amb la grafia _.

9 ●●● Porten -eix-

Com s'anomenen alguns verbs de la tercera conjugació que es conjuguen amb l'increment -eix-? Posa'n un exemple.

10 ●●● Pertanyen al mateix?

Agrupa les formes verbals que pertanyin al mateix verb i indica'n l'infinitiu:

vagi · estigués · batem · estant · anés · traiem
faig · bato · estat · trauran · facis · batia
vingués · batreu · estava · bati · ves · fes
estiguis · vine · feien · trec · farem · estarem
aniria · treia · traient · vindria · venia · treu
anava · van · batut · venen

Ara, digues si són verbs regulars o irregulars.

11 ●●● 1a, 2a o 3a?

A quina conjugació pertanyen els infinitius següents? Classifica'ls:

ballar · dur · lluir
badar · témer · obrir · avaluar
capturar · cruixir · jugar · créixer
dormir · absoldre · vendre
riure · aturar · regalar
compondre · tenir · captivar
renunciar · prevaldre · batre
conduir · distreure · estudiar
accedir · collir

Després de fixar-te en aquests infinitius, quina conclusió en treus? Completa:

Els verbs s'agrupen en tres models de conjugació:

- Primera conjugació: infinitiu acabat en _.
- Segona conjugació: infinitiu acabat en _ (a més d'alguns verbs irregulars com dir i _).
- Tercera conjugació: infinitiu acabat en _.

12 ●●● Saps analitzar-les?

Llegeix el text i analitza'n les formes verbals:

Des del revolt, vaig preguntar on començava aquell camí, i uns caçadors m'explicaren que just on es retallava la silueta del salze damunt l'horitzó. Vaig caminar fins a escorxar-me els peus i, en arribar al salze, un home clavat a terra em digué que allò no era cap començament, sinó un dels finals. En descobrir la meva mirada d'estupor —i qui sap si d'espant—, l'home clavat a terra em recomanà que no fes escarafalls i que em busqués un sot arrecerat i a mida abans no es pongués el sol. "Després —afegí— tot són presses."

PERE CALDERS, *Invasió subtil i altres contes*. Edicions 62

Forma verbal	Persona	Nombre	Temps	Mode	Aspecte

13 ●●● Quina és la desinència?

Quina és la desinència de les formes verbals següents? Identifica-la:

cantàvem · confieu · telefonarà
felicitessin · acceptaria · acudí
cusis · advertiu · retrien · allotges

Ara, indica'n la persona, el nombre, el temps i el mode.

14 ●●● En plural!

Com serien aquestes oracions en plural? Reescriu-les:

a. La noia puja al primer pis per l'escala.
b. Jo puc ajudar-te amb l'examen.
c. Ell s'alça del llit al primer crit!
d. Jo creo la imatge mentre jugo.

15 ●●● Va de refranys!

Completa aquests refranys amb la forma verbal corresponent dels verbs entre parèntesis:

a. Qui al cel ____ (escopir), a la cara li ____ (caure).
b. Qui ____ (tossir) pel febrer, ____ (tossir) pel març i per l'abril també.
c. El primer que ____ (collir) la flor, se n'____ (emportar-se) l'olor.

16 ●●● COMPAREM LLENGÜES!

Com traduiríeu aquestes oracions al castellà? Compte amb els temps verbals!

a. Fa uns anys vivia a l'altra punta de la ciutat i el pis estava molt bé.
b. Soc la Marta Reus i soc informàtica. I tu qui ets?
c. Estic trista perquè no vaig poder anar a la festa que celebrava en David.
d. Llegia un llibre quan de sobte va sonar el timbre. Qui devia ser?

Quins tan segurs consells vas recercant

Ausiàs Marc

Quins tan segurs consells vas recercant,
cor **malastruc**, fastiguejat de viure?
Amic del plor i desamic del riure,
com sofriràs els mals que tens davant?
Afanya't, doncs, que ja la mort t'espera
i és per a mal que el temps vas allargant:
el teu repòs feliç vas allunyant
volent fugir de la mort falaguera.

Ella ha sortit a peu de carretera,
braços oberts i plorant a goig viu.
Sento el seu cant melodiós que em diu:
«Ves-te'n, amic, de casa forastera!
M'agrada de donar-te el meu favor,
aquell que a cap mortal no dono en vida;
és perquè jo defujo aquell qui em crida
i acullo aquell qui fuig del meu rigor.»

Amb ulls de plor i amb cara de terror,
cabells al vent amb grans **udolaments**,
la vida em vol llegar tots els seus béns
i vol que jo n'esdevingui senyor,
cridant amb veu horrible i dolorosa
talment la mort quan crida el benaurat,
perquè, si està l'home als mals abocat,
la mort amb veu li parla molt melosa.

Molt em sorprèn de com és orgullosa
la voluntat que té cada amador!
No cal que m'ho preguntin qui és l'amor;
per mi sabran la força dolorosa.
Tots, renegant, mil **voltes** juraran
que no cauran mai sota el seu poder
i, si els dic com és de fals el seu plaer,
maleiran el temps perdut **bleixant**.

Home no hi ha, ni dona a mi semblant,
que, adolorit d'enyor, sigui de **plànyer**:
jo soc aquell que sí que soc de plànyer,
perquè del cor la sang se'm va allunyant.
Fou tan atroç la tristor suportada,
que es va assecant l'**humor** que em dona vida
i la tristor m'ataca molt ardida,
tant que cap mà de mi no s'apiada.

Llir entre cards, ja l'hora és arribada
i puc donar la vida per finida:
essent del tot l'esperança fugida,
ja en aquest món tinc l'ànima damnada.

Llir entre cards. Antologia poètica,
versió moderna a cura de Climent Forner, Editorial Proa.

malastruc Desgraciat.
udolament Crit.

volta Vegada.
bleixar Respirar amb fatiga.
plànyer Compadir.
humor Substància líquida del cos.

1 Resol a partir del text:

- **Amb quina estrofa es pot relacionar cadascuna d'aquestes frases?**

  a. L'autor es dirigeix a la dona estimada i li comunica la seva mort imminent.

  b. El poeta es dirigeix al seu propi cor, cansat de viure.

  c. Marc parla de la vida i li atribueix trets negatius, més propis de la mort.

  d. La mort surt a l'encontre del poeta i li ofereix acollida.

  e. Ningú pateix tant com el poeta, l'únic ésser a qui s'ha de compadir.

  f. El poeta es presenta com a exemple davant dels altres amants, que, gràcies a ell, sabran com és de dolorós l'amor.

- **Amb quin pseudònim Ausiàs Marc es refereix en aquest poema a la dona que estima?**

- **Vertader o fals? Respon:**

  a. El poema original està escrit en llengua provençal, com era habitual a l'edat mitjana.

  b. La interlocutora a qui es dirigeix el poeta en la tornada és la mort.

  c. El poema és format per cinc octaves i un quartet d'art major, amb versos decasíl·labs.

  d. Els versos són monorims i amb rima assonant.

- **Què vol dir mort falaguera?**

  ○ Mort inexorable, que no es pot evitar.

  ○ Mort molt temuda.

  ○ Mort que resulta agradosa, satisfactòria.

  ○ Mort prematura.

- **Busca en el poema un exemple d'antítesi.**

2 Completa la taula amb la informació corresponent a aquestes formes verbals:

sofriràs • dono • preguntin • defujo • tens • cauran

Forma verbal	Radical	Desinència	Persona	Nombre	Infinitiu	Conjugació

Busca en el poema un exemple de forma verbal no personal.

3 Escriu un text breu explicant el que saps sobre Ausiàs Marc: A quin període històric pertany? A què es dedicava a part d'escriure poesia? Què té d'innovadora la seva poesia respecte a la dels trobadors? Quins són els temes sobre els quals escriu?

Amb 150 paraules en tindràs prou!

En línia

Què en sabem, ara?

De cavallers, com de superherois i superheroïnes, n'hi ha de molts tipus. Encara que et soni molt medieval, encara en pots trobar avui dia en el món de l'hípica.

Superresposta

Quines diferències hi ha entre els cavallers de les novel·les, els actuals i els de la poesia d'Ausiàs Marc?

Prepareu la resposta en grup. Feu una presentació que tingui en compte els aspectes següents:

- Com són els herois de les novel·les de cavalleries?
- Com és l'home en la poesia d'Ausiàs Marc?

Escriu un text d'unes 150 paraules amb una resposta raonada.

Valora't

Ja has arribat al final. És el moment d'aturar-se i reflexionar. Què contestaries a cada una d'aquestes preguntes?

Què has après? **Com ho has après?**

Com podries millorar? **Per a què et pot servir?**

Valoració en línia

Què t'ha semblat la seqüència 9?

★ ★ ★ ★ ★

SEQÜÈNCIA 10

Digue-hi la teva!

Dius sempre el que penses?

Activa't 160

Connectem

Què en sabem?

Avança 162

Els gèneres d'opinió

Escrivim

Parlem

Reflexionem sobre la llengua
La modalitat oracional

Avalua't 174

Posa't a prova

Què en sabem, ara?

Valora't

Connectem

A la televisió, als diaris, a la ràdio, al vagó del metro, als fils de Twitter... llegim i sentim cada dia moltíssimes opinions sobre temes d'actualitat. Agafem una mica d'aquí i una mica d'allà i anem formant les nostres idees. Però t'has fixat que a través d'internet i de les xarxes socials ens solen arribar opinions molt semblants a les nostres? A tu et passa? Escoltar punts de vista diferents és imprescindible per ser més tolerants i entendre la diversitat que ens envolta. Però... com podem aconseguir tenir un criteri propi?

Superpregunta

Consumim només notícies afins a les nostres opinions?

Què en sabem?

Ets capaç de respondre ara mateix la superpregunta? Segurament et falten algunes dades, però en saps més del que et sembla. Vols comprovar-ho?

- Fixa't en el tipus de notícies que t'arriben per les xarxes. Solen ser dels mateixos temes? Quins? Del mateix estil? Estàs d'acord amb el que t'arriba?
- Acostumes a opinar sobre temes d'actualitat? Per què?
- Et costa dir el que penses? I escoltar opinions diferents de la teva?
- Creus que és bo que tots pensem el mateix?
- Sobre què creus que es pot opinar i sobre què no?

Te n'adones? Amb tot el que ja saps i amb el treball d'aquesta seqüència aconseguiràs resoldre la superpregunta. Endavant!

Els gèneres d'opinió

Expressar una opinió va més enllà de dir què ens agrada i què no. Per ser convincents, cal que fonamentem les nostres idees amb arguments ben pensats i estructurats. T'agrada debatre i expressar el que penses? T'atreveixes a posar en dubte les teves opinions? Som-hi!

Més enllà d'informar

Els mitjans de comunicació, tant els tradicionals com els digitals, dediquen força espai als continguts que aporten judicis, punts de vista i opinions personals. En aquest tipus de continguts tenen importància, més enllà del tema del qual es tracta, les idees que s'exposen i la manera d'argumentar-les. En aquesta seqüència treballarem els textos argumentatius, en què el o la periodista intenta convèncer els lectors del seu punt de vista.

Entre els gèneres periodístics, en funció de qui escriu el text i del format que es tria, hi ha diversos tipus de **gèneres d'opinió**: editorial, columna o article d'opinió, crítica, carta o comentari dels lectors i acudit gràfic. Fixa't en les característiques de cada gènere:

L'editorial

- Té com a objectiu expressar l'opinió del diari o revista en què es publica i influir en l'opinió pública.
- El text no va signat i no el sol escriure una sola persona, sinó que s'elabora en equip, i és la direcció del diari qui el corregeix i se'n fa responsable.
- Pot tractar sobre qualsevol tema que sigui d'interès en el moment de la publicació.

L'article d'opinió

- L'escriu un/a periodista o una persona reconeguda d'algun àmbit.
- El tema el decideix la persona que signa l'article, que té total llibertat per expressar les seves idees.

La columna d'opinió

- Es tracta d'una variant de l'article d'opinió i es caracteritza per tenir un lloc fix al mitjà on es publica.
- Es publica de forma periòdica.

La crítica

- En les seccions de cultura dels diaris i en revistes especialitzades hi ha crítiques que valoren un esdeveniment o una obra artística i hi reflexionen.
- L'escriu un expert en la matèria, i pot ser sobre llibres, pel·lícules, música, restaurants, videojocs...
- És imprescindible que l'autor vagi més enllà dels gustos personals. Cal aportar context històric, artístic i fer una comparació amb altres manifestacions artístiques per entendre si l'obra és rellevant.

L'acudit gràfic

- Des del segle XIX la vinyeta, la tira còmica, la caricatura o l'acudit es consideren un gènere periodístic d'opinió. Hi ha autors d'acudits de premsa que tenen o han tingut molta influència en l'opinió pública.

Les cartes dels lectors

- No tots els textos que hi ha en els diaris els escriuen periodistes o personatges públics. La majoria de publicacions tenen un espai en què els lectors poden expressar la seva opinió en forma de carta.
- En els mitjans digitals els lectors poden escriure i publicar les seves opinions i comentaris al peu de les notícies i articles.

Els textos argumentatius

Els gèneres d'opinió són textos que permeten als autors expressar-se amb un estil personal i propi, gairebé literari, sense seguir convencions. Tot i això, hi ha unes característiques pròpies de tots els textos argumentatius. Són textos amb què es vol convèncer o dissuadir el receptor d'una idea, i en els quals es fa servir tota una sèrie de recursos per expressar i estructurar les opinions de forma coherent i convincent.

Habitualment, els textos argumentatius tenen aquesta **estructura**:

1. INTRODUCCIÓ

A l'inici del text es presenta el **tema**, que sovint és polèmic o controvertit. Pot ser un fet d'actualitat, una obra artística, un esdeveniment, etc. També s'hi planteja la **tesi**, és a dir, la posició o l'opinió de l'autor sobre el tema. La tesi es pot plantejar de manera explícita o de manera implícita, si es pot deduir a partir dels arguments.

2. DESENVOLUPAMENT

És el centre de l'argumentació, en què l'autor aporta els motius que justifiquen la seva opinió, és a dir, la tesi. Es poden plantejar tants **arguments** com sigui necessari, organitzats per paràgrafs. Per complementar els arguments, es poden exposar contraarguments (idees contràries a la plantejada) i rebatre'ls per mostrar amb més claredat la tesi.

3. CONCLUSIÓ

Per acabar el text, se sintetitzen els arguments principals que s'han presentat i es reafirma l'opinió exposada.

El llenguatge dels textos argumentatius

Per elaborar un text en què volem expressar una opinió o punt de vista, és recomanable fer servir els recursos lingüístics següents:

- **Verbs i perífrasis:** **verbs d'opinió** (*creure*, *considerar*, *pensar*, *opinar*...) i **perífrasis verbals d'obligació** (*haver de* + infinitiu, *ser necessari que*, *caldre* + infinitiu).
- **Lèxic:** **lèxic valoratiu** que permeti expressar l'opinió o la valoració dels fets, com ara adjectius (*El final de la pel·lícula és brillant*), i **adverbis d'evidència** o **afirmació** (*certament*, *evidentment*, *lògicament*...).
- **Persones verbals:** **primera persona del singular** (*jo crec*, *estic convençuda*...) i **segona persona del plural**, que permet involucrar el receptor (*totes sabem*, *podem imaginar*...).
- **Preguntes:** **interrogació retòrica** per implicar el receptor i generar interès (*Us heu preguntat mai com aprenem?*).
- **Connectors:** **connectors textuals** per ordenar i relacionar els arguments. Els més habituals són de **causa** (*així*, *en conseqüència*...), d'**addició** (*a més*, *també*...) i de **contrast** (*en canvi*, *al contrari*, *però*...).
- **Tipus d'oracions:** **subordinades** i **coordinades**.

Tipus d'arguments

Els arguments són els recursos que fem servir per convèncer el nostre interlocutor sobre la nostra tesi. És important saber-los fonamentar, perquè sustenten la nostra opinió.

Hi ha molts tipus d'arguments, i els més habituals són aquests:

Arguments racionals o de generalització

Es basen en allò que és acceptat per l'opinió pública, és a dir, per la major part de la societat. Són arguments basats en el sentit comú i no pas en una opinió pròpia.

Els proverbis, les frases fetes i les dites populars es poden fer servir com un argument d'aquest tipus.

Exemple: *Tothom sap que és més fàcil aprendre idiomes quan som petits.*

Arguments d'autoritat

Es fonamenten en opinions de persones reconegudes en l'àmbit que s'està tractant. És una bona idea aportar dades o xifres provinents d'estudis científics per dotar d'objectivitat els arguments.

Exemple: *Segons un informe de l'ONU, el món superarà els 1,5 °C d'escalfament global el 2040.*

Arguments d'experiència personal

La persona que argumenta aporta la seva pròpia experiència per defensar la seva opinió.

Exemple: *Puc assegurar que si perds un vol no et retornen els diners perquè m'ha passat diverses vegades.*

Arguments d'exemplificació o analogia

Es fan servir exemples concrets o situacions similars per exposar amb més claredat un punt de vista.

Exemple: *Aquesta situació ja va passar el curs anterior i van haver de suspendre el viatge de fi de curs.*

L'opinió pública i les xarxes socials

L'opinió pública és el conjunt de creences, discursos i percepcions que es consideren majoritaris en la societat. Tradicionalment, la premsa i la publicitat hi han tingut molt a veure, però en els últims anys les xarxes socials han anat guanyant terreny als els mitjans de comunicació tradicionals i s'han convertit en una de les principals fonts d'informació. Quin tipus d'opinions circulen per les xarxes socials? I com ho fan? Hi ha dos conceptes que ens poden ajudar a entendre-ho: les cambres d'eco i el filtre bombolla. Però en què consisteixen?

Les cambres d'eco

Es tracta d'una metàfora que es fa servir per explicar de quina manera es difonen les opinions a les xarxes socials.

La teoria de les cambres d'eco explica que, quan es comparteix una opinió a plataformes com Facebook o Twitter, rebota com ho faria un so quan entra en una cambra o una cova: es multiplica i s'amplifica.

Això explica que, sovint, la informació que ens arriba a través d'aquestes vies s'adiu amb les nostres idees, la qual cosa ens ajuda a refermar les nostres opinions en lloc de qüestionar-les.

El filtre bombolla

Aquest terme també funciona com una metàfora que ens ajuda a entendre com funcionen els algoritmes dels cercadors d'internet i de les xarxes socials.

Els algoritmes de cerca acumulen el màxim d'informació sobre els usuaris per personalitzar-ne els resultats. Es tenen en compte les cerques que fem, però també la nostra situació, l'edat, els usuaris amb qui interaccionem o els enllaços que cliquem.

Pot semblar que internet ens facilita les coses amb aquesta personalització del contingut, però el resultat és que la informació que rebem es veu limitada. Una de les conseqüències d'aquest fenomen és l'augment de la polarització i els extremismes polítics i socials, per la falta de contacte amb persones que opinen diferent.

Com circulen les opinions a les xarxes socials? Quines diferències hi ha respecte als mitjans de comunicació tradicionals?

1 ●●● Too good to give away

Coneixes les aplicacions que diuen que lluiten contra el malbaratament alimentari? Llegeix aquest article i respon les preguntes:

"Too good to give away"

Tots hem sentit parlar de TooGoodToGo o Phenix, aplicacions que ens permeten comprar menjar considerablement més barat perquè està a punt de caducar. Més enllà que per a nosaltres sigui una oportunitat, estem fent un favor a algú evitant que aquests productes es llencin, tal com expliquen els espots de la plataforma? És cert que aquest menjar es tirarà en cas de no ser venut a través d'aquesta app?

La manera de presentar-nos el servei frega el xantatge: diuen que es tracta d'una "solució *win-win*" que permet a les empreses guanyar diners amb els aliments que d'altra manera es malgastarien. I als consumidors, accedir als aliments a preus assequibles per reduir els residus d'aliments. Segons les plataformes, genera un impacte positiu en el medi ambient. Però en realitat només estem fent un favor a la botiga comprant uns productes que, si no fos per aquesta plataforma, no tindrien cap rèdit econòmic per a l'empresa. Encara que sí que en podien tenir a nivell humà.

Des de fa temps molta gent s'acosta a restaurants o cadenes de menjar per demanar els excedents alimentaris i així evitar que es malbaratin. En molts casos, és l'única manera que tenen de posar-se alguna cosa a la boca. Es reuneixen a les portes d'algunes cadenes de menjar i es reparteixen els excedents. Però quan algú demana el TooGoodToGo o el Phenix a aquest mateix comerç, es nega l'accés al menjar als necessitats. Una vegada més, se'ls nega el pa. I és que ja no els queden ni les "escombraries".

Veig en aquesta pràctica un cas d'aporofòbia i per tant no em sembla legítima. Demanar és de pobres, comprar no. Si abans en molts locals es negaven a lliurar tot aquest menjar per una qüestió sanitària, per què ara el comercialitzen? Comerços que abans de regalar-lo el fan inservible: des de ruixar amb lleixiu el contenidor en el qual es diposita fins a esberlar totes les bosses i productes. "Uneix-te als 9.211 negocis que lluiten contra el desaprofitament", diuen aquestes aplicacions a les empreses, entre les quals ja hi ha cadenes com Carrefour, Alcampo o Hotels Meliá.

El seu eslògan diu que "el menjar no es llença", però bé podria dir que "el menjar no es regala", encara que estiguis passant gana.

Efrén Aguayo, *Diari de Barcelona* (adaptació)

a. Quina és la tesi d'aquest article?

b. Identifica les tres parts que formen el text d'opinió.

c. Saps què és l'aporofòbia? Posa'n un exemple.

Per parelles, debateu sobre la tesi que planteja l'article. Hi esteu d'acord? Escriviu dos arguments que justifiquin la vostra opinió.

En línia

2 ●●○ **T'explico un acudit?**

Quin és el tema d'aquests acudits gràfics? I la tesi? Trieu un d'aquests acudits i identifiqueu-ne el tema i la tesi:

JUANJO SÁEZ, *Ara*

Com defensaríeu aquesta tesi? Escriviu els vostres arguments.

3 ●●○ **Crítiques cinematogràfiques**

Què opina la crítica de *Dune*? Llegeix aquests titulars i entrades de dues crítiques cinematogràfiques sobre la mateixa pel·lícula i, després, respon les preguntes següents:

Sí: "Dune" era adaptable al cine i Villeneuve era el director indicat

La pel·lícula més esperada dels últims anys s'estrena fora de concurs a Venècia i aclareix positivament els dubtes que hi planaven a sobre.

"Dune": una superproducció dissenyada per aclaparar, no per fer amics

Denis Villeneuve s'aferra a la tècnica en aquesta adaptació del clàssic de la ciència-ficció de Frank Herbert.

a. Quin recurs propi dels textos argumentatius hi trobes?

b. Sense haver llegit les crítiques, creus que la valoració que fan de la pel·lícula Dune és positiva o negativa? Per què?

4 ●●○ **Cert o fals?**

Les afirmacions següents són certes o falses? Indica-ho:

a. L'editorial recull l'opinió col·lectiva del diari o revista en què es publica, i l'escriu sempre el director o la directora.
b. Els mitjans de comunicació influeixen en l'opinió pública.
c. Una crítica expressa el gust personal de qui l'escriu.
d. En els articles d'opinió s'evita usar la primera persona del singular i es busca transmetre la informació de manera objectiva.
e. En un text argumentatiu la tesi ha d'aparèixer sempre de manera explícita.
f. La vinyeta, la tira còmica, la caricatura o l'acudit gràfic formen part dels gèneres d'opinió.
g. Aportar contraarguments és útil i serveix per aclarir la tesi que es vol defensar.

Com corregiries les afirmacions falses? Reescriu-les perquè siguin certes.

5 ●●● **Tens arguments?**

Quina podria ser la tesi d'un article d'opinió amb aquest titular? Amb quins arguments la podries defensar? Pensa i escriu:

Viure a Barcelona o Madrid és un 20% més car

Segons un informe del Banc d'Espanya, es compensa amb salaris més elevats

Recorda! Els arguments poden ser:
- Racionals o de generalització
- D'autoritat
- D'experiència personal
- D'exemplificació o analogia

6 ●●● **Fes de crític!**

Quina és l'última pel·lícula o sèrie que has vist? Busca'n una crítica en algun diari o mitjà especialitzat, llegeix-la i respon les qüestions següents:

a. L'autor o l'autora parla sobre el context històric de l'obra?
b. S'estableixen comparacions o es mencionen altres obres o artistes?
c. Quina és la tesi que planteja la crítica?
d. Resumeix els arguments que avalen la tesi.
e. Estàs d'acord amb l'opinió que s'exposa en la crítica? Planteja arguments per justificar-ho, tant si hi estàs a favor com en contra.

7 ●●○ **Com ens informem?**

Al llarg d'un dia, quins són els canals a través dels quals reps informació de l'actualitat? Pot ser un programa de ràdio, un diari, un blog, les xarxes socials, una conversa amb els amics o amb la família... Pren-ne nota i, després, compareu el resultat per parelles.

Es tracta de canals d'informació variats? Creieu que hi podeu trobar opinions diverses?

En línia

Escrivim...

Quan ens pregunten com ens trobem, sovint pensem en la nostra salut física. Et convidem a ampliar el significat del terme salut per incloure-hi la salut mental com a peça fonamental.

Analitza i prepara

1 Saps qui és Simone Biles?

- **Llegeix** aquesta columna d'opinió i **respon:**

Simone Biles, jo també m'he lesionat

Estimada Simone, t'escric com a dona afro, com a dona que s'exigeix massa, com a dona que s'ha lesionat com tu, i t'escric com a mare. T'escric per donar-te les gràcies per posar la lent d'augment en una realitat que, malauradament, segueix sent tabú. Les lesions mentals existeixen, i són lesions.

Fa uns anys, després de parir, em vaig lesionar. Els símptomes eren una ansietat i una depressió que no em deixaven menjar, ni dormir ni sortir al carrer. Vaig buscar ajuda aviat i, tot i això, vaig trigar un parell d'anys a recuperar-me de la lesió. No va ser fàcil admetre que necessitava ajuda, ni explicar a les persones properes que estava lesionada i, per tant, que hi havia coses que podien pensar-se bàsiques i obligatòries que jo no podia fer.

El que et volia dir, però, és que t'admiro. Jo no admetia la meva lesió públicament perquè em feia vergonya, com si fos culpa meva. No l'admetia perquè em ressonava, com una sentència, la frase d'una amiga quan li vaig explicar el que em passava: "Això és qüestió d'actitud, has de ser positiva." I jo, Simone, sé que ho entendràs, intentava ser-ho, però no podia. I em sentia sola. I incompresa.

Em pregunto per què es pressuposa que és una qüestió d'actitud. Ningú no em va dir una cosa semblant cap de les vegades que m'he fet esquinços als turmells. Ningú no es va atrevir a enviar-me a canviar d'actitud quan vaig haver de fer rehabilitació després d'una crisi física per una hèrnia discal. [...]

La salut, sigui una vèrtebra o la ment, mereix atenció, cura i escolta personal. Però costa assumir-ho, perquè ens diuen que "és qüestió d'actitud". És a dir, se'ns culpa de la lesió, com si fos una cosa que podem encendre o apagar a voluntat. Tant de bo fos així... Se'ns carrega el pes de la salut mental des del mateix sistema: quan em vaig lesionar la columna van trigar una setmana a donar-me cita amb el traumatòleg, mentre que la derivació a psicologia va trigar més d'un mes [...].

Simone, a Espanya una de cada deu persones adultes tenen lesions com la teva i la meva. Si mirem la dada en dones, el percentatge puja a un 14%, mentre que en homes és un 7%. Per això et deia que t'escric com a dona, perquè tenim el doble de possibilitats de patir aquest tipus de lesions. La depressió i l'ansietat estan empatades al primer lloc, guanyen la medalla d'or... i, en aquest cas, les patim un 9% de les dones enfront d'un 4% dels homes.

Tant de bo que les nostres filles i els nostres fills no hagin d'enfrontar-se a aquestes dicotomies, tant de bo entenguin que l'autocura ha d'estar al centre de tot el que fem, i que el perfeccionisme, la disciplina excessiva, l'autocontrol obsessiu i la necessitat de demostrar el que som són tares nefastes que l'únic que fan és cronificar qualsevol lesió. Com a mare t'agraeixo que hagis creat precedent perquè el meu fill, el dia de demà, pugui entendre que l'èxit no és fora, sinó que consisteix a reconeixe'ns en la nostra complexitat, amb les nostres fortaleses i lesions, que ens fan humans. I que el seu benestar psicològic és tan important com l'estat de la seva columna vertebral.

Gràcies, Simone, per recordar-nos que no som màquines.

DENISE DUNCAN, *Ara*

- Quina és la tesi? És explícita o implícita?
- En quina persona està escrita aquesta columna? A qui es dirigeix i per què?
- Explica els arguments que presenta l'autora i indica de quin tipus són.

Aquest text tracta la salut mental amb empatia i sensibilitat. No sempre és així, i cal vigilar per no reforçar estereotips.

2 Què en penseu, de la salut mental?

- En grup, **trieu** un tema i **escriviu un text**:

○ **La responsabilitat dels mitjans de comunicació.** Tenen un gran impacte en l'opinió pública, i això influeix en la concepció que la societat té sobre la salut mental. Penseu una tesi amb la qual estigueu d'acord i escriviu un editorial.

○ **La salut mental en les pel·lícules o les sèries.** L'audiovisual contribueix a reforçar o desmuntar tòpics. Trieu una sèrie o pel·lícula en què apareguin personatges amb algun trastorn mental. Fixeu-vos en el tractament que se'n fa i escriviu una ressenya expressant la vostra opinió.

i parlem

Llegim i escoltem moltes opinions. Sobre una sèrie que està de moda, un tema d'actualitat... Tothom hi vol dir la seva! La ràdio i la televisió estan plenes de textos argumentatius. T'hi havies fixat?

Escolta

1 Escolteu-los en grup!

Escolteu aquests exemples de davantals o portades de programes de ràdio diferents:

Davantals

Trieu-ne un i, entre tots, responeu oralment:

- Quin és el tema central? I la tesi?
- Hi podeu identificar arguments diferents? De quins tipus són?
- Què en penseu, del tema plantejat?

Parla

2 Defenseu una tesi

En grup, escolliu un tema d'actualitat que afecti el vostre institut o l'entorn proper. Després, penseu quina tesi voleu defensar.

3 Ara, redacteu el guió del davantal!

Seguiu aquests passos:

- Comenceu donant la benvinguda (heu d'inventar un nom per al programa i podeu buscar una sintonia).
- Presenteu el tema i justifiqueu-ne la importància.
- Plantegeu els arguments que voleu aportar.
- Penseu en una conclusió atractiva que resumeixi les idees més importants.

4 Enregistreu el davantal

El text final us ha de representar a tots!

Per què és important diversificar les fonts d'informació?

En línia

Escriu i revisa

3 Ara us toca a vosaltres!

Escriviu, de manera col·laborativa, un text argumentatiu sobre la salut mental.

4 Com ha quedat el text que has escrit?

Rellegeix-lo i respon sí, no o es pot millorar:

- El text proposa una tesi que es pot identificar clarament?
- La tesi es justifica amb arguments diferents i de diversos tipus?
- S'ha seguit una estructura formada per introducció, desenvolupament i conclusió?
- S'han fet servir recursos propis del llenguatge argumentatiu?
- S'han tingut en compte les recomanacions per tractar temes de salut mental de forma respectuosa?

Un cop feta la revisió, feu els canvis necessaris per millorar els aspectes que heu detectat que no acaben d'estar prou bé.

Els mitjans de comunicació, la publicitat i l'audiovisual condicionen la nostra opinió sobre l'actualitat? Quina responsabilitat tenen?

En línia

Reflexionem sobre la llengua

La modalitat oracional

Podem dir coses diferents utilitzant les mateixes paraules? I tant! T'ho demostraré. No és el mateix demanar "Vindràs a dinar?", que afirmar-ho dient "Vindràs a dinar" o que estar molt content i exclamar "Vindràs a dinar!". Les paraules són les mateixes però la intenció no!

Tipus d'oracions. Modalitat oracional

Segons l'actitud del parlant respecte a l'acte de comunicació, es poden distingir quatre modalitats oracionals bàsiques: la **declarativa**, la **interrogativa**, la **imperativa** i l'**exclamativa**. En la llengua oral, aquestes modalitats es diferencien per la intenció o el propòsit.

	INTENCIONALITAT DE L'EMISSOR	EXEMPLES
Declarativa	L'emissor dona informació al receptor.	*He comprat les entrades.* *El tren ja ha passat.* *Hem anat al museu.* *He guanyat el concurs.*
Interrogativa	L'emissor demana informació al receptor.	*Has comprat les entrades?* *Ja ha passat el tren?* *Heu anat al museu?* *Has guanyat el concurs?*
Imperativa	L'emissor vol influir en la conducta del receptor.	*Compra les entrades.* *Vine.*
Exclamativa	Afegeix algun aspecte expressiu o subjectiu de l'emissor.	*He guanyat el concurs!* *Vine!*

En totes les modalitats, les oracions poden ser **afirmatives** o **negatives**:

- Declarativa negativa: *No he guanyat el concurs*.
- Interrogativa negativa: *No has guanyat el concurs?*
- Imperativa negativa: *No compris les entrades*.
- Exclamativa negativa: *No he guanyat el concurs!*

Les oracions negatives es formen amb l'adverbi **no** davant del verb. A més a més, poden portar alguna partícula negativa:

- **pas**: *No entenc pas res. No ho sé pas*.
- **mai**: *No ho trobaré mai. No en tindré mai*.
- **gens**: *No t'entenc gens. No tinc gens de por*.

? Quina és la modalitat oracional de "La Maria no dorm"? I de "Dorm, Maria"?

Les oracions declaratives

Les oracions declaratives serveixen per donar una informació. Són les més neutres. Pel que fa a l'entonació, presenten una corba descendent; pel que fa al mode verbal, se sol utilitzar l'indicatiu: *La caminada començarà a les deu. No vindrà ningú*.

Les oracions interrogatives

L'**oració interrogativa** pregunta alguna cosa al receptor i n'espera una resposta. N'hi ha de diferents tipus: **totals**, **parcials**, **confirmatòries**, **eco** o **reiteratives** i **retòriques**.

Fixa't en les característiques de cadascuna:

Totals	Pregunten pel contingut de tot l'enunciat i admeten un sí o un no com a resposta. Solen anar introduïdes per la conjunció **que**. El subjecte pot anar davant o darrere del verb.	*Has aprovat l'examen?* *Que has aprovat l'examen?* *La Maria ha anat a caminar?* *Ha anat a caminar, la Maria?*
Parcials	Pregunten per una part de l'enunciat i van encapçalades per un mot interrogatiu (*què?*, *qui?*, *on?*, *quan?*, *com?*), precedit o no de preposició (*a qui?*, *de què?*).	*Quin examen has aprovat?* *On aniràs a caminar?* *A qui truques?*
Confirmatòries	Permeten demanar confirmació. Els mots **oi**, **eh**, **que**, **veritat** ajuden a donar-los aquest sentit.	*Vindràs a dinar, eh?* *Vindrà a dinar, oi?* *Oi que m'ajudaràs?*
Eco o reiteratives	Es refereixen a una informació que s'ha donat abans en el discurs. La conjunció **que** és opcional i pròpia dels registres informals.	*Que no saps si et classificaràs?*
Retòriques	No pretenen obtenir cap informació, sinó reforçar el que es vol dir.	*Com m'ho faré, ara?*

? Digues quin tipus d'oració interrogativa és "Que vens a dinar, avui?".

Les oracions imperatives

Amb les oracions imperatives, l'emissor expressa una **ordre** al receptor, però també pot expressar un consell, una recomanació...

El mode verbal propi és l'imperatiu, si són afirmatives, i el subjuntiu, si són negatives: *Calla; Fes el favor de venir; No truquis*.

Les oracions exclamatives

Les oracions exclamatives expressen **sorpresa** (*He vist el llop!*), **incertesa** (*Tant de bo no plogui!*), **decepció** (*Quin greu!*), etc.

Poden anar introduïdes per un mot exclamatiu sovint acompanyat d'un **que** (***Quina** bona cara **que** fas! **Quina** vida **que** porten!*).

Recorda

- Segons la intenció del parlant, hi ha quatre modalitats d'oracions: les **declaratives**, les **interrogatives**, les **imperatives** i les **exclamatives**.
- Les oracions declaratives transmeten informació, les interrogatives demanen alguna cosa, les imperatives donen ordres o consells i les exclamatives expressen sorpresa, incertesa...

Reflexionem sobre la llengua

1 ●●● Saps la modalitat oracional?

Quina és la modalitat oracional d'aquestes oracions?

a. M'expliques on he d'agafar l'autobús?

b. L'any vinent visitaré Roma.

c. Ostres, quina por!

d. L'Ajuntament del poble ha decidit construir un parc infantil nou.

e. Vine ara mateix.

f. Els expliques un conte?

g. Posa menjar als gossos de seguida!

h. Aquest llibre m'ha agradat molt!

2 ●●● Ho saps?

Quina és la intenció de l'emissor en la modalitat oracional imperativa? Explica-ho i posa'n un altre exemple:

Tanca la porta!

3 ●●● Totals o parcials?

Quina diferència hi ha entre les oracions interrogatives totals i les interrogatives parcials? Explica-ho i posa un altre exemple de cada tipus:

T'agrada aquesta cançó? (total)

Quina música t'agrada? (parcial)

4 ●●● De quin tipus són?

Quina és la modalitat interrogativa de les oracions següents? Indica-ho:

a. No tens cafè a casa?

b. A quina hora hem quedat diumenge?

c. Com resoldré el problema, ara?

d. Qui t'ha enviat el ram de flors?

e. Saps quina és la combinació del cadenat, oi?

f. Què vol dir que no participaràs en la cavalcada?

5 ●●● Oracions imperatives

Quins són els modes verbals propis de les oracions imperatives? Indica'ls i posa'n un exemple.

6 ●●● Per exemple?

Escriu un exemple de cada tipus d'oració:

- Oració exclamativa que indiqui sorpresa.
- Oració exclamativa que indiqui incertesa.
- Oració exclamativa que indiqui decepció.

7 ●●● Les saps indicar?

Llegeix el diàleg següent i indica totes les modalitats oracionals que hi ha:

—He de parlar amb vostè. Puc seure?

—Segui.

—No sé per on començar.

—Pel començament.

—El mes passat vaig seduir la seva dona.

—La meva dona?

—Sí.

L'home blau triga quatre segons a contestar.

—Per què m'ho ve a explicar?

—Perquè des d'aleshores no visc.

—Per què? L'estima tant que vol viure amb ella? Ella no l'estima i això el neguiteja?

—No.

—És el remordiment, potser?

—No. El que passa és que no em deixa viure. Em truca de dia i de nit. I si no contesto ve a casa. I si no hi soc em busca pertot. Em ve a veure a la feina, diu que no pot viure sense mi.

Quim Monzó, "Per què les busques dels rellotges giren en el sentit de les busques dels rellotges?", dins *El perquè de tot plegat*. Quaderns Crema

8 ●●● Falten signes de puntuació!

Llegeix el text següent i puntua'l correctament tenint en compte les diferents modalitats oracionals:

—A quina hora va passar l'autobús de la línia S de les 13.23, direcció Porte de Champerret, aquell dia

—A les 12.38

—Hi havia molta gent a l'autobús de la línia S esmentat més amunt

—Un fotimer

—Vostè es fixà en res de particular

—En un particular que tenia el coll molt llarg i una trena al voltant del barret

—El seu capteniment era tan singular com la seva manera de vestir i la seva anatomia

—D'entrada no, era normal; però aviat es va fer palès que era el d'un ciclotímic paranoic lleugerament hipotens en un estat d'irritabilitat hipergàstrica

—Com es traduí, això

—El particular en qüestió interpel·là el seu veí en un to ploraner preguntant-li si no ho feia expressament, de trepitjar-li els peus cada vegada que pujaven o baixaven viatgers

—Tenia fonament, aquest retret

—Ho ignoro

Raymond Queneau, *Exercicis d'estil.* Quaderns Crema (adaptació).

Ara, digues quina és la modalitat oracional més utilitzada en aquest diàleg: la interrogativa, la declarativa o la imperativa.

9 ●●● Quina és quina?

Quina és la modalitat oracional de cada una d'aquestes oracions? Relaciona:

- Has comprat loteria?
- Vine aquí!
- Jugo a les set de la tarda.
- Quina pel·lícula més maca!
- M'he comprat un cotxe.
- Saps cuinar?
- Hem guanyat el partit!

- Declarativa
- Interrogativa
- Imperativa
- Exclamativa

10 ●●● Com serien en negatiu?

Transforma aquestes oracions declaratives afirmatives en oracions declaratives negatives:

a. He assolit la fita.
b. Demà aniré a comprar les entrades.
c. Et vindré a buscar a l'estació.
d. L'equip local ha guanyat el partit.
e. Els trens funcionen amb normalitat.
f. En Jordi finalment s'ha apuntat a la cursa.
g. L'ampolla és de vidre.

11 ●●● COMPAREM LLENGÜES!

Com traduiríeu aquestes frases al castellà? Compte amb els signes d'interrogació i d'admiració:

a. Creies que eres capaç d'aconseguir-ho?
b. Genial! Ja podem començar.
c. Encara no saps a quina hora acabaràs?
d. Tanca la finestra! Fa molt de fred.

Després de fixar-te en aquestes oracions, quina conclusió en treus? Completa:

- En català, les oracions interrogatives porten el signe d'interrogació ____ i en castellà, ____.
- En català, les oracions exclamatives porten el signe d'admiració ____ i en castellà, ____.

Quin sentit tenen els regals de Nadal?

Sigui per temor d'anar a parar a un centre comercial atapeït, per la dificultat d'escollir els regals adients, per la frustració pels retards en les entregues o per les repercussions en les finances personals, les compres nadalenques sovint són estressants. Quin és el sentit de tot plegat? Al cap i a la fi, Nadal no hauria de centrar-se en la família, els amics i el menjar? I, ja que hi som, no seria millor que cadascú es gastés els seus diners en allò que sap que vol?

En una investigació a les illes de Papua Nova Guinea, l'antropòleg Bronislaw Malinowski va documentar una tradició practicada pel poble massim. Aquestes comunitats insulars mantenien un sistema d'intercanvi cerimonial complex que girava entorn de regalar collarets i braçalets de petxina. Aquests artefactes no tenien cap utilitat pràctica ni tampoc cap valor comercial. No obstant això, els massim feien llargs viatges per intercanviar-los, sovint arriscant la vida. Res d'això sembla, a priori, un ús eficient del temps i els recursos. Però, tal com eventualment s'adonaren els antropòlegs, tot aquest procés tenia una funció fonamental a l'hora d'establir, o estrènyer, els vincles entre individus i comunitats.

En gran part del món occidental, el costum d'intercanviar regals per festes és molt arrelat. En festivitats com ara Nadal, Hanukkà i Kwanzaa, moltes famílies dediquen temps, esforç i diners a comprar regals per als éssers estimats. Si ens ho mirem des del prisma fred de la lògica, la pràctica sembla poc menys que un gran malbaratament de recursos, en què tothom acaba pagant per les coses dels altres i en què molts regals acaben essent descartats o retornats.

Les investigacions psicològiques, tanmateix, suggereixen ben bé la cosa contrària: els estudis demostren que ens sentim més bé quan ens gastem diners en els altres que no pas en nosaltres mateixos.

Això il·lustra un aspecte essencial de les accions cerimonials: sovint, no són pas allò que semblen. A diferència de les accions ordinàries, les accions rituals no tenen una finalitat utilitària. És aquesta falta d'utilitat, precisament, allò que les fa especials.

DIMITRIS XYGALATAS, *Vilaweb* (adaptació)

1 Resol a partir del text:

- **Segons la intenció comunicativa, és un text...**
  - ○ ...expositiu: informa objectivament.
  - ○ ...predictiu: fa previsions de les vendes de regals.
  - ○ ...argumentatiu: expressa l'opinió de l'autor.
  - ○ ...narratiu: explica una experiència personal.

- **Quina frase en resumeix millor la tesi?**
  - ○ Cada vegada gastem més diners en regals de Nadal.
  - ○ Fer regals és un costum absurd.
  - ○ L'acció de regalar reforça els vincles socials i té més sentit del que sembla.
  - ○ Rebre regals ens fa sentir millor.

- **D'entre els arguments que utilitza l'autor per defensar la seva tesi, n'hi ha dos que fan referència a investigacions antropològiques a Papua Nova Guinea i a investigacions psicològiques. De quin tipus són aquests arguments?**
  - ○ Arguments racionals o de generalització.
  - ○ Arguments d'autoritat.
  - ○ Arguments d'experiència personal.
  - ○ Arguments d'exemplificació o analogia.

- **Identifica les parts d'aquest text d'opinió i indica quins paràgrafs corresponen a cada part.**

2 Relaciona aquestes frases amb la modalitat oracional corresponent:

Quin sentit tenen els regals de Nadal? •	• declarativa negativa
I tant que tenen sentit els regals de Nadal! •	• interrogativa reiterativa
Els regals de Nadal no tenen cap sentit. •	• exclamativa afirmativa
Què dius, que no tenen sentit els regals de Nadal? •	• interrogativa retòrica
Qui opina que no tenen sentit els regals de Nadal? •	• interrogativa parcial
Aquest any no em facis cap regal de Nadal. •	• imperativa negativa

Tant el títol com el primer paràgraf del text estan redactats en forma de pregunta. Quina creus que és la finalitat d'aquestes preguntes?

○ Conèixer l'opinió del lector. ○ Influir en la conducta del receptor.

○ Afegir aspectes expressius o subjectius de l'autor del text (sorpresa, decepció...).

○ Generar interès i implicar el lector; no pretenen obtenir cap informació, són retòriques.

3 I tu què opines sobre el costum de fer regals de Nadal? Són superflus? És un malbaratament de temps i diners? Escriu una tesi que mostri la teva opinió sobre aquest tema i un parell d'arguments per defensar-la.

No has de sobrepassar els 150 mots!

En línia

Què en sabem, ara?

Les informacions que ens arriben ens ajuden a formar les nostres opinions. Escoltar punts de vista diferents ens enriqueix i ens permet tenir criteri.

Superresposta

Consumim només notícies afins a les nostres opinions?

Prepareu la resposta en grup. Feu una presentació que tingui en compte els aspectes següents:

- Com circulen les opinions a les xarxes socials? Quines diferències hi ha respecte als mitjans de comunicació tradicionals?
- Els mitjans de comunicació, la publicitat i l'audiovisual condicionen la nostra opinió sobre l'actualitat? Quina responsabilitat tenen?
- Per què és important diversificar les fonts d'informació?

Escriu un text de 100 a 150 paraules amb una resposta raonada.

Valora't

Ja has arribat al final. És el moment d'aturar-se i reflexionar. Què contestaries a cada una d'aquestes preguntes?

Què has après? | **Com ho has après?**

Com podries millorar? | **Per a què et pot servir?**

Valoració en línia

Què t'ha semblat la seqüència 10?

★ ★ ★ ★ ★

SEQÜÈNCIA 11

Simple o complex

I tu, què prefereixes?

Connectem

Prefereixes una melodia simple o una composició carregada de matisos? Una roba bàsica o un modelet molt estudiat, amb combinacions impossibles? Potser només depèn de la situació? Doncs pots triar! Al segle XVI es portava l'estètica senzilla i, en canvi, al segle XVII van tendir al recarregament i a la complexitat. Però, ep!, un segle després renegaven del sobrecarregament. Ja ho veus... n'hi ha per a tots els gustos!

Superpregunta

Com aconsegueien la complexitat o la simplicitat en les seves obres, els autors, quatre o cinc segles enrere?

Activa't 178

Connectem

Què en sabem?

Avança 180

El Renaixement
"Bella, de vós som amorós", Pere Serafí

El Barroc
"A una mossa gravada de verola", Francesc Vicent Garcia

El neoclassicisme
"Lucrècia", Joan Ramis i Ramis

Reflexionem sobre la llengua
Les oracions simples i compostes

Avalua't 192

Posa't a prova

Què en sabem, ara?

Valora't

Què en sabem?

Ets capaç de respondre ara mateix la superpregunta? Segurament et falten algunes dades, però en saps més del que et sembla. Vols comprovar-ho?

- Si alguna cosa hi ha al món del segle XXI és diversitat. Si mires al teu voltant, quines diferències veus entre els que t'envolten pel que fa a la indumentària? I als gustos? I a les construccions? I a l'art?
- A tu, què t'agrada més, l'art més senzill, tipus el romànic o el grec, o l'art més complex i figuratiu com el Barroc? O és que l'art no et fa peça?
- Leonardo da Vinci, Miquel Àngel, Rafael, Donatello no són només les tortugues ninja dels còmics. Qui van ser? Et sonen? Potser en coneixes alguna obra?
- Quan expliques alguna cosa que t'ha passat, ho fas amb pèls i senyals o ets més aviat concís i breu? Per què?
- Què volem dir quan diem que la decoració d'una casa és molt barroca? I si diem que és minimalista?

Te n'adones? Amb tot el que ja saps i amb el treball d'aquesta seqüència aconseguiràs resoldre la superpregunta. Endavant!

El Renaixement

Renéixer vol dir 'tornar a néixer', però no en sentit literal! Fa referència al refloriment de la civilització, de les arts i els estudis.

L'edat moderna

L'edat moderna comença amb els grans descobriments geogràfics, i l'expansió comercial que n'és conseqüència, i acaba amb la pujada al poder de la burgesia (la classe social formada pels mercaders que acumulaven riqueses provinents dels seus negocis) i la Revolució Industrial al segle XVIII. La data límit és el 1789, l'inici de la Revolució Francesa.

Si vols tenir més informació de la Revolució Industrial, mira aquest vídeo:

Què va ser la Revolució Francesa? Va ser una revolució política i social que va tenir lloc a França entre el 1789 i el 1799. Va suposar la presa de poder de la burgesia, en detriment del clergat i l'aristocràcia. I el pas d'una monarquia absoluta a un estat governat per l'Assemblea Nacional, que es basava en tres grans idees: llibertat, igualtat i fraternitat.

Context històric

Al segle XVI va començar a prendre força una nova classe social, la burgesia, que va anar assumint el poder econòmic.

Copèrnic va ser l'iniciador de l'astronomia moderna en definir el moviment de la Terra sobre el seu eix i al voltant del Sol. D'aquesta manera, canviava la visió de la Terra com a centre de l'Univers per deixar pas a l'heliocentrisme, segons el qual era el Sol, el centre de l'Univers.

La impremta, inventada a mitjan segle XV per Johann Gutenberg, va fer possible l'intercanvi d'informació en una mesura impensable fins aleshores.

Els moviments estètics dels segles XVI-XVIII

A Europa, al llarg dels segles XVI, XVII i XVIII es van succeir diversos moviments estètics que van marcar tres etapes ben definides en l'art en general i en la literatura en particular: el **Renaixement**, el **Barroc** i el **neoclassicisme**.

Les tres imatges són una mostra de la pintura del Renaixement, del Barroc i del neoclassicisme, respectivament. Fixa't com cada època té un estil, una llum, uns colors i unes expressions ben diferents.

Renaixement

Barroc

Neoclassicisme

Quin nom reben els moviments estètics i culturals dels segles XVI, XVII i XVIII?

El Renaixement (segle XVI)

El **Renaixement** és un moviment intel·lectual i estètic que es va configurar al voltant de dos conceptes:

- La valoració de la **persona** per sobre de tot.
- El redescobriment de la **cultura clàssica**, els principis de la qual eren la raó, l'equilibri i l'harmonia. En l'art clàssic la bellesa es basa en la simetria i la proporció.

El Renaixement va tenir el seu centre a Itàlia i des d'allà es va difondre arreu d'Europa. En poesia, d'aquesta època destaca a Catalunya l'obra del pintor i poeta **Pere Serafí** (c. 1505-1567) recollida en 170 poemes de temàtica profana (no religiosa) i espiritual influïda per Ausiàs Marc i el poeta italià Petrarca. Pere Serafí va conrear una poesia popularitzant, de metre curt, juntament amb les formes renaixentistes, com el sonet.

La poesia del Renaixement no suposa mai un trencament amb la tradició ni tampoc amb els gustos populars. El Renaixement sentia un gran interès per la literatura de tipus popular, i molts autors cultes van intentar retornar-li la dignitat.

Quins eren els ideals de l'antiga Grècia i Roma?

Àudio

Pere Serafí

Pere Serafí (?, 1505/10-Barcelona, 1567) és un dels escriptors més destacats de la poesia del Renaixement. El poema de Serafí és una mostra de la poesia popularitzant, amb trets propis de la cançó popular (la tornada o refrany).

Bella, de vós som amorós

Bella, de vós som amorós.
Ja fósseu mia!
Sempre sospir quan pens en vós,
la nit i dia.

I

Bella, mirant vostra valor
i gentilesa,
sent en lligams de vostra amor
ma vida presa,
on tinc mon cor trist, dolorós
sens alegria.
Sempre sospir quan pens en vós,
la nit i dia.

Bella, del **jorn** que jo us mirí,
vostra cadena
me té lligat **en fins ací**
amb cruel pena.
Vós me llevau tot lo repòs,
que jo em moria.
Sempre sospir quan pens en vós,
la nit i dia.

on Per la qual cosa, de manera que.

jorn Dia.

en fins ací Fins a aquest punt.

1 ●●● **Ho has entès?**
Contesta les preguntes següents:

a. A qui es dirigeix el poeta?
b. Quin sentiment expressa?
c. En quin estat es troba el poeta?
d. A quin altre poeta anterior et recorda aquest estat d'ànim?

2 ●●● **Arriba l'antropocentrisme!**
Llegeix l'afirmació següent i resol:

En el Renaixement, el teocentrisme medieval queda substituït per un cert antropocentrisme.

a. Quin és el significat de les paraules teocentrisme i antropocentrisme?
b. I què signifiquen els prefixos teo- i antropo-?
c. Explica el significat complet de la frase.

3 ●●● **T'hi has fixat?**
Analitza el poema i completa:

Les estrofes són de ____ versos més una tornada de ____ versos i s'alternen els de ____ síl·labes amb els de ____, amb rima ____.

4 ●●● **Com el descriuries?**
Com descriuríeu aquest quadre de Pere Serafí?

Fixa't en:
- Els elements principals i els secundaris (persones, objectes...) i la seva disposició en el quadre.
- Els colors: domini dels colors càlids o freds, suaus o forts, si hi ha difuminats o contrastos.

En línia

El Barroc

Has sentit dir alguna vegada que una casa és molt barroca? Significa que està molt carregada d'ornaments. Creus que té relació amb aquest període de la història?

El Barroc (segle XVII)

L'harmonia i la bellesa renaixentistes van ser reemplaçades, en la literatura, pel recarregament lèxic i sintàctic, l'obscuritat conceptual i la sàtira mordaç. L'estil dels autors barrocs va sotmetre la llengua a una intensa reelaboració, amb el desig que expressés al màxim l'enderrocament de l'equilibri renaixentista. Així doncs, pel que fa al llenguatge, cal assenyalar els canvis següents:

- El contrast entre conceptes transcendents (vida/mort) o entre conceptes de més abast (llum/ombra; delicadesa/grolleria; bellesa/lletjor).
- La deformació a dos nivells: un de realista, pel qual s'arribava a la caricatura, i un d'idealista, pel qual s'obtenia la bellesa absoluta.
- L'exageració, amb l'ús extrem de la hipèrbole.
- El dinamisme i el vitalisme, basats en l'alteració de l'ordre sintàctic.

Es pot fer una caricatura dibuixada. I escrita?

Has llegit mai una descripció que exageri desmesuradament els trets físics d'una persona, per exemple?

D'aquesta època, cal destacar dos autors:

Francesc Vicent Garcia (1582-1623)

- També era conegut amb el nom de Rector de Vallfogona.
- Va conrear una poesia artificiosa i galant seguint els models castellans de Góngora i Quevedo.
- És autor de sonets d'un gran lirisme al costat d'altres de satírics. Els poemes que el van fer més popular, però, van ser els de caire festiu i escatològic, de to i temàtica vulgars.

Francesc Fontanella (1610/20-1680/85)

- La seva poesia, bàsicament amorosa, va partir de l'esperit bucòlic de Garcilaso de la Vega (amb la presència de pastors, nimfes, *locus amoenus*...), però es va servir de tècniques pròpiament barroques.
- Va ser autor de dues peces teatrals en vers:
  - *Amor, fermesa i porfia*, tragicomèdia amb molts ingredients bucòlics.
  - *Lo desengany*, que es basava en el tema clau de l'estètica barroca. Fontanella va elaborar aquesta obra segons els esquemes més autènticament barrocs: metàfores, hipèrboles, jocs de paraules, etc.

Amb quin nom va ser molt conegut Francesc Vicent Garcia?

La pintura del barroc

L'art barroc va ser una reacció contra les limitacions i els cànons del Renaixement. Les representacions pictòriques del Barroc mostren un interès per l'observació científica del natural i s'allunyen de la recerca de la bellesa ideal. Per exemple, es retrata gent corrent del poble, en comptes de sants o personatges bíblics. En aquest període cal destacar la tècnica del clarobscur, que consisteix a utilitzar la llum per accentuar la importància d'uns elements sobre uns altres. Aquesta tècnica crea grans contrasts entre la llum i l'ombra de les obres.

Una de les figures més rellevants de l'art barroc és Caravaggio, pintor italià que destaca per la tècnica del clarobscur.

Per què diem que una cosa molt recarregada és barroca?

Àudio

Francesc Vicent Garcia

Francesc Vicent Garcia (Tortosa, aprox. 1582-Vallfogona de Riucorb, 1623) és un dels escriptors més destacats del Barroc català. Aquest poema és una mostra del seu vessant burlesc i escatològic.

A una mossa gravada de verola

Mala Pasqua us do Déu, monja corcada,
bresca sens mel, trepada celosia,
formatge ullat, cruel fisonomia,
amb més puntes i **grops** que té l'arada;

D'alguna fossa us han desenterrada
per no sofrir los morts tal companyia,
quan eixa mala cara se us podria,
i estava ja de cucs mig rosegada;

Però si sou de **vermes** escapada,
perquè siau menjar de les cucales
(que de mal en pitjor la sort vos porta),

Mantinga-us Déu la negra **burullada**
i adeu-siau, que em par que em naixen ales
i em torno corb després que pic carn morta!

bresca Estructura de cera del rusc construïda per les abelles.

grop Nus de fusta.

verm Cuc.

burullada Granellada.

1 ●●● **Quin és el to?**
Quins adjectius defineixen el to del poema? Indica'ls:

- ○ sensual
- ○ groller
- ○ espiritual
- ○ refinat
- ○ burlesc
- ○ sarcàstic

2 ●●● **Algunes preguntes bàsiques**
Contesta les preguntes següents sobre el poema:

a. A qui va dirigit el poema?
b. Què és la verola?
c. Quines seqüeles deixa a la pell, la verola?
d. Quines metàfores fa servir el poeta per descriure la fisonomia de la noia?
e. En quines estrofes del poema es refereix a la cara de la noia?
f. Amb quines paraules s'hi refereix, a la cara de la noia?

3 ●●● **És un sonet?**
Analitza les estrofes del poema i digues si el poema és un sonet o no ho és:

El **sonet** és un tipus d'estrofa poètica d'origen italià composta per catorze versos distribuïts en quatre estrofes: dos quartets (estrofes de 4 versos) i dos tercets (estrofes de 3 versos).

- Com justificaries la teva resposta?

4 ●●● **Què té de barroc?**
Quines característiques del Barroc identifiqueu en el poema? Marqueu-les:

- ○ El contrast
- ○ La deformació realista
- ○ La deformació idealista
- ○ L'exageració
- ○ El dinamisme

El neoclassicisme

Neo- significa 'nou'. Així que el neoclassicisme es tracta d'un nou classicisme, d'un retorn als ideals de l'època clàssica de Grècia i Roma. Recordes quins eren?

El neoclassicisme (segle XVIII)

El **neoclassicisme** és un moviment estètic i cultural que va sorgir a França durant l'últim terç del segle XVII. Es caracteritza pel retorn a models clàssics en contra del tenebrisme i el sobrecarregament del Barroc.

L'arquitectura neoclàssica rebutja l'ornamentació i s'inspira en els arts grec i romà. Es comença a utilitzar aquest tipus d'arquitectura per a construccions no religioses, com edificis públics amb finalitat civil (biblioteques, museus o mercats).

Els edificis neoclàssics es caracteritzen per tenir una aparença solemne, amb simplicitat de línies i harmonia de volums. La columna esdevé l'element base indispensable en qualsevol construcció.

La poesia i el teatre són els gèneres més conreats del neoclassicisme català. La poesia neoclàssica se serveix de la faula didàctica i la sàtira, seguint el model del francès La Fontaine. Quant als models teatrals, cal fer referència a la comèdia de caràcters (Molière) i la tragèdia (Racine i Corneille). D'aquesta època, cal destacar els autors **Joan Ramis i Ramis** i **el baró de Maldà**:

Joan Ramis i Ramis (Maó, 1746-1819)

Va escriure poesia de tema idíl·lic i amorós: *Poesies burlesques i amoroses* (1809), seguint l'estètica classicitzant, i les tragèdies *Lucrècia* (1769), *Arminda* (1775) i *Rosaura* (1783).

La tragèdia *Lucrècia*, en què es defensen els valors ètics i democràtics, està basada en la història del personatge de l'antiga Roma del mateix nom. Lucrècia va ser violada i després es va suïcidar. Aquesta història va ser motiu de moltes obres d'art de totes les èpoques, sobretot des del Renaixement fins al segle XIX.

El mite de Lucrècia

L'historiador romà Tit Livi explica el mite fundacional de la república romana (VI aC). Lucrècia era una dona molt bella, esposa d'un noble romà. La seva bellesa va cridar l'atenció de Sext Tarquini, el fill del rei, que després de molts intents de seduir-la va fer servir el seu estatus social per violar-la. Ella, ferida d'orgull, va explicar els fets al seu marit i es va suïcidar. Això va desencadenar una revolta popular que va aconseguir enderrocar la monarquia, ja que la dinastia dels Tarquini es va veure obligada a fugir, i es va implantar la República romana.

El baró de Maldà

Rafael d'Amat i de Cortada (Barcelona 1746-1818), va escriure *Calaix de sastre*, un conjunt de seixanta volums manuscrits en forma de dietari que abracen des del 1769 fins al 1816, amb una llengua molt castellanitzada. L'obra constitueix una importantíssima crònica de la vida barcelonina de la segona meitat del segle XVIII i de principis del segle XIX.

Quin significat té l'expressió **calaix de sastre**?

Què tenen en comú i de diferent el Renaixement i el neoclassicisme?

Àudio

Joan Ramis i Ramis

Joan Ramis i Ramis (Maó, 1746-1819), escriptor, historiador i jurista, és un dels personatges fonamentals de la cultura menorquina i un autor cabdal per a la literatura catalana del segle XVIII. Cal destacar, per damunt de tot, la seva producció dramàtica, de la qual forma part *Lucrècia* (1769), escrita amb només vint-i-tres anys i considerada l'obra més important del neoclassicisme literari català.

Lucrècia

(LUCRÈCIA, *després de ser violada per* TARQUINI, *confessa al seu espòs* COL·LATINUS *el neguit que la consum.*)

LUCRÈCIA: A penes de mos ulls t'havies apartat,
a penes m'atrobava en tal terrible estat,
quan Tarquini, augmentant ma pena, mon dolor,
em proposa, em declara el seu indigne amor.
I, per rendir mon cor, per vèncer ma fermesa,
son ceptre me promet, son regne, sa grandesa.
Mes, veent que continuava encara ma constància,
a la fi, del tirà s'irrita l'arrogància,
abusa del poder que li ha donat el Cel,
comet l'acció més vil, comet l'acció més cruel,
i, en un instant, redueix la teua esposa amada
de la sort més feliç a la més desditxada.

COL·LATINUS: Vós desditxada sou? Vós, infeliç, ma esposa?

LUCRÈCIA: Així ma sort fatal ho mana, ho disposa.
Ah!, cessa, espòs amat, no m'aconsoles, no:
ma desgràcia fatal no admet consolació!

COL·LATINUS: Oh Cels! Què és lo que deis, ma esposa?

LUCRÈCIA: Que la mort
és l'únic a què aspir, mirant-me d'esta sort.
La mort sola podrà dar terme a mon dolor
i concluir un temps qui és per mi ple d'horror.

COL·LATINUS: L'horror segueix el crime i ve de la maldat,
i el vostro cor, ma esposa, és pur, immaculat.

LUCRÈCIA: Què més horror per mi que el viure sens honor?
Esta és la mort més cruel, esta és la mort pitjor.
Sí, sí, concloïgam ma vida desgraciada:
jo no puc viure més veent-me deshonrada.
Jo vivia a l'honor, vivia a la virtut:
cèssia de viure, pues, quan tot està perdut.
Vida tan infeliç, jo no la puc sofrir.
El meu cor l'avorreix i s'estima més morir.

(*Aquí* LUCRÈCIA, *posant mà a un punyal que ha de portar escondit, se dona amb ell la mort.*)

COL·LATINUS: (*corrent a ella*) Gran Déus, què és lo que feis?

LUCRÈCIA: Finir les penes mies,
terminar, mon espòs, los meus horribles dies.
A lo menos així jo muir per la virtut,
i que per ella més ja viure no he pogut.
Ja veig que ma mort no tardarà a l'instant.
Adiós, amat espòs, mos ulls se van tancant.
Que no augméntia ma mort de ton dolor l'excés;
la mia sort cruel no em permet viure més.
Jo moriré contenta, alegre, aconsolada,
puix som, aün morent, de mon espòs amada.

Teatre barroc i neoclàssic. Edicions 62

1 ●●● Quina és correcta?

Quina és l'opció correcta? Respon:

a. Lucrècia és una obra teatral escrita en...
- ○ ...vers.
- ○ ...prosa.

b. L'obra pertany al subgènere de...
- ○ ...el drama.
- ○ ...la tragèdia.
- ○ ...la comèdia.

c. Els versos són...
- ○ ...octosíl·labs.
- ○ ...decasíl·labs.
- ○ ...dodecasíl·labs.

d. El fragment de la lectura és un...
- ○ ...monòleg.
- ○ ...diàleg.

2 ●●● Com és Tarquini?

Amb quines paraules o expressions Lucrècia es refereix a Tarquini en la seva primera intervenció? Copia-les.

3 ●●● Paraules tràgiques!

Quines paraules i expressions o quins versos us sembla que reflecteixen la tragèdia d'aquest fragment de l'obra? Feu-ne una llista.

4 ●●● En poques paraules

Contesta breument aquestes preguntes:

a. Quin és l'estat de Lucrècia en la primera intervenció? Quina confessió fa al seu marit?

b. Què fa Lucrècia en el darrer paràgraf? Per què?

5 ●●● En resum...

Busqueu informació sobre l'argument de la tragèdia *Lucrècia* de Joan Ramis i feu-ne un resum.

6 ●●● Qui era Lucrècia?

Busca informació sobre la figura llegendària de Lucrècia a Roma i contesta:

a. Qui era Tarquini?

b. Què va fer amb Lucrècia?

c. Què va decidir fer Lucrècia després?

d. Com va acabar la dinastia dels Tarquini?

e. Quin sistema de govern va substituir aquesta dinastia?

Violació de Lucrècia, Ticià

Mort de Lucrècia, Sandro Botticelli

En línia

Reflexionem sobre la llengua

Les oracions simples i compostes

Simple o compost? Dit d'una altra manera, format per un únic element o per més d'un? Les oracions també poden ser simples o compostes. Quina creus que deu ser la diferència entre l'una i l'altra? Aviat ho descobriràs.

Oració simple i oració composta

Com ja saps, una oració és una unitat lingüística amb sentit complet, independent i construïda al voltant d'un verb en forma personal.

Quan les oracions tenen un sol verb en forma personal, diem que són **oracions simples**. Aquestes oracions tenen sentit complet per si mateixes:

*Aquest gat **dorm** molt.*

En canvi, quan les oracions tenen més d'un verb en forma personal, diem que són **oracions compostes**. Això vol dir que són formades per una suma de proposicions, que són cadascuna de les seqüències que conté un verb. Hi haurà, doncs, tantes proposicions com verbs puguem comptar. Les proposicions tenen sentit complet juntes:

***Vull** que t'**esperis** a la cantonada.*

Tipus d'oracions compostes

Segons la relació que mantenen les proposicions dins l'oració composta, se'n distingeixen tres tipus: coordinades, subordinades i juxtaposades.

Oracions coordinades

Les proposicions de les oracions coordinades tenen independència sintàctica i sentit per si mateixes. Funcionen com a oracions simples. L'element que les enllaça és una conjunció de coordinació.

Plou (verb) *i* (nexe) *fa* (verb) *sol.*

Entres (verb) *o* (nexe) *surts?* (verb)

Oracions subordinades

Les proposicions de les oracions subordinades depenen l'una de l'altra. Una de les dues no té sentit per si mateixa i només s'entén en la mesura que forma part de l'altra. L'element que les enllaça és una conjunció de coordinació.

No voldria que marxessis. (que: nexe)

Et quedaràs perquè no has dinat. (perquè: nexe)

Oracions juxtaposades

Les proposicions de les oracions juxtaposades tenen independència sintàctica i sentit per si mateixes.

Ens hem llevat, ens hem rentat, hem esmorzat.

Vigila: cauràs!

Els connectors

Ja has vist que en les oracions coordinades i en les que contenen subordinades hi ha uns elements que fan d'enllaç. Aquests elements s'anomenen **conjuncions**. En un text, a més, les diferents oracions es poden relacionar per mitjà d'uns altres elements, que anomenem **connectors parentètics**.

Les conjuncions i els connectors parentètics són **connectors**.

Les conjuncions

Són mots invariables que poden fer les funcions següents:

- **Enllaçar** dos elements dins d'una mateixa oració: *En Pep **i** la Laura*.
- **Connectar** les proposicions dins d'una oració composta: *He anat al restaurant **perquè** tenia gana*. Poden ser:
  - **Conjuncions de coordinació:** connecten proposicions independents sintàcticament l'una de l'altra. Poden expressar suma (*i*), contrast (*però*) o alternança (*o*), per exemple.
  - **Conjuncions de subordinació:** indiquen que de les dues proposicions connectades una, la subordinada, depèn sintàcticament de l'altra, la principal. Poden expressar causa (*com que*), finalitat (*a fi que*), condició (*si*), etc.

Segons la forma que tenen, es diferencien les **conjuncions simples**, que inclouen només un mot, i les **locucions conjuntives**, constituïdes per més d'un mot. Les conjuncions simples poden aparèixer en correlació.

CLASSE	FORMA	EXEMPLES
Conjunció	Simple	*i, o, però, sinó, que, mentre, si, perquè, com*
	En correlació	*o... o, o bé... o bé, ni... ni, tant... com*
Locució conjuntiva	• preposició + nom + **que** • preposició + adverbi + **que** • conjunció simple + **que** • adverbi + **que**	• *de manera que, a mesura que* • *per bé que, en tant que* • *com que, mentre que* • *encara que, així que, ja que*

Els connectors parentètics

A més de les conjuncions, hi ha paraules o grups de paraules que s'utilitzen per enllaçar les diferents oracions d'un text. Són els **connectors parentètics**. La seva funció és organitzar-lo i cohesionar-lo.

De connectors parentètics n'hi ha de molts tipus: adverbis, locucions adverbials, etc. Per exemple: *és a dir, finalment, d'una banda, de l'altra, d'altra banda, en primer lloc, a més, si de cas, tanmateix, no obstant, ara bé, de fet...*

Recorda

- Les **oracions simples** tenen un sol verb en forma personal i sentit complet per si mateixes.
- Les **oracions compostes** tenen més d'un verb. Cada seqüència amb un verb és una **proposició**. Les proposicions tenen sentit complet juntes.
- Els **connectors** són paraules o grups de paraules que fan la funció d'enllaçar les proposicions d'una oració composta o les oracions d'un text entre si. Les **conjuncions** i els **connectors parentètics** són connectors.

Reflexionem sobre la llengua

1 ●●● Són oracions?

Aquests titulars són oracions?

a. Sol, boires i pocs ruixats
b. Han obres acabat les de la nova metro estació de
c. La cançó de l'estiu
d. Els partits faran una cimera divendres

Després de llegir aquests titulars, quina conclusió treus sobre les oracions?

2 ●●● On són els verbs?

On són els verbs de les oracions següents? Identifica'ls:

a. L'oncle s'havia posat malalt a la tardor.
b. Havien planejat moltes excursions, però no en van fer ni la meitat.
c. El pare i la mare encara no s'ho creuen.
d. L'Emili es va empassar les llàgrimes i va mirar al seu voltant.
e. T'ha comprat el llibre per tal que el llegeixis.

Ara, digues si són oracions simples o compostes.

Després de fixar-te en aquestes oracions, quina conclusió en treus? Completa:

Les oracions simples tenen ____ i les compostes ____.

3 ●●● Ho saps unir?

Uneix dues oracions amb cada una d'aquestes conjuncions:

i | o | però | ja que | si

Jo estudio. | Vaig al cinema. | Tu vas al cinema.

Ara, indica què expressa cada conjunció en cada cas.

4 ●●● On són els connectors?

Saps identificar els connectors? Indica'ls:

a. Li agrada força la seva feina; de fet, treballa molt.
b. La Judit es lleva d'hora per tal d'esmorzar tranquil·la.
c. Tenia set; a més, estava molt cansat.
d. No tenia gana però vaig dinar.

5 ●●● Quina funció tenen?

Quina és la funció d'aquests connectors parentètics? Relaciona:

en resum, en síntesi, en suma, comptat i debatut, ras i curt	d'ordre lògic
en concret, en particular, de fet, especialment	d'especificació
per exemple, posem per cas, és a dir, això és, més ben dit, doncs bé	de resum
en general, generalment	de generalització
per començar, la primera, la segona...; d'una banda..., de l'altra...; finalment, per acabar	d'exemplificació

6 ●●● Com les relacionaries?

Amb quina conjunció relacionaries cada parell de proposicions? Completa:

si | i | ni | perquè (causa) | perquè (finalitat)

a. No et queixis més ____ no vols semblar un ploramiques.
b. En Daniel és molt amable ____ et farà un favor.
c. La mare ha agafat el paraigua ____ l'home del temps ha anunciat pluja.
d. L'Anna explica un acudit a la seva germana ____ somrigui una mica.
e. No treballa ____ estudia.

Ara, digues si les oracions resultants són coordinades o si contenen una subordinada.

7 Fes servir els connectors!

Escriu una oració composta amb cadascun dels connectors següents:

ni | sinó que | o bé
perquè | a fi que | sempre que

Ara, indica què expressa el connector en cada cas.

8 Les transformes?

Com uniries les oracions juxtaposades següents amb una conjunció? Escriu les oracions resultants i intenta mantenir-ne el sentit:

a. Agafa l'autobús; hi arribaràs abans.
b. Van buscar el professor de gimnàstica per tot l'institut; no era al gimnàs.
c. No t'hi amoïnis gaire: sempre s'enfada!
d. Ella ha vingut massa tard, ara ja no podrem jugar.
e. Ja pots marxar, truca'm de seguida que arribis.

Quina diferència hi ha entre les oracions amb conjunció i les que no en porten?

9 On és el connector?

Quin és el connector d'aquestes oracions compostes? Indica'l:

a. Fixa-t'hi bé o no ho entendràs mai.
b. No solament han pintat les parets de casa, sinó que també han canviat les rajoles del terra.
c. Corre i no t'entretinguis més.
d. Si m'ho hagués dit, no m'ho hauria cregut.
e. L'entrevistat duia una camisa de ratlles, però els pantalons no hi feien joc.

Ara, digues si són coordinades, subordinades o juxtaposades.

10 Busca!

Llegeix aquest text i fes les activitats:

La setmana arrenca amb calma meteorològica. La gran pertorbació atlàntica situada a l'oest de les illes Britàniques enviarà nous fronts cap a la península Ibèrica. A Catalunya, els núvols no marxaran del tot i n'arribaran de nous, però no hi haurà pluges. El temps s'estabilitzarà i, per tant, dilluns no serà un dia de sol aclaparador. Per començar, els núvols residuals seran abundants cap a l'est del país. Vindran acompanyats per freqüents bancs de boira a les fondalades de l'interior. Com que a la tarda arribaran núvols prims per ponent, creixeran nuvolades a l'entorn del prelitoral. Bufarà vent de component nord i oest entre fluix i moderat, amb cops forts fins al vespre a les terres de l'Ebre i al litoral de l'Empordà, i fins i tot amb alguns cops molt forts al nord de l'Alt Empordà fins a mitja tarda i al massís dels Ports fins a migdia.

www.meteo.cat (adaptació)

a. Busca en el text dues oracions simples i copia-les.
b. Busca en el text dues oracions compostes i copia-les.
c. Explica en quins elements t'has fixat per identificar les oracions.

11 COMPAREM LLENGÜES!

Com traduiríeu aquestes frases al català? Compte amb les conjuncions:

a. Cocinaremos macarrones y un pastel de queso.
b. Mañana quedaremos e idearemos un plan.
c. Decídete, o confiesas u olvidas lo que ha pasado.

Després de fixar-te en aquestes oracions, quina conclusió en treus? Completa:

En castellà, la conjunció y es converteix en ____ si ____ i la conjunció o es converteix en ____ si ____.

En català les conjuncions i i o ____.

En línia

Posa't a prova

Prova de competències

A una hermosa dama, que se pentinava en un terrat ab una pinta de marfil

Francesc Vicent Garcia

Ab una pinta de marfil polia
los cabells de finíssima **atzabeja**,
a qui los d'or més fi tenen enveja,
en un terrat la bella Flora un dia.

Entre ells la pura neu se descobria
del coll, que ab son contrari més campeja,
i, com la mà com lo marfil blanqueja,
pinta i mà d'una peça pareixia.

Jo, de lluny, tan atònit contemplava
lo dolç combat que, ab extrema gràcia,
aquestos dos contraris mantenien

que el cor enamorat se m'alterava,
i, temerós d'alguna gran desgràcia,
de prendre'ls treves ganes me venien.

ab Amb.
atzabeja Tipus de carbó negre i lluent.
de prendre'ls treves De posar pau.

1 Resol a partir del text:

- **Veritat o mentida? Respon:**

  a. El poeta veu la dona estimada que es pentina al terrat i sent gelosia perquè altres també podrien veure-la.

  b. El poeta descriu la bellesa d'una dama en una situació quotidiana (es pentina) i expressa què sent ell davant d'aquesta escena.

  c. El poeta situa la dama estimada en un *locus amoenus*, un entorn idíl·lic de gran bellesa.

  d. Els símbols de la bellesa de la dama són els cabells negres i la pell blanquíssima.

  e. El poema té un to burlesc.

- **Quines característiques pròpies de l'estil literari del barroc es poden identificar en el poema?**

  ○ Contrastos.
  ○ Sàtira.
  ○ Dinamisme (ús d'hipèrbatons).
  ○ Exageració (ús d'hipèrboles).
  ○ Deformació realista (caricatura).

- **Quina figura retòrica és? Relaciona:**

hipèrbaton •	• la pura neu
personificació •	• los [cabells] d'or més fi tenen enveja
símil •	• de prendre'ls treves ganes me venien
epítet •	• la mà com lo marfil blanqueja

- **Fixa't en la mètrica del poema i completa:**

  a. Segons el nombre de síl·labes, els versos són ___.

  b. El contacte vocàlic entre els mots que el (dotzè vers) s'anomena ___.

  c. El tipus d'estrofa que utilitza l'autor, dos quartets més dos tercets, s'anomena ___.

  d. La rima és consonant i segueix l'estructura ___.

- **Quins dels mots següents podries fer servir per substituir la paraula atònit del novè vers?**

  ○ indecís ○ corprès ○ estupefacte
  ○ meravellat ○ espantat ○ vergonyós

2 Respon les tres qüestions sobre aquesta frase:

> tan atònit contemplava lo dolç combat [...] que el cor enamorat se m'alterava

- Quines són les dues proposicions d'aquesta oració composta?
- Quina funció fan les partícules en correlació tan... que?
- Què expressa la segona proposició respecte de la primera, causa, condició, conseqüència o finalitat?

3 Escriu un text breu sobre els moviments estètics que segueix la literatura catalana entre el segle XVI i el segle XVIII: Quines etapes es distingeixen? Quines característiques generals tenen les obres de cada una d'aquestes etapes?

Amb 150 paraules en tindràs prou!

En línia

Què en sabem, ara?

Molts moviments estètics i literaris sorgeixen com a reacció als moviments anteriors i s'hi oposen. Per això en la història de la literatura i de l'art passem d'obres d'estètica senzilla i sòbria a obres més complexes i recarregades.

Superresposta

Com aconseguien la complexitat o la simplicitat en les seves obres, els autors, quatre o cinc segles enrere?

Prepareu la resposta en grup. Feu una presentació que tingui en compte els aspectes següents:

- Quins eren els ideals de l'antiga Grècia i Roma?
- Per què diem que una cosa molt recarregada és barroca?
- Què tenen en comú i de diferent el Renaixement i el neoclassicisme?

Escriu un text de 100 a 150 paraules amb una resposta raonada.

Valora't

Ja has arribat al final. És el moment d'aturar-se i reflexionar. Què contestaries a cada una d'aquestes preguntes?

Què has après? **Com ho has après?**

Com podries millorar? **Per a què et pot servir?**

Valoració en línia

Què t'ha semblat la seqüència 11?

★ ★ ★ ★ ★

SEQÜÈNCIA 12

Saber escoltar

Saps escoltar?

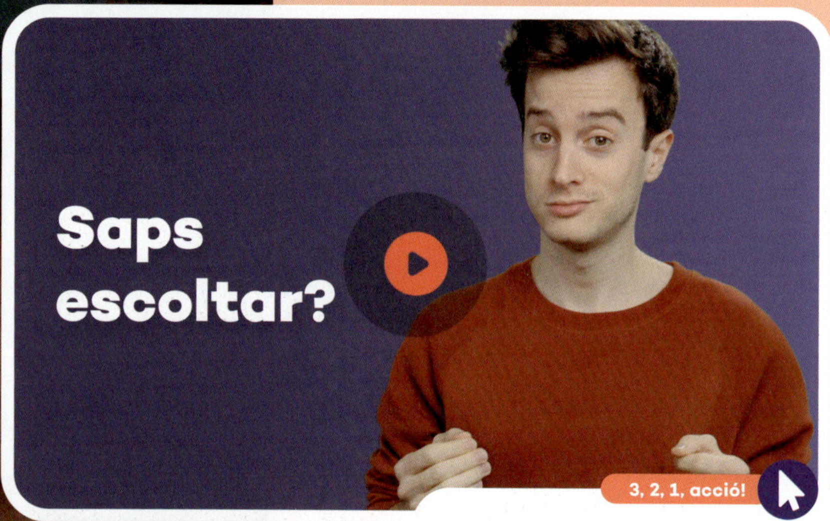

Connectem

Sovint es diu que, en una entrevista, les respostes ens ajuden a conèixer la persona entrevistada, però les preguntes també delaten qui entrevista. Els temes que ens interessen i les preguntes que decidim fer poden dir molt de nosaltres. I a tu, t'agrada escoltar? O ets més de xerrar pels descosits?

Superpregunta

Per què entrevistar és més que preguntar?

Activa't 196

Connectem

Què en sabem?

Avança 198

L'entrevista

Escrivim

Parlem

Reflexionem sobre la llengua
Camps semàntics, derivació i composició

Avalua't 208

Posa't a prova

Què en sabem, ara?

Valora't

Què en sabem?

Ets capaç de respondre ara mateix la superpregunta? Segurament et falten algunes dades, però en saps més del que et sembla. Vols comprovar-ho?

- En la vida personal, t'agrada més que et facin preguntes o fer-les tu? Per què?
- I a classe, ets dels que participes fent preguntes?
- Tens curiositat per la vida de persones que admires? Què fas per coneixe-les millor?
- T'interessa saber el que pensa la gent sobre temes que t'apassionen?
- Ets de les persones que llegeixen entrevistes, n'escoltes o en mires en els mitjans o a les xarxes?
- T'han fet mai una entrevista? Explica amb quin motiu, qui te la va fer, com va anar...

Te n'adones? Amb tot el que ja saps i amb el treball d'aquesta seqüència aconseguiràs resoldre la superpregunta!

Fer una bona entrevista és tot un art. Requereix escollir bé la persona que es vol entrevistar, documentar-se a fons i fer les preguntes correctes de la manera adequada. Més enllà de ser periodista, cal tenir empatia, saber escoltar... i molta pràctica! Creus que tens les qualitats necessàries? En aquesta seqüència ho podràs comprovar!

Els textos conversacionals

Els textos que reprodueixen una conversa s'anomenen **textos conversacionals**. Es tracta d'una tipologia textual que trobem en les entrevistes, però també en col·loquis, xats o en els diàlegs de novel·les, guions de cinema i obres de teatre.

En el cas de l'entrevista periodística, es tracta d'una conversa entre dues persones: l'entrevistat i l'entrevistador. El cos de l'entrevista el formen les preguntes i les respostes, que permeten conèixer la persona entrevistada o aprofundir en el tema d'interès.

Tipus d'entrevistes

El canal per on es transmeten les entrevistes en condiciona el format i determina els recursos que es poden fer servir. En el cas de les **entrevistes escrites**, que es publiquen en format digital o en paper, és molt rellevant l'estructura del text.

En canvi, en el cas de les **entrevistes orals** que podem escoltar a la ràdio, són importants els recursos sonors (música, fragments de declaracions anteriors...). I, finalment, en el cas de les **entrevistes audiovisuals**, que podem veure a la televisió o en molts mitjans digitals, hi ha la possibilitat de fer servir recursos propis de l'audiovisual (cartel·les de text, música, efectes sonors...).

Segons l'objectiu que persegueixi el periodista, es distingeixen dos tipus d'entrevistes:

ENTREVISTA INFORMATIVA	ENTREVISTA DE PERFIL O EN PROFUNDITAT
OBJECTIU	
Recollir l'opinió de l'entrevistat sobre fets d'actualitat, la seva professió o la seva experiència sobre algun tema en concret.	Aprofundir en la personalitat i la manera de ser de l'entrevistat. Acostar el personatge als lectors o l'audiència a través d'un retrat que inclou trets físics, de personalitat, de caràcter i d'ambient.
CARACTERÍSTIQUES	
El més rellevant en aquest tipus d'entrevistes és el tema que es tracta, i no tant la persona entrevistada.	Permet més llibertat a nivell formal, i s'hi poden incloure descripcions, dades biogràfiques o comentaris de l'entrevistador entre les declaracions de l'entrevistat.

L'estructura de l'entrevista

Habitualment, l'entrevista escrita té aquesta estructura:

- **Titular**: sovint es fa servir una frase extreta de les respostes de l'entrevista que cridi l'atenció del lector.
- **Presentació de l'entrevistat**: inclou dades biogràfiques i posa en context la rellevància de l'entrevista.
- **Cos de l'entrevista**: és el gruix més rellevant del text, on es recullen les preguntes i les respostes.
- **Fotografia**: les entrevistes de perfil acostumen a anar acompanyades de fotografies de qui és entrevistat.
- **Conclusions**: l'entrevistador pot acabar el text amb les idees principals que s'han tractat en l'entrevista.

Les tres fases de l'entrevista

Tant si l'entrevista és escrita com si és oral o audiovisual, per arribar al contingut final cal seguir tres fases: la preparació, la realització i l'edició o escriptura de l'entrevista.

Fase de preparació

1 **Documentació**

Cal investigar sobre el personatge que s'entrevistarà, coneixe'n la trajectòria i les dades biogràfiques principals. Cal:

- Definir-ne els aspectes més interessants.
- Evitar caure en redundàncies.
- No fer preguntes que ja se li han fet.

2 **Guió de preguntes**

Cal elaborar-lo després d'haver recollit la informació sobre l'entrevistat. Es poden preparar:

- Preguntes introductòries o per trencar el gel.
- Preguntes centrals indispensables.
- Preguntes de tancament.

3 **Eines de treball**

Cal pensar les preguntes amb antelació. S'aconsella:

- Tenir una gravadora de veu.
- Prendre notes durant la conversa per anar estructurant el text.

Una entrevista, tingui el format que tingui, és una conversa. Per això s'ha de procurar generar un clima de confiança amb la persona que es vol entrevistar. Aconseguir fer bones entrevistes requereix molta pràctica, però hi ha algunes pautes que es poden aplicar i que ens garantiran un bon plantejament de l'entrevista.

Fase de realització

ORDENAR AMB NATURALITAT LES PREGUNTES	EVITAR CAURE EN TÒPICS
S'ha d'evitar començar amb preguntes massa íntimes o complexes: s'han de tractar qüestions que ajudin a generar un clima de confiança.	Fer una recerca prèvia i llegir entrevistes que s'hagin fet a la persona entrevistada ajudarà a tractar temes diferents i no preguntar qüestions tractades anteriorment.
PLANTEJAR PREGUNTES DE RESPOSTA OBERTA	**DEIXAR ESPAI A L'ENTREVISTAT**
Cal fer preguntes que no puguin contestar-se simplement amb un sí o un no.	El guió de preguntes ajuda a estructurar la conversa, però és interessant deixar espai a la persona entrevistada perquè pugui parlar de temes que no estaven previstos.

Un cop feta l'entrevista, encara hi ha dos passos primordials que cal seguir: la transcripció i l'edició.

Fase d'edició

TRANSCRIPCIÓ	EDICIÓ
Cal transcriure la conversa amb l'entrevistat per poder veure tota la informació de què es disposa i seleccionar les parts que es volen incloure en el text final. Per poder fer una bona transcripció, és indispensable haver enregistrat la conversa amb una gravadora d'àudio i vídeo.	Escriure o editar l'entrevista: seleccionar les parts més rellevants, i pensar-ne l'estructura. A l'hora d'escriure el text final o editar l'àudio o el vídeo es pot decidir: · Alterar l'ordre de preguntes del guió. · Retallar parts reiteratives o poc interessants. · Afegir reflexions i opinions de l'entrevistador.

Per què és imprescindible documentar-se abans de fer una entrevista?

1 ●●○ **T'hi has fixat?**

Mira aquest vídeo i respon les preguntes següents:

a. Qui és en Blaï Mateu i a què es dedica?
b. L'entrevista té lloc en dos espais diferents. Quins són? Creus que estan ben escollits?
c. Digues quins d'aquests recursos es fan servir en aquesta entrevista audiovisual:
   - ○ Cartel·les de text
   - ○ Banda sonora
   - ○ Veu en off
   - ○ Imatges de recurs
   - ○ Imatges d'arxiu
   - ○ Entrevistador parlant a càmera

2 ●●○ **Cert o fals?**

Les afirmacions següents són certes o falses? Indica-ho:

a. Els textos que reprodueixen una conversa s'anomenen textos argumentatius.
b. En una entrevista hi sol haver un paràgraf introductori que presenta la persona entrevistada.
c. El text conversacional es fa servir únicament en les entrevistes.
d. Tots els textos periodístics que inclouen declaracions de testimonis es consideren entrevistes.
e. Una entrevista ha d'incloure sempre totes les preguntes i les respostes.
f. L'objectiu principal del text d'una entrevista és reflectir la conversa entre l'entrevistador i l'entrevistat.
g. En una entrevista informativa el més rellevant és la persona entrevistada.

Reescriu les afirmacions falses per convertir-les en certes.

3 ●●○ **Què li preguntaries?**

Escolliu un d'aquests cinc personatges històrics i prepareu una llista de sis preguntes que li faríeu en una entrevista:

A **Amelia Earhart** (1897-1937). Una de les aviadores més famoses de la història; va ser la primera dona a fer un viatge transoceànic sola.

B **Marie Curie** (1867-1934). Física i química polonesa, pionera en l'estudi de les radiacions; va rebre el Premi Nobel de Física el 1903 i el de Química el 1911.

C **Rosa Sensat** (1873-1961). Pedagoga catalana; va tenir un paper decisiu en la creació de l'escola pública catalana a principis del segle XX.

D **Francesc Boix** (1920-1951). Fotògraf català; va passar a la història per les seves fotografies al camp de concentració de Mauthausen.

E **Georges Méliès** (1861-1938). Mag, il·lusionista i director de teatre i de cinema francès; se'l considera un dels pioners en la creació d'efectes especials.

Heu d'incloure preguntes introductòries, preguntes centrals i alguna de tancament o conclusió.

4 ●●○ **Fem de periodistes!**

Escolliu un personatge públic que us interessi. Poseu-vos a la pell d'un periodista que ha de fer-li una entrevista i busqueu-ne informació:

- **Dades biogràfiques:** lloc de naixement, vida familiar, estudis, etc.
- **Dades professionals:** inici de la carrera professional, feines que ha tingut, projectes en què ha col·laborat, feina més recent, etc.
- **Creences i opinions:** sobre temes d'actualitat, afinitats, gustos, etc.

Un cop recollida tota la informació, prepareu una presentació de 200 paraules del personatge escollit.

5 ●●○ Ho has entès?

Llegeix aquest fragment de l'entrevista a Júlia Barceló i respon a les preguntes:

La Sol ha d'anar a una festa d'aniversari a la platja, però té pànic d'ensenyar el cos i entra en una espiral tòxica d'obsessions, dietes i hores de gimnàs. Aquesta història, que és la de tantes i tantes persones, especialment dones, és el punt de partida d'*Operació biquini* (Editorial Flamboyant), el primer llibre de l'actriu Júlia Barceló, activista a les xarxes contra la cultura de la dieta. El llibre, il·lustrat per Camille Vannier, pretén ser una eina de sensibilització i prevenció i ensenyar que és possible de mirar el cos amb tendresa i més enllà de l'estètica. Parlem amb ella sobre *Operació biquini* i sobre l'alliberament corporal en general.

El llibre el protagonitzen la Sol, una adolescent acomplexada amb el seu cos, i l'Ariel, que és qui subratlla aquests complexos. Què heu volgut simbolitzar amb aquest personatge?

És l'alter ego que ens diu: "Per què et poses aquesta roba?", "No et fa vergonya sortir amb aquesta cara?" Quan naixem no tenim aquest personatge que ens acompanya, sinó que són els missatges externs que ens creen aquest alter ego terrible, que ens tracta malament i amb el qual hem d'aprendre a conviure, perquè no desapareixerà... No deixes de jutjar-te d'un dia per l'altre, però si aprens d'on ve aquest autojudici i com tractar-lo pots tenir més bona relació amb tu mateix.

És el personatge encarregat de dir a la protagonista que ha de ser maca per ser acceptada. En canvi, una de les conclusions del llibre és "No deus bellesa a ningú".

No, no deus bellesa a ningú. És una frase que s'ha utilitzat molt en l'alliberament corporal. A qui ho deus, ser prim? Què t'impedirà de ser gras? Volem arribar a la normalitat estètica perquè suposadament això ens durà a l'èxit, però no hi estem obligats en el fons. Darrerament, he provat de fer petits canvis, com no depilar-me o no maquillar-me tant, i ningú no et diu: "Ei, per què no vas maquillada?" Hi ha una violència externa, però en molts contextos veus que és una cosa que hem cregut que hem de fer i que realment no cal. A més, no arribaràs mai a l'ideal de bellesa i sempre et sentiràs frustrada.

Moltes vegades, per demostrar que l'ideal de bellesa és inaccessible, han sortit iniciatives per evidenciar el photoshop de les revistes, els trucs darrere una fotografia perfecta... Però també ens acomplexa la nostra amiga, que és real i sense retocs. La sensibilització es fa correctament en aquest sentit?

Parlant amb Eduard Serrano, de l'Hospital Clínic, sobre TCA, em deia que la qüestió de les influenciadores pot afectar-te, però que afecta igual el fet de comparar-se amb la companya de classe. No cal que els referents siguin gaire irreals perquè estem tan acostumats a comparar cossos que entrem en un cercle: "Oh, mira quins ulls més macos que té", "Mira quins pits". Ens comparem perquè hem jerarquitzat els cossos i en algun moment hem decidit que uns són millors que uns altres.

Però els cossos molt normatius són una minoria.

Les models o actrius sempre estan per sota del pes mitjà de la societat, i, per tant, moltes vegades volem tenir un pes per sota del nostre. Si tinc una bona relació amb l'alimentació i el cos i peso seixanta-quatre quilos, per què m'he d'obsessionar a pesar-ne seixanta? Ens han regit en una estructura molt petita i fixa, i creure que tots els cossos han d'encabir-s'hi és una violència terrible. És com si a tots els gossos els diguessin "Has de ser com un dòberman." A tots: chihuahues, santbernats... Es tornarien bojos, com ens passa a nosaltres! Genèticament, socialment, culturalment, venim de llocs molt diferents.

Factors com la genètica són molt importants. Fins a quin punt?

Per molt que em proposi de tenir un cos concret, segurament no ho aconseguiré. Primer, l'ideal estètic és molt classista. Si no tens temps (que vol dir diners) per invertir en el cos, segurament no te'n sortiràs. I segon, la genètica: per molt que et vulguis aprimar, cap estudi no demostra que hi ha una manera de mantenir un pes rebaixat durant tota la vida. El teu cos vol mantenir-se en el seu pes i hi lluitarà en contra. Aquests alts i baixos, l'efecte io-io, és molt més perjudicial que mantenir-se. Si tant ens preocupa la salut, preocupem-nos que la gent no faci sempre dieta.

Quin paper hi té la cultura de la dieta, en tot això?

És la base de tot. La base és la grassofòbia, en el fons, que diu que si t'aprimes podràs tenir un cos que et portarà a l'èxit. Ens ho venen amb enganys: "Això és més saludable" o "Fora aquests aliments, que són el dimoni!" Cada tres mesos apareix una dieta diferent! Això demostra que no funcionen, perquè si no tots faríem la mateixa. Si restringeixes aliments i n'adquireixes una informació moral —bo-dolent—, acabes tenint-hi una relació molt poc saludable. Les conseqüències més greus poden ser els TCA —tot i que s'hi pot arribar per altres motius—, però ningú no té una relació sana amb l'alimentació. Qui no té por de menjar hidrats té por de menjar galetes o productes que suposadament no nodreixen. Sobre una cosa tan bàsica com alimentar-se, ens han dit que no, que no has d'escoltar el cos: "No escoltis la teva gana ni els teus gustos i fes-me cas a mi, guru de l'alimentació!"

Vilaweb (adaptació).

a. Qui és la Júlia Barceló i quin és el motiu d'aquesta entrevista?

b. Es parla sobre els perills de la cultura de la dieta i la grassofòbia. Què volen dir aquests conceptes?

c. El títol és clau per captar l'atenció. Tria una frase de les respostes que pugui funcionar com a titular.

d. Classifica les preguntes en les preparades prèviament i les que han sorgit durant l'entrevista.

En línia

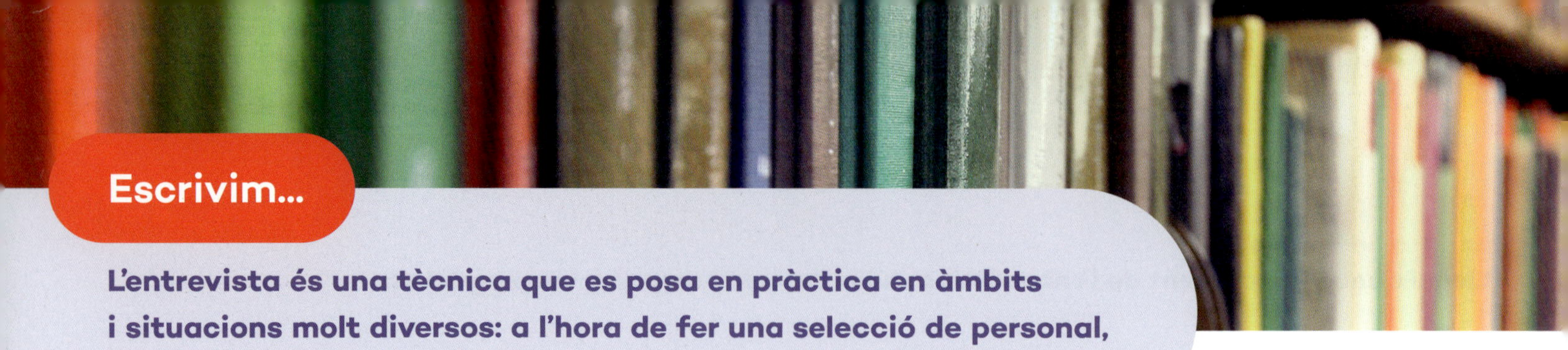

Escrivim...

L'entrevista és una tècnica que es posa en pràctica en àmbits i situacions molt diversos: a l'hora de fer una selecció de personal, en investigacions de ciències socials i, fins i tot, en la literatura.

Analitza i planifica

1 Entrevista a Mercè Rodoreda

- **Llegiu** aquest fragment de l'entrevista:

L'any 1973 la periodista i escriptora Montserrat Roig va entrevistar la també escriptora Mercè Rodoreda:

Al barri que envolta el carrer de Balmes —aquest carrer, fa cinquanta anys, només era un torrent, el de Sant Gervasi, per on baixava l'aigua de pluja—, ara ja res no és igual que abans. Les velles torres, petites, amb el jardí entre descurat i pretensiós d'altres temps, han desaparegut sota els grans edificis que voregen les vies amples i petulants que s'obren al nou cinturó de ronda. De tant en tant es veuen restes d'algun habitatge unifamiliar, enderrocat de fa poc. Entre el guix, hi ha trossos de ciment, pedres plenes de calç, una porta batent pintada de blau clar, una paret florejada.

M'arriba un imperceptible alè poètic mentre pujo escales amunt fins al parc de Monteroles, abans del Marquès de Brusi. El fum negre, dens, pudent que vomiten els autobusos, el brogit, l'aclaparament, la neurosi de la gent, neurosi ensolapada perquè es tracta d'un barri burgès, a les escales del metro de Pàdua, una botiga de marisc —una botiga cara per a un superbarri— difuminen cada vegada més la imatge d'una Barcelona menestral, plàcida, confiada. La Barcelona de l'avantguerra, plena de ciutadans tranquils, orgullosos d'una ciutat mig europea, ens conten aquells qui la visqueren, però sempre catalana.

En aquest barri va néixer, el 1909, la Mercè Rodoreda, aquesta figura delicada, de somrís innocent i reservat, que no vol que prengui nota dels seus mots, que prefereix una conversa desordenada i amistosa.

—La meva família pertanyia a la petita burgesia. A casa meva hi havia dues persones genials: la meva mare i el meu avi. El meu pare feia de comptable al carrer de Ferran, i era allò que anomenem amb aquesta paraula tan lletja: un lletraferit. Em llegia en veu alta quan jo era petita i m'havia posat la llengua catalana al cap i al cor. Llegia molta literatura catalana: Guimerà, Víctor Català, Ruyra, que m'entusiasmaven. Després, i per damunt de tots, Carner. Però vaig tenir els mateixos problemes que vosaltres, els joves, per aprendre a escriure en català. De gran vaig haver d'empassar-me tota la gramàtica d'en Fabra. El meu avi, que era l'amo de la torre on vivíem, va fer construir un monument a Mossèn Cinto Verdaguer a la part del darrere, fet a base de pedres amb rams de farigola i d'espígol. El monument era envoltat per un estany de nenúfars. Damunt les pedres hi havia el monument a Mossèn Cinto, i d'allí sortien cap avall cintes de ciment de color de rosa. A les cintes hi havia escrites, en porpra, les obres d'en Verdaguer.

Crític (adaptació)

- Ara, per parelles, **responeu** les preguntes:
  - En quina persona està escrit el text? Què transmet?
  - El text inclou descripcions i reflexions sobre la ciutat de Barcelona, escenari emblemàtic de gairebé totes les obres de Rodoreda. En el primer paràgraf s'apunta: "ara ja res no és igual que abans". Fixeu-vos en els fragments destacats. Com es descriu la Barcelona d'abans i l'actual? Com es pot relacionar amb l'entrevistada?

2 Ara et toca a tu!

- Tria un membre de la teva família més gran que tu i **prepara una entrevista** per fer-li. Tingues en compte els aspectes següents:
  - Documenta't bé sobre els llocs que han marcat la seva vida: la casa on va néixer, el barri on va viure la seva infantesa, els altres habitatges on ha viscut, si és el cas, etc.
  - Elabora un guió de preguntes; posa èmfasi en aquests espais i relaciona'ls amb les diferents etapes de la vida de la persona a qui entrevistaràs.

Escriu i revisa

3 Segueix aquests passos!

Escriu l'entrevista per fer a un familiar.

- Un cop tinguis el guió, **prepara les eines de treball**: necessitaràs una gravadora per enregistrar-la i una llibreta per prendre notes.
- Ja ho tens tot a punt? És el moment de **fer l'entrevista**! Recorda deixar espai a qui entrevistis perquè es pugui explicar.
- Després de l'entrevista, **escolta la gravació i transcriu la conversa**; et serà de gran utilitat per organitzar la informació.
- A partir de la transcripció, **selecciona les declaracions** que més t'agradin i **elabora un text** que combini descripcions dels espais més significatius per a la persona entrevistada amb fragments de les respostes.

4 Com ha quedat el text que has escrit?

Rellegeix-lo i respon sí, no o es pot millorar:

- Els espais estan ben descrits i es relacionen amb la persona entrevistada?
- S'intercalen descripcions i reflexions pròpies amb declaracions de l'entrevistat?
- Les declaracions són variades?
- S'han fet servir recursos literaris?
- El text permet al lector fer-se una idea de la personalitat de l'entrevistat?

Un cop feta la revisió, fes els canvis necessaris per millorar els aspectes que has detectat que no acaben d'estar prou bé.

Quins recursos podem fer servir per generar un clima de confiança? ?

En línia

i parlem

A la televisió, l'espai on es fa l'entrevista té un paper clau. És molt interessant quan s'entrevisten personatges públics: pot ajudar a mostrar-ne una cara nova.

Escolta

1 Mira aquesta entrevista coral

Vídeo

Després de veure l'entrevista, comenteu:

- De quina manera s'han vist afectats per la pandèmia els quatre joves entrevistats?
- Aporten punts de vista diferents? Per què?
- Amb quin dels quatre entrevistats us sentiu més identificats? I quina experiència creieu que està més lluny de la vostra realitat?

Parla

2 Feu-ho vosaltres!

Trieu un tema per fer una entrevista coral, de 15 minuts com a màxim, que gravareu com si fos un programa radiofònic:

- ○ "Es pot fer un bon ús de les xarxes socials?"
- ○ "En què pensen els joves quan escullen una professió?"
- ○ "Entre la cultura de la dieta i l'alimentació saludable: és possible trobar un punt mitjà?"

Ara, busqueu tres persones que hi participin i aportin punts de vista, experiències i idees diferents.

3 Seguiu els passos!

No us oblideu de cap dels passos per fer una bona entrevista! Infografia

Què hem de tenir en compte a l'hora d'editar o escriure una entrevista? ?

En línia

Reflexionem sobre la llengua

Camps semàntics, derivació i composició

Sabíeu que els camps no només poden ser de blat o d'estudi, sinó que també poden ser semàntics i lèxics? I les famílies, sabíeu que, a més d'unir persones amb lligams de parentesc, també poden unir paraules?

Els camps semàntics

La **semàntica** és la part de la lingüística que estudia el significat de les paraules i les oracions. Des del punt de vista del significat, les paraules es poden agrupar en camps semàntics.

Diem que un **camp semàntic** és format per un grup de paraules de diverses categories lèxiques que designen conceptes diferents però que es refereixen a un mateix àmbit de la nostra realitat. Per exemple, *guitarra*, *compondre*, *músic*, *rítmic*, *violí*, *trompeta*... pertanyen al camp semàntic de la música; i *peix*, *barca*, *alga*, *onada*, *medusa* pertanyen al camp semàntic del mar.

Un camp semàntic sol contenir diversos **camps lèxics**, que són conjunts de mots que es relacionen entre si pel seu significat i que, a més, tenen la mateixa categoria lèxica. Per exemple, el camp semàntic de la música inclou el camp lèxic dels instruments (*guitarra*, *violí*, *arpa*, *piano*...), el dels estils musicals (*pop*, *rock*, *jazz*, *rap*, *hip-hop*...), etc.

I encara podem parlar d'una altra agrupació de significat: les **famílies de paraules**, que són conjunts de mots que tenen el mateix radical (o arrel o lexema). El **radical** és la part invariable d'una paraula, que n'indica el significat. Per exemple, *musical*, *musicalitat*, *musicòleg* i *música* pertanyen a la mateixa família de paraules: totes són formades a partir del radical *music-*. De la mateixa manera, les paraules *tendre*, *tendresa*, *tendrament* i *entendrir* pertanyen a la mateixa família de paraules i són formades a partir del radical *tendr-*.

? Completa aquesta família de paraules amb dos mots més:
mar, mariner, maror...

La derivació

La **derivació** és el procés que consisteix a crear un mot nou (**mot derivat**) a partir d'un altre mot ja existent (**mot primitiu**) gràcies a dos procediments: la sufixació i la prefixació.

? Quins mots són primitius? Identifica'ls:
rentadora • gat • blavor • joc • abraçada • cotxe

La sufixació

La **sufixació** és el procediment de formació de derivats que consisteix a crear paraules afegint al darrere una partícula, anomenada **sufix**, al radical d'un mot: *vermell* ▸ *vermell-**or***, *vermell-**enc***; *paper* ▸ *paper-**era***, *paper-**eria***; *enginy* ▸ *enginy-**ós***, *enginy-**er***.

? Quin mot no té sufix?
igualment • desigualar • igualtat • desigual • igualitari

Aquest sufix els dona un nou significat. Fixa't en els sufixos de la taula següent:

SUFIXOS	SIGNIFICAT	EXEMPLES
-et, -eta; -ell, -ella; -ol, -ola	diminutius	*cos**eta**, port**ella**, bass**iol***
-às, -assa, -ot, -ota, -arro, -arra, -astre, -astra	augmentatius	*barc**assa**, homen**ot**, cotx**arro**, veu**arra**, medic**astra***
-alla, -atge, -eria, -am, -menta, -at, -ada, -ar	noms col·lectius	*fadrin**alla**, branc**atge**, cristall**eria**, arrel**am**, ferra**menta**, veïn**at**, nuvol**ada**, olive**ar***
-aire, -er, -era, -ista	oficis	*cant**aire**, cuin**er**, fust**era**, ofici**nista***
-ària, -ada, -esa, -ícia, -isme, -itud, -itat, -edat, -ància, -ència, -eria, -or, -ura	qualitat o condició	*grand**ària**, animal**ada**, best**iesa**, avar**ícia**, social**isme**, sol**itud**, absurd**itat**, fals**edat**, disson**ància**, efici**ència**, bog**eria**, dol**çor**, brav**ura***

La prefixació

La **prefixació** és el procediment de formació de derivats que consisteix a crear paraules afegint una partícula, anomenada prefix, davant del radical d'un mot. Aquest prefix els dona un nou significat. Fixa't en els prefixos de la taula següent:

PREFIXOS	EXPRESSEN	EXEMPLES
a-, in- (im-, il-, ir-), des-, de-, dis-, anti-, contra-	negació	***a**normal, **in**cultura, **im**precisió, **il**·legalitat, **ir**real, **des**ordre, **dis**culpa, **anti**social, **contra**indicació*
ante-, avant-	"davant de"	***ante**sala, **avant**projecte*
sobre-, super-, supra-	"més que" "a sobre"	***sobre**humà, **super**mercat, **supra**renal*

La composició

La **composició** és un altre procediment de creació de mots que consisteix a formar paraules noves unint-ne dues que, separadament, ja tenen un significat per si mateixes. Per exemple: *filferro* (*fil* + *ferro*), *sordmut* (*sord* + *mut*), *compravenda* (*compra* + *venda*).

Altres vegades els compostos es formen amb radicals cultes, procedents del llatí o del grec. Per exemple: cardiopatia (*cardio* = *cor* + *patia* = *malaltia*).

Recorda

- Un **camp semàntic** és format per un grup de paraules de diverses categories gramaticals que designen conceptes diferents d'un mateix àmbit de la nostra realitat.
- Una **família de paraules** és un conjunt de mots amb el mateix radical.
- La derivació consisteix a crear mots nous a partir d'altres mots ja existents per mitjà d'un **sufix** o un **prefix**.
- La **composició** consisteix a formar paraules noves unint-ne dues que ja tenen un significat per si mateixes.

Reflexionem sobre la llengua

1 Quin és el camp semàntic?

A quin camp semàntic pertanyen aquestes sèries de mots?

mansió • finestra • cuina • ciment • grua • pis
escala • enrajolar • torre • menjador

fotograma • actuar • pel·lícula • vestuari
càmera • memoritzar • festival • entrada

2 Quin és el camp lèxic?

A quin camp lèxic pertanyen aquestes sèries de mots?

a. pare • fill • tieta • besàvia • sogre
b. euro • dírham • dòlar • lliura
c. cadira • tamboret • sofà • butaca
d. vambes • sabates • xancletes • botes • sandàlies

3 Són de la mateixa família?

Quins mots pertanyen a la mateixa família de paraules? Agrupa'ls:

lent · mentalitat · dentista · dental · mentalitzar · dent · dentifrici · ment · lenticular · lentilla · dentadura · mental

• Com ho has sabut? Quin radical comparteix cadascuna de les famílies?

4 De quin mot provenen?

De quin mot provenen els mots de cada sèrie?

a. ullera • ullet • ullada
b. barcassa • barquer • barcatge
c. fullet • fullejar • fulletó
d. penal • penalitzar • penalista
e. causal • causar • causant
f. pedregada • pedrera • pedrejar

• Quin nom rep el mot del qual provenen els altres mots?

5 Què és la derivació?

Què és la derivació? Explica-ho i posa un exemple de cada un dels procediments derivatius.

6 Com s'uneixen?

Relaciona cada mot primitiu amb un sufix i amb el seu significat:

primitiu	sufix	significat
lleig	-er	Objecte de plàstic que serveix per flotar a l'aigua.
fusta	-dor	Persona que treballa la fusta.
flotar	-ejar	Que té forma de ganxo.
ganxo	-esa	Passar l'estiu en un lloc diferent del domicili habitual.
estiu	-ut	Qualitat de lleig.

Ara, escriu una oració amb cadascuna de les paraules noves que has format.

7 Porten prefix

Relaciona cada prefix amb un mot primitiu i amb el seu significat:

prefix	primitiu	significat
des-	fer	Molt bé.
ultra-	braç	Part del cos que va des del colze fins al canell.
re-	mar	Cadascuna de les dues parts que queden si partim un cercle per la meitat.
semi-	cercle	Separar les parts d'una cosa, fer que deixi de ser com era.
avant-	bé	Que és a l'altra banda del mar.

Ara, escriu una oració amb cadascuna de les paraules noves que has format.

8 ••• Quin és el radical?

Quin és radical de cada un dels mots següents?

alumnat · president · alegria · miqueta · brutícia · senyoràs · castedat · queixalada · carreró · drapaire

• Com es diu la part que no has marcat?

9 ••• Quin és el mot primitiu?

Quin és el mot primitiu de cada família de paraules?

a. empaperar, paperot, paperina, paperam

b. lleona, lleonera, lleoní, lleonat

c. inutilitzar, utilitat, utilitari, utillatge, utilitarista

Ara, explica com s'han format els derivats.

10 ••• Quina paraula falta?

Completa cada oració amb una paraula derivada de la que està destacada en negreta:

a. Hem vist el combat de **boxa** entre els dos ____ finalistes del campionat mundial.

b. En Joan va **coix**, però no se li nota gens la ____.

c. Es van haver d'**allotjar** en un càmping, perquè no van trobar cap altre ____.

d. Ella sent que té **arrels** en tots els països on ha viscut: no se sent ____ enlloc.

e. El seu pare compra i ven objectes **antics**. Les ____ que té són d'èpoques diferents.

f. El tren de la bruixa causava veritable **temor**. Els infants en van sortir ben ____.

11 ••• Com és format?

Com són formats aquests mots? Digues quins són el prefix, el radical i els sufixos, si en tenen:

ploricó · escridassar · bonyegut · innat · esprimatxat · reviscolar · caparró · ferrer

12 ••• Fixa't en el text!

Llegeix atentament aquest text i, després, fes les activitats que hi ha a continuació:

Ja veu, doncs, estimada Mrs. Christie, la meva fatalitat. Tots els habitants del balneari són a la sala d'estar des d'on li escric. Esperem la vinguda de la policia; aquí en diuen guàrdia civil. Tot i que aquests dies ha fet sol —i avui mateix, aquest matí, en feia— s'ha ennuvolat de sobte i sembla que s'acosta una tempesta de tardor, com si el temps volgués acompanyar el dol que sobtadament ha caigut sobre nosaltres. Hi ha un parell de coses que em sobten d'aquest crim: una és l'arma. Evidentment es tracta d'una arma de foc, però no d'una arma habitual. La ferida és molt estranya i ni jo ni el metge no l'hem poguda identificar..., encara. L'altra cosa que em sobta és el sobret que he trobat a la butxaca del mort. Millor dit, el contingut del sobret: una pols blanca que de bell antuvi semblava narcòtic, però no ho era.

JAUME FUSTER, *Les cartes d'Hèrcules Poirot*. Edicions 62

a. Fes una llista amb paraules del text que formen part del camp semàntic de la investigació criminal.

b. Copia dos derivats que hagin estat formats per prefixació i dos derivats que hagin estat formats per sufixació.

c. Identifica el radical dels derivats anteriors.

d. Fes un derivat de cadascuna d'aquestes paraules: sol, tempesta, dol, crim, arma, pols. Indica quin recurs has fet servir en cada cas.

13 ••• COMPAREM LLENGÜES!

Sabeu traduir aquestes frases al català? Compte amb els sufixos! Si teniu dubtes, consulteu el diccionari multilingüe:

a. El herrero es la persona que trabaja el hierro y el cocinero la persona que tiene por oficio cocinar.

b. Las jugadoras del equipo de fútbol son muy buenas gracias a su entrenadora.

c. El cirujano y el anestesista que lo han operado son cubanos.

Suu: "El públic català està obrint la ment, sona un sàmpler i ja no molesta"

Aquest dimarts Susana Ventura (Suu) va fer 20 anys i un dels seus regals d'aniversari es va avançar uns dies. Concretament el va rebre divendres en forma de disc. És el seu segon treball i es titula *Ventura*.

Ens trobem amb ella en plena voràgine de promoció a Barcelona. Supura creativitat i sorprèn la naturalitat i fermesa amb què parla. Se la veu apassionada amb el que fa.

L'any passat vas fer més de 100 concerts. No deu haver estat fàcil de compaginar amb la creació del nou disc.

Algunes cançons van sortir durant la gira. De fet, tres o quatre ja les tenia força encarrilades, però la majoria del disc s'ha cuinat en una casa familiar de València. Vaig anar-hi a desconnectar amb la guitarra i pensant "a veure què en sortirà d'aquí...". I en va sortir el disc.

Quan va sortir *Natural* vas comentar que aquell disc havia sortit d'una relació tòxica. I aquest, d'on surt?

De relacions molt maques i molt sanes, per sort. Ara he après a gestionar millor les emocions. Surt de l'amor; jo canto amor cap a la parella, cap als amics, cap a un mateix, que també és molt important, i de l'experimentació, sobretot, de l'estil musical.

A *Natural* hi havia quatre cançons en català i ara són totes en castellà tret de la versió "Tant de bo". Què et porta a crear en aquesta llengua?

Em passa que amb el català em sento més despullada. És la meva llengua materna, amb la qual parlo cada dia, i sento que, quan canto en català, canto més jo.

En quin moment creus que està la música per als artistes catalans?

En un moment d'auge molt bèstia [...]; m'agrada que grups com Lildami o Pupil·les estiguin pujant, perquè significa que a poc a poc obrim la ment i ja no escoltem només Txarango i Doctor Prats. Epa! De sobte sona un sàmpler i no ens molesta.

ROGER FONT, *Nació Digital* (adaptació)

1 Resol a partir del text:

- **L'entrevista és un exemple d'entrevista de perfil. Quines dues característiques són pròpies d'aquest tipus d'entrevista?**
  - ◯ L'entrevista aprofundeix en la manera de ser de l'entrevistat.
  - ◯ L'entrevistat és un testimoni directe d'un fet d'actualitat.
  - ◯ El més rellevant de l'entrevista és el tema, no la persona.
  - ◯ L'objectiu de l'entrevista és acostar el personatge als lectors.

- **Creus que el periodista s'ha documentat abans d'entrevistar la Suu? Justifica la teva resposta amb algunes dades del text.**

- **Són vertaderes o falses, les afirmacions següents? Respon:**
  - a. La llengua materna de la Suu és el castellà.
  - b. La Suu és una cantautora, és a dir, escriu i compon les cançons que interpreta.
  - c. Els dos primers paràgrafs són la conclusió, en què el periodista recull les idees principals que s'han tractat en l'entrevista.
  - d. El periodista, tot i que segueix un guió de preguntes, pot deixar que l'entrevistada tregui temes que no estaven previstos.

- **Pensa un títol alternatiu per a aquesta entrevista que capti l'atenció dels lectors.**

2 Busca en el text cinc mots del camp semàntic de la música.

Pensa i escriu tres mots de la mateixa família que tòxica i creativitat i escriu-ne el radical.

3 A partir del que contesta la Suu, què creus que li han preguntat? Fes de periodista i inventa't les preguntes!

Per reivindicar una cosa no cal que diguis gaire fort que ho estàs reivindicant, sinó que, fent petites coses, com parlar en femení en el disc, ja n'estàs reivindicant moltes.

Em passo el dia actualitzant Spotify i YouTube per veure les visualitzacions... La part fosca és que hi ha moltes cançons que no acabo perquè en penjo un tros a Instagram i a la gent no li agrada. Llavors no m'animo a acabar-les.

Uf! D'aquí a deu anys la música i els directes que coneixem ara hauran canviat tant..., però segur que estaré fent música, no sé com, però música!

Molt positivament. El meu pare tocava el saxo i, a més, a casa sonava molta música, va ser com aprendre un altre idioma. Em sembla superpositiu posar música als nens.

Què en sabem, ara?

Quan pensem en una entrevista, segur que el primer que ens ve al cap són preguntes i respostes. Però la feina d'entrevistar implica moltes més coses a banda de disparar preguntes!

Superresposta

Per què entrevistar és més que preguntar?

Prepareu la resposta en grup. Feu una presentació que tingui en compte les qüestions següents:

- Per què és imprescindible documentar-se abans de fer una entrevista?
- Quins recursos podem fer servir per generar un clima de confiança?
- Què hem de tenir en compte a l'hora d'editar o escriure una entrevista?

Escriu un text d'unes 100 a 150 paraules amb una resposta raonada.

Valora't

Ja has arribat al final. És el moment d'aturar-se i reflexionar. Què contestaries a cada una d'aquestes preguntes?

Què has après? **Com ho has après?**

Com podries millorar? **Per a què et pot servir?**

Valoració en línia

Què t'ha semblat la seqüència 12?

★ ★ ★ ★ ★

SEQÜÈNCIA 13

Que romàntic!

Parlem només d'amor?

Parlem només d'amor?

3, 2, 1, acció!

Connectem

Què et ve al cap quan sents la paraula romanticisme? El primer que t'ha vingut al cap és l'amor? Potser hauries d'ampliar la visió que tens d'aquest terme! Va ser molt més! A Catalunya, sense anar més lluny, aquest moviment cultural i polític va inspirar el període que coneixem com a Renaixença. Et sona? "Re/naixença", "re/néixer", Jacint Verdaguer, segle XIX... Es va exalçar l'amor a la pàtria, a la natura...

Superpregunta

Jacint Verdaguer... un prevere romàntic?

Activa't 212

Connectem

Què en sabem?

Avança 214

La poesia del segle XIX

"Don Jaume en Sant Jeroni", Jacint Verdaguer

El teatre del segle XIX

El bressol de Jesús (o En Garrofa i en Pallanga), Frederic Soler

Terra baixa, Àngel Guimerà

Reflexionem sobre la llengua

La sinonímia i l'antonímia

Avalua't 226

Posa't a prova

Què en sabem, ara?

Valora't

Què en sabem?

Ets capaç de respondre ara mateix la superpregunta? Seguramant et falten algunes dades, però en saps més del que et sembla. Vols comprovar-ho?

- Et consideres una persona romàntica? Per què?
- Si et diem que anar vestit amb estètica gòtica és romàntic, què en penses?
- Ser nacionalista també és una idea romàntica?
- A què associes el terme **Romanticisme**?
- Fixa't en les fotografies. Què observes si les compares totes?
- Saps qui és Jacint Verdaguer? De què et sona? El situes en el temps? Què en saps?
- I ara una pregunta de literatura catalana: la Renaixença té alguna cosa a veure amb el moviment romàntic?

Te n'adones? Amb tot el que ja saps i amb el treball d'aquesta seqüència aconseguiràs resoldre la superpregunta. Endavant!

La poesia del segle XIX

Es diu que algú es romàntic si es deixa portar per la fantasia i pels sentiments amorosos. Però al segle XIX ser romàntic volia dir una altra cosa. Descobreix-ho!

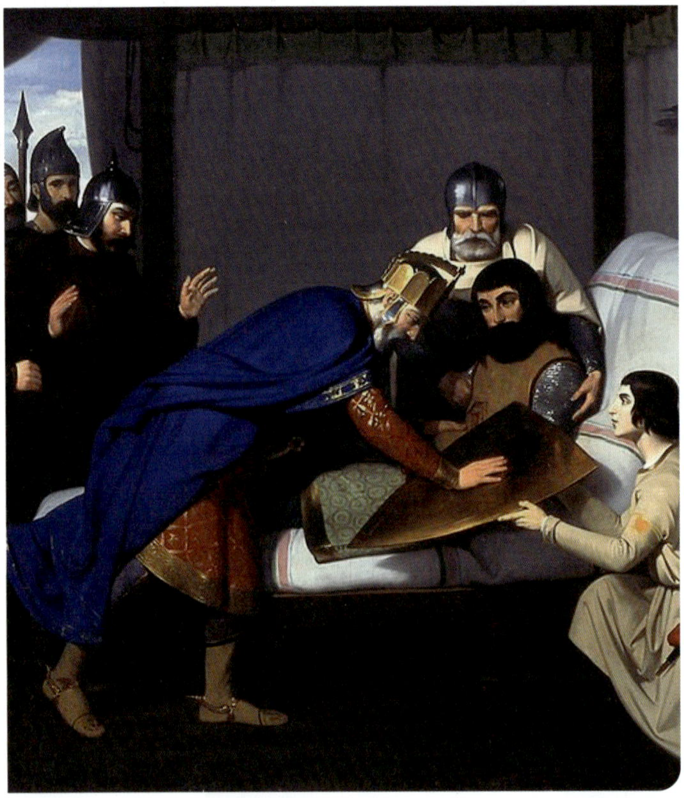

El 1833, Bonaventura Carles Aribau va publicar en la revista *El Vapor* l'oda "La pàtria", que és la primera mostra de poesia romàntica en català i es va convertir en una obra emblemàtica de la recuperació del català literari.

El **Romanticisme** va sorgir a la segona meitat del segle XVIII a Alemanya i a Anglaterra, però a Catalunya va aparèixer al primer terç del segle XIX.

Els principals trets del Romanticisme són aquests:

- El desacord amb el món, fet que comporta el desig d'evasió en el temps (evocació de l'edat mitjana) o en l'espai (terres exòtiques).
- L'exaltació del jo: la temàtica íntima adquireix molta importància (exaltació dels sentiments cap al paisatge, la pàtria i l'amor).
- La llibertat: el romàntic rebutja les normes establertes. No hi ha límits per a l'expressió artística.
- La natura es converteix en un correlat de l'ànima de l'autor i esdevé un símbol.
- L'atracció per tot allò obscur i irracional.

La Renaixença

Després de tres segles de decaïment social i cultural, amb les noves idees del Romanticisme la cultura escrita en català va prendre una nova embranzida que, al llarg del segle XIX, va donar algunes de les figures més importants de la literatura catalana.

Què t'evoca la paraula **Renaixença**?
De quina paraula prové?

La **Renaixença** va ser un moviment de recuperació nacional que va impregnar d'ideals romàntics tots els àmbits:

- **En l'àmbit social**, va afavorir l'ascensió de la nova classe burgesa.
- **En l'àmbit econòmic**, va tenir una relació molt estreta amb la Revolució Industrial.
- **En l'àmbit polític**, va tenir relació amb el sorgiment del nacionalisme.
- **En l'àmbit cultural**, va impulsar la recuperació del català com a llengua literària.

Els Jocs Florals

El 1859 es van fundar els **Jocs Florals**, un certamen literari en què es premiaven composicions poètiques que va tenir molta importància. Seguien el model dels antics Jocs Florals que es van celebrar als segles XIV i XV. Juntament amb altres institucions, van ser la plataforma de recuperació del català com a llengua d'ús culte i el trampolí perquè apareguessin els grans noms literaris de la Renaixença.

Els Jocs Florals van aconseguir algunes de les fites bàsiques de normalització cultural:

- Van crear un públic assidu al fet literari.
- Al seu voltant va aparèixer la primera infraestructura editorial en català.
- Van donar prestigi social a la llengua.
- Van crear una poètica i van propulsar els gèneres literaris.

Jacint Verdaguer

Jacint Verdaguer és una de les figures més destacades de la literatura catalana. Va començar a escriure poesia als quinze anys, i després d'algunes provatures de temàtica amorosa, el 1865 va publicar *Dos màrtirs de ma pàtria, o siga Llucià i Marcià*, en què ja es troben dos dels grans temes que va tractar amb més profunditat: la fe i les arrels històriques de Catalunya.

Així, gran part de la poesia de Verdaguer és de temàtica religiosa. Com a capellà que era, va dedicar bona part de la seva obra a cantar les excel·lències de la fe cristiana. El seu viatge a Terra Santa el va influir en tota l'obra posterior, que va estar marcada per un canvi d'actituds humanes i espirituals.

També del 1865 daten els primers esbossos de ***L'Atlàntida*** (1877), poema èpic amb què Verdaguer va guanyar un premi especial en els Jocs Florals.

L'interès per la temàtica històrica i religiosa va portar Verdaguer a redactar ***Canigó*** (1886), l'altre gran poema èpic de l'autor.

Els poemes èpics són obres poètiques molt llargues en què s'expliquen gestes i aventures extraordinàries d'un passat llunyà.

L'Atlàntida narra l'enfonsament del continent dels atlants i la premonició de Cristòfor Colom de la descoberta d'Amèrica. El poema és estructurat en dos plans: un d'històric, protagonitzat per Colom, i un altre de mitològic. Segons la mitologia grega, l'Atlàntida era una illa o un continent que va ser engolit pel mar en una època remota.

Canigó consta de dotze cants i un epíleg i indaga i enalteix l'origen de la nació catalana. La història és protagonitzada pel jove cavaller Gentil, que s'enamora de Flordeneu, la reina de les fades del Canigó. Els seus temes principals són el segrest amorós de Gentil i l'expiació de Guifré per l'assassinat d'aquest cavaller. A partir dels dos grans temes que articulen el poema, Verdaguer aconsegueix un doble procés de mitificació: la dels Pirineus i la naturalesa en general, d'una banda, i la del naixement històric de Catalunya, de l'altra.

Fixa't en les portades d'aquestes edicions de *L'Atlàntida* i *Canigó*, aquesta última de la traducció que se'n va fer al castellà:

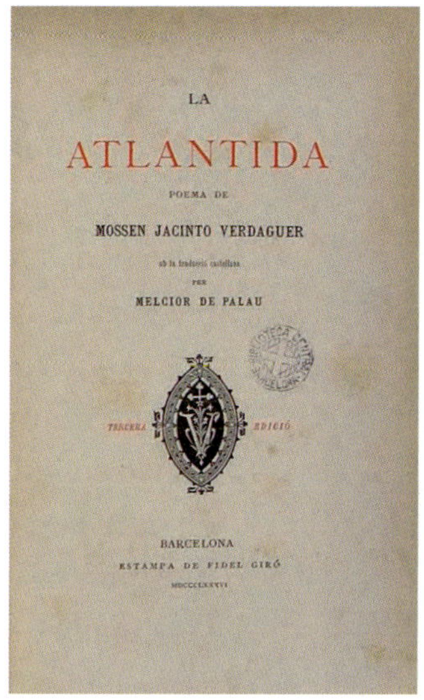

Portada de l'edició del 1886

Portada de l'edició en castellà del 1898

Després van seguir els llibres *Montserrat* (1889) i *Aires del Montseny* (1901), amb els quals va tancar la seva atenció als tres cims que considerava sagrats.

També cal destacar l'*Oda a Barcelona* (1883), cant de lloança dedicat a la capital de Catalunya. Verdaguer també va destacar com a prosista, amb volums com *Excursions i viatges* (1887), *Dietari d'un pelegrí a Terra Santa* (1889) i els pòstums *Rondalles* (1905) i *Folklore* (1907).

La popularitat de la poesia de Verdaguer queda palesa en el fet que cançons com el "Virolai", dedicat a la Mare de Déu de Montserrat, la nadala "A Betlem" i "L'emigrant" són cantades per la gent sense saber que ell n'és l'autor.

Dolça Catalunya,
pàtria del meu cor,
quan de tu s'allunya,
d'enyorança es mor.

Tornada de "L'emigrant"

Quines són, per a tu, les muntanyes més emblemàtiques de Catalunya?

Quins són els dos grans poemes èpics de Verdaguer?

Quins són els temes de la poesia de Verdaguer?

Quins són els valors de la Renaixença?

Àudio

Jacint Verdaguer

Jacint Verdaguer (Folgueroles, Osona, 1845-Barcelona, 1902), als deu anys va entrar a estudiar al seminari de Vic. Allà va descobrir els clàssics i la poesia. Als vint anys va guanyar els Jocs Florals de Barcelona i amb el temps es convertiria en una de les figures més destacades de la història de la literatura catalana. En la seva obra —poesia lírica, poesia èpica i prosa—, tracta els temes característics del Romanticisme, com la natura, la nostàlgia pel passat, la pàtria, la cultura popular, etc.

Don Jaume en Sant Jeroni

Per veure bé Catalunya,
Jaume I d'Aragó
puja al cim de Sant Jeroni
a l'hora en què hi surt lo sol;
quin pedestal per l'estàtua!
pel gegant, quin mirador!
Les àligues que hi niaven
al capdamunt, li fan lloc;
sols lo cel miraven elles,
ell mira la terra i tot;
que gran li sembla i que hermosa
l'estimada del seu cor!
Té en son cel aucells i àngels,
en son camp **verges** i flors,
en sos aplecs l'alegria,
en ses famílies l'amor;
té guerrers en ses muralles,
naus veleres en sos ports;
naus de pau i naus de guerra,
frisoses de prendre el vol.
Les ones besen ses plantes,
l'estrella besa son front,
sota un cel d'ales immenses
que és son **real** pavelló.
En son trono de muntanyes
té el Pirineu per redós,
per coixí verdosos boscos,
per catifa prats de flors
per on juguen i s'escorren
rieretes i rierons,
com per un camp d'**esmaragdes**
anguiles de plata i or.
Del Llobregat veu les ribes,
les marjades del Besòs
que coneix per les arbredes
com les roses per l'olor.
Los vilatges a llur vora
semblen ramats de moltons
que abeurant-s'hi a la vesprada
hi esperen la llum del sol. [...]

verge Verger, jardí.

frisosa Impacient.

real Reial.

esmaragda Maragda, pedra preciosa de color verd brillant.

1 Quines són certes?

Quines d'aquestes afirmacions identifiques amb el poema?

- ◯ El poema fa referència a un passat històric vist a la manera romàntica, generalment descrit amb nostàlgia i idealitzat.
- ◯ El rei representa la figura d'un tirà.
- ◯ La geografia està estretament relacionada amb la història i la pàtria.
- ◯ El rei és un gran coneixedor de la seva terra.

2 Què volen dir?

Saps què signifiquen aquestes paraules? Relaciona-les amb el seu significat:

redós	Mascle de l'ovella.
moltó	Reunió de gent amb motiu d'una festa o una celebració.
aplec	Recer, lloc a cobert de les injúries del temps.

3 Ho has entès?

Contesta les preguntes següents:

a. Quins versos reflecteixen la figura idealitzada del rei Jaume I?

b. Qui és "l'estimada del seu cor"?

c. Enumera els elements romàntics i idíl·lics del paisatge (paraules, expressions o versos).

4 Quantes síl·labes té?

Fes el recompte sil·làbic! Quantes síl·labes tenen els versos del poema?

5 Quina figura retòrica és?

Digues si en els versos següents hi ha una metàfora o una comparació metafòrica:

com per un camp d'esmaragdes
anguiles de plata i or.

Los vilatges a llur vora
semblen ramats de moltons

6 Es repeteixen?

Saps en què consisteix un paral·lelisme? Indica en quins versos n'hi ha:

paral·lelisme: repetició, de manera parcial o completa, d'un mot o d'un grup de mots, d'una estructura sintàctica, etc., en dues o més frases, versos o estrofes successius.

◯ Té en son cel aucells i àngels,
en son camp verges i flors,
en sos aplecs l'alegria,
en ses famílies l'amor;

◯ Per veure bé Catalunya,
Jaume I d'Aragó
puja al cim de Sant Jeroni
a l'hora en què hi surt lo sol;

◯ Les ones besen ses plantes,
l'estrella besa son front,
sota un cel d'ales immenses
que és son real pavelló.

◯ Té el Pirineu per redós,
per coixí verdosos boscos,
per catifa prats de flors
per on juguen i s'escorren
rieretes i rierons.

7 En poques paraules!

Ho has entès? Explica breument el significat del fragment del poema.

8 Els Jocs Florals

Busca informació sobre els Jocs Florals i contesta:

a. Quin any es van celebrar els primers Jocs Florals? On es van celebrar?

b. Quins eren els tres premis que s'atorgaven en els Jocs Florals de Barcelona reinstaurats el 1859? A quin tipus de poesia es concedia cada un?

c. Quin any es va interrompre la celebració dels Jocs? Per quin motiu?

d. Quin any es van tornar a celebrar els Jocs Florals de Barcelona?

En línia

El teatre del segle XIX

"No muntis un drama!" "Això és una tragèdia!" Et sonen aquestes expressions? Tenen el seu origen en el teatre. Ho sabies?

El teatre romàntic

A Catalunya, les primeres obres de teatre romàntic van ser escrites en castellà. No va ser fins a la segona meitat del segle XIX que hi va haver una gran proliferació de teatre romàntic en català.

Les formes més destacades d'aquesta època van ser el **sainet** i el **drama romàntic**. El sainet és una peça teatral de curta durada, que presenta situacions senzilles, còmiques i d'actualitat per mitjà de personatges arquetípics, amb la finalitat de divertir els espectadors i de transmetre'ls unes idees polítiques.

D'aquesta època destaca la figura de Víctor Balaguer (1824-1901), conreador del drama i la tragèdia històrica.

Recordes quines eren les característiques del drama?

Què és un sainet?

Frederic Soler (1839-1895)

Frederic Soler, poeta i autor teatral, conegut amb el pseudònim de **Serafí Pitarra**, va ser l'iniciador del teatre català modern i va fer una aportació decisiva en l'evolució d'aquest gènere a Catalunya en la segona part del segle XIX. Va fundar uns tallers de teatre (La Gata) on es van representar unes peces conegudes amb el nom de **gatades**. Eren paròdies dels drames romàntics que tenien un cert èxit o bé ridiculitzacions de fets contemporanis.

Obres de Frederic Soler

Frederic Soler va conrear aquests tipus d'obres, principalment:

Gatades

- Paròdies de drames romàntics:
  - *L'esquella de la torratxa* (1864)
  - *El castell dels Tres Dragons* (1865)
- Ridiculitzacions de fets contemporanis:
  - *La botifarra de la llibertat* (1860), que tracta el tema de la guerra d'Àfrica

Drames romàntics

- Obres de gran acceptació entre el públic burgès i menestral:
  - *Les joies de la Roser* (1865)

Drames històrics

- Obres de gran popularitat:
  - *O rei o res* (1866), sobre la tragèdia de Jaume d'Urgell
  - *El ferrer de tall* (1874)
  - *Batalla de reines* (1887)

Drames rurals

- Gènere en el qual va fer una aportació més personal.
- Obres en què barreja hàbilment les pinzellades còmiques amb els apunts melodramàtics i l'exaltació dels valors de la catalanitat:
  - *La dida* (1872)
  - *El didot* (1876)
  - *Senyora i majora* (1877)
  - *L'hereuet* (1886)

On creus que estan ambientats els drames rurals?

A partir de la dècada dels anys vuitanta, Soler es va sentir seriosament inquietat per la creixent i renovadora obra d'Àngel Guimerà.

Amb quin pseudònim va ser conegut Frederic Soler?

Què eren les **gatades** de Frederic Soler?
En recordes algun títol?

Àngel Guimerà (1845-1924)

Vídeo

Àngel Guimerà es va donar a conèixer en els Jocs Florals com a poeta abans de dedicar-se plenament al teatre. La seva producció poètica tenia un caràcter argumental, narratiu i estava dedicada a explicar històries en un to combatiu i patriòtic.

Ja de més gran, als trenta-quatre anys, va començar a escriure teatre, gènere en el qual va destacar.

Quina de les obres de Guimerà et sona més: *Mar i cel, Terra baixa, En Pólvora* o *Maria Rosa*?

El teatre d'Àngel Guimerà

Àngel Guimerà va començar a escriure teatre quan ja era un poeta famós. El 1879 va inaugurar la seva carrera plena d'èxits com a dramaturg amb *Gal·la Placídia*, que era una tragèdia romàntica d'ambient medieval i escrita en vers.

A partir del 1890, Guimerà va iniciar la seva etapa de plenitud, va abandonar progressivament el vers i va adoptar la prosa i les noves tècniques realistes. Combinava magistralment l'impuls tràgic de les històries amb l'emmarcament realista de temes de rabiosa actualitat. Per exemple, en l'obra *En Pólvora* (1893) tracta la violència obrera i en *La festa del blat* (1896), les tensions anarquistes. Guimerà creia, com el filòsof francès Jean-Jacques Rousseau, que l'home neix bo i és la societat la que el malmet, i va denunciar la violència i l'esclavitud del treball i va predicar unes solucions basades en la bondat i l'harmonia social.

El desig d'aconseguir una societat més justa apareix íntimament lligat a la realització de l'individu en els drames més tensos i més aconseguits de Guimerà, que són els que li han donat més popularitat: *Maria Rosa* (1894), *Terra baixa* (1897) i *La filla del mar* (1900). Tots tres plantegen un problema de possessió amorosa, que arriba, progressivament, a una situació límit que provoca el desenllaç: la possessió de la dona per un dels homes que la desitgen en *Maria Rosa* i *Terra baixa* i la possessió de l'home en *La filla del mar*.

La seva carrera va culminar el 1888 amb l'obra *Mar i cel*, ambientada en un entorn de corsaris. L'obra va obtenir un èxit sense precedents.

Fixa't en les característiques d'algunes de les seves obres:

Terra baixa

Terra baixa comença amb l'arribada d'en Manelic, el pastor que viu feliç a la muntanya amb el seu ramat, per casar-se amb la Marta. Ella és l'amant d'en Sebastià, el propietari de totes les terres de la contrada. El casament és una maniobra d'en Sebastià: està endeutat i necessita casar-se amb una pubilla rica, però vol continuar tenint la Marta a prop i poder-ne disposar. La Marta es casa forçada, però acaba estimant en Manelic, que descobreix l'engany del seu casament i la tirania d'en Sebastià. La Marta i en Manelic decideixen tornar a la muntanya, la terra alta, però quan en Sebastià els ho vol impedir hi ha una baralla entre tots dos i en Manelic mata en Sebastià.

Mar i cel

Mar i cel és una de les grans obres de Guimerà. Narra l'amor impossible d'una cristiana captiva, la Blanca, i el pirata morisc que l'ha captivat, Saïd, després que els moriscos fossin expulsats el 1609 pel rei espanyol Felip III. Tot i les dificultats opten per seguir la seva passió, costi el que costi.

Aquesta obra va ser representada per la companyia de teatre Dagoll Dagom a Barcelona.

Versió de *Mar i cel* representada per la companyia de teatre Dagoll Dagom.

Quines obres de teatre van donar més popularitat a Guimerà en la seva època?

Què té de romàntica, l'obra de Guimerà?

Àudio

Frederic Soler

Una de les tradicions més populars del cicle nadalenc són les representacions d'*Els pastorets*, que se celebren per tot Catalunya. Any rere any, companyies de teatre professional i moltíssimes entitats i companyies amateurs i d'aficionats escenifiquen el naixement de Jesús amb una història divertida que comporta la lluita entre el bé i el mal, protagonitzada per pastorets i dimonis.

Frederic Soler va escriure la seva versió d'*Els pastorets*, titulada *El bressol de Jesús (o En Garrofa i en Pallanga)*, publicada l'any 1901, a la qual pertany aquest fragment.

El bressol de Jesús (o En Garrofa i en Pallanga)

Bosc llarg. Casa a la dreta. PALLANGA, JESSÈ, ARAM, BETZABÉ, RAQUEL, ABIAS, LEVÍ, *i* PASTORS *i aviat* GARROFA. *Al mig de l'escena una gran caldera, per la qual eixirà* GARROFA, *envoltada de llenya i foc; els* PASTORS *hi fan rodona.*

PALLANGA: Remena el brou. Jo aquí estic
trencant garrofes per l'ase;
abans que tornem a casa,
pobret!, vull que mengi un xic.
Remena, et dic.

ABIAS: Bé ho faig prou.

ARAM: Però, la bèstia ha parlat?

PALLANGA: Home, sí; ja ho he explicat:
no siguis tan cap de bou.

LEVÍ: I bé, quina veu feia?

PALLANGA: Prima com la d'un flautí.

BETZABÉ: I era verda?

PALLANGA: Verda, sí...,
tota la pell li lluïa.

ARAM: Que duia ales?

PALLANGA: No ho sé pas.

BETZABÉ: I era molt grossa?

PALLANGA: En extrem;
a més, quan feia un "etxem",
treia un raig de foc pel nas.

ARAM: Heus aquí un cas que és ben nou
i no es veu cada setmana.

ABIAS: I què t'ha dit?

PALLANGA: Noi, tinc gana...
ja veuràs, remena el brou.

GARROFA: (*Dins.*) Favor! socors!

JESSÈ: Aquest crit!...

PALLANGA: És en Garrofa que crida.

GARROFA: (*Dins.*) Veniu, veniu, de seguida!

ARAM: És la veu del teu marit.

GARROFA: (*Dins.*) Socors!

ABIAS: És aquí, escolteu,
surt de dins de la caldera?

ARAM: No pot ser! Quina fal·lera!

ABIAS: D'aquí dintre surt la veu!

ARAM: Oi! Tens raó; és veritat.
Vet-me aquí un altre embull.

PALLANGA: Home, això és que arrenca el bull.

GARROFA: (*Dins.*) Favor a l'autoritat.

(*Els* PASTORS *corren i treuen en* GARROFA *de dins de la caldera; aquest n'eixirà amb cua i banyes.*)

1 ●●● Cert o fals?
Aquestes afirmacions són certes o falses? Indica-ho en cada cas:

a. En Pallanga mana que donin menjar a l'ase.
b. Abias remena la sopa.
c. Els altres pastors pregunten a en Pallanga per l'ase.
d. Aram demana socors.
e. En Garrofa és dins la caldera.

2 ●●● Com és la bèstia?
Llegeix amb atenció les preguntes que els pastors fan a en Pallanga. Quina mena de bèstia s'imaginen? Explica-ho.

3 ●●● En qui s'ha transformat?
En quin personatge característic d'*Els pastorets* s'ha transformat en Garrofa? Què en saps, d'aquest personatge?

4 ●●● Endevina-ho!
Quines paraules o expressions corresponen a cada una d'aquestes definicions? Endevina-ho i completa les paraules:

1. Embolic, cosa complicada i difícil de posar en clar o de sortir-ne. ▸ _ _ _ _ L _
2. Desig intens per alguna cosa. ▸ _ _ L·_ _ _ _
3. Una mica, un poc. Un... ▸ _ _ _
4. Començar a bullir, arrencar el... ▸ _ U _ _
5. Instrument de vent idèntic a la flauta, però de dimensions més reduïdes i que sona una octava més alt. ▸ _ _ A _ _ _
6. Fruit del garrofer. ▸ _ _ R _ _ _ _
7. Ser un beneit. Ser un cap de... ▸ _ O _
8. Aparèixer lluminós, reflectir la llum. ▸ _ _ _ _ R

5 ●●● Quantes síl·labes tenen?
Fes el recompte sil·làbic dels versos del text i digues quantes síl·labes tenen i com s'anomenen aquests versos.

6 ●●● T'hi has fixat?
Indica quina és l'opció correcta:

L'escena està escrita en to...

○ ...alegre. ○ ...dramàtic.
○ ...tràgic. ○ ...irònic.

L'onomatopeia etxem representa el so...

○ ...d'una caiguda. ○ ...d'un animal.
○ ...d'un esternut. ○ ...d'un badall.

7 ●●● Investiga!
Fixa't en els noms que tenen els pastors i investiga de quina llengua provenen:

Abias Aram Betzabé

Ara, resol les qüestions següents:

a. Amb quin fet bíblic té relació la història d'*Els pastorets*?
b. A quina ciutat va néixer Jesús?
c. Per què creus que l'autor de l'obra va posar aquests noms als pastors?

8 ●●● Actors i actrius
Representeu a classe aquest fragment d'*Els pastorets* entre tots els companys i companyes. Per fer-ho, seguiu els passos següents:

1. Escolliu el personatge que voleu representar cadascú.
2. Feu una lectura individual del text sencer.
3. Feu diverses lectures col·lectives del text. Cadascú ha de llegir el personatge que representarà.
4. Apreneu-vos de memòria el text del vostre personatge.
5. Assageu conjuntament el fragment sencer.

En línia

Àudio

Àngel Guimerà

Àngel Guimerà va néixer a Santa Cruz de Tenerife, les Canàries, i es va establir al Vendrell quan tenia vuit anys. Més tard, la seva família es va traslladar a viure a Barcelona.

Terra baixa

MARTA: Sebastià: no em casis amb aquest home. Jo t'ho demano... per l'ànima...

SEBASTIÀ: Deixa estar els morts, dona! I... veiam: que et fa fàstic, el Manelic?

MARTA: Sí! Molt!... Com vols que t'ho diga?!

SEBASTIÀ: Sí, eh? Doncs això és el que jo vui. I no t'ho penses pas l'alegria que em dones! Tu et penses que si t'agradés jo t'hi faria casar, amb aquest home? Encara que em costés la hisenda i la vida no t'hi casaries!

MARTA: Verge Santíssima! Em sembla mentida que s'hagi trobat un home prou rebaixat, que, sent jo com soc, i ell sabent-ho, em vulga encara, el poca-vergonya!

SEBASTIÀ (*satisfet de l'antipatia d'ella pel* MANELIC): Pst! És clar que es troben.

MARTA (*plorant*): Jo era una criatura quan te vaig conèixer. I no he sigut lo que he sigut per interès, que prou que ho saps tu! A mi tu no em vas comprar, i an ell lo compres. A quin preu, no ho sé; mes sé que el compres.

SEBASTIÀ: Si no li dono res, dona. Ja està content de que el deixi viure aquí a sopluig tota la vida. Però tu no et donguis per entesa de res amb ell, que el xicot farà com si no en sapigués res de tot això, m'entens?... (*Rialla a dintre dels que estan amb* MANELIC.)

MARTA (*fugint de la banda a on han rigut*): Jo me n'aniré d'aquí abans de casar-m'hi!

SEBASTIÀ (*rient*): Bo!

MARTA: No, no me n'aniré; que em tiraré per la resclosa; que jo em vui morir abans de que aquest home...!

SEBASTIÀ (*enèrgic i rabiós*): No te n'aniràs, ni t'hi tiraràs, a la resclosa! Em sents, Marta? Em sents? (*Agafant-la pel braç.*)

MARTA: Me fas por, Sebastià! Deixa'm!

SEBASTIÀ: Parlem clar, Marta. No t'he dit jo sempre que t'estimava a tu més que a tot lo del món, i que t'estimaria sempre, sempre? (*Rialles a dintre que repugnen an ella.*) I que no et deixaria mai a tu, perquè, encara que volgués, no podria deixar-te? Respon-me!

MARTA: No ho sé! Sí, sí!

SEBASTIÀ: Escolta, escolta. ¿No saps tu de cert, ben de cert, que si no entren diners a la casa les tinc totes perdudes, les hisendes? ¿No t'he dit cent vegades que no me la daran, la pubilla Sala, que no es pensin que tu i jo ja no som res, Marta? ¿Que no ho saps, que l'oncle del mas Riutort m'ha desheretat per tu, i que si ara tu et cases tot s'arreglarà i podré treure les hipoteques i els embargs que hi ha sobre els masos i les terres? (*Ella amb lo cap baix.*) I, mira't: si jo no et portés tanta de voluntat, si no em tinguessis tan... teu, Marta, et diria: ves-te'n, no tornis més; casa't lluny, i enganya a un altre que t'estimi. Mes jo no ho vui, no, que ets meva, tota meva. I sempre, sempre seràs meva, que jo no et deixo. Marta, que ni que em mori et deixo!

MARTA: Em fas mal! Aparta't. (*Fugint cap a la banda del* MANELIC.) M'has fet mal i... m'espantes!

1 ●●● **Què va primer?**

En quin ordre tenen lloc aquestes accions? Ordena-les i, després, fes un resum del fragment:

a. La Marta es pensa que en Sebastià ha comprat en Manelic perquè es casi amb ella.

b. Aquesta és la voluntat d'en Sebastià: ha triat l'home que ella mai no estimaria.

c. Si la Marta es casa amb en Manelic, en Sebastià es podrà casar amb la pubilla rica perquè la gent ja no pensarà que entre ells hi ha una relació amorosa.

d. La Marta no es vol casar amb en Manelic, li fa fàstic.

e. En Sebastià enganya la Marta i li fa entendre que en Manelic sap que el casament és un acord entre l'amo i el pastor.

2 ●●● **Com són?**

Completa una taula amb les actituds, la voluntat, els sentiments o les accions de la Marta i en Sebastià:

MARTA	SEBASTIÀ
No es vol casar.	Fa ús de la força.

3 ●●● **Què vol en Sebastià?**

Com expressa en Sebastià la seva voluntat de tenir la Marta sotmesa? Busca les paraules en el text i copia-les.

4 ●●● **Riu que riu...**

Fixa't en les acotacions que es refereixen a les rialles i contesta:

a. Qui parla cada vegada que les acotacions indiquen rialles?

b. Quines afirmacions fa ell cada vegada que hi ha aquestes acotacions?

c. Quina et sembla que és la funció d'aquestes rialles?

5 ●●● **Com s'escriuen?**

T'has fixat en els elements gràfics que s'utilitzen en el text teatral? Posa un exemple de cada:

- nom del personatge que parla
- acotació de sentiment
- acotació d'actitud
- acotació de moviment, gestual
- acotació d'ambient de l'escenari

6 ●●● **Com podem ser expressius?**

Com es representa l'expressivitat del llenguatge oral en el text? Busca exemples dels signes de puntuació o dels recursos que es fan servir:

- punts suspensius
- frases inacabades
- signes d'admiració
- dos punts

7 ●●● **Paraules poc freqüents!**

Quines paraules del text no trobaries en un text actual? Copia-les.

8 ●●● **Què en penses, de l'amor?**

Fixa't que en aquest fragment queda molt clara la relació d'amor que hi ha entre la Marta i en Sebastià. I tu, com penses que ha de ser una relació d'amor entre dues persones? Explica-ho i opina sobre com creus que han de ser els aspectes següents en una relació amorosa:

- comprensió, confiança, comunicació
- por, desconfiança, rebuig
- submissió, caràcter dominant

Reflexionem sobre la llengua

La sinonímia i l'antonímia

Guanyar la copa de campions o el trofeu de campions vol dir el mateix. Però, compte!, això no vol dir que les paraules copa i trofeu es puguin intercanviar en tots els contextos. O és que per ventura en un restaurant pots demanar que et treguin els trofeus, que no beuràs vi?

La sinonímia

Les paraules d'una llengua no es presenten aïllades, sinó que mantenen relacions de significat entre si. La **sinonímia** és la relació que s'estableix entre mots diferents però que comparteixen un mateix significat, com, per exemple, *arena* i *sorra*. Així, es poden intercanviar en un context determinat sense alterar-ne el sentit.

Hi ha dos tipus de sinònims:

- Els **sinònims totals**: signifiquen exactament el mateix. En són exemples *gat* i *moix*. Sovint es diuen en diferents parts del territori.
- Els **sinònims parcials**: només comparteixen algun dels significats entre totes dues paraules i, per tant, només es poden intercanviar en contextos determinats: *crisma* i *closca*.

L'ús de sinònims en un text ens permet evitar repeticions. Ara bé, no tots són igualment vàlids en tots els contextos. En la tria del sinònim més adequat hi influeixen dos factors:

- El **registre lingüístic**. Per exemple: culte: *irritar-se*; estàndard: *enfadar-se*; col·loquial: *emprenyar-se*.
- L'**àmbit geogràfic** de qui parla o escriu. Per exemple: català central: *nen*, *nena*; balear: *nin*, *nina*, *infant*; nord-occidental i valencià: *xiquet*, *xiqueta*.

Una altra qüestió que cal tenir en compte és que hi ha mots que poden semblar sinònims però en realitat no ho són. Són els anomenats **falsos sinònims**. La relació de significat equivocada que tenen es deu a la semblança d'un dels mots amb un mot d'una altra llengua:

civada (català) i *cebada* (castellà)

sensible (català) i *sensible* (anglès)

per tant (català) i *pourtant* (francès)

L'antonímia

L'**antonímia** és la relació que s'estableix entre paraules que tenen significats oposats o contraris. Els antònims poden ser de tres tipus:

COMPLEMENTARIS	El significat d'un dels mots s'oposa totalment al de l'altre, sense graus intermedis. No existeixen terceres possibilitats.	*mort* ▸ *viu* *senar* ▸ *parell*
GRADUALS	Els dos mots s'oposen, però entre aquests hi ha graus intermedis.	*alt* ▸ *baix* *fred* ▸ *calent*
INVERSOS	Designen una mateixa realitat però contemplada des de punts de vista diferents. Un implica l'altre.	*pare* ▸ *fill* *comprar* ▸ *vendre*

1 ●●● Quin no és un sinònim?

Quin mot no és sinònim dels altres? Identifica l'intrús en cada sèrie:

a. valent • decidit • vacil·lant • atrevit

b. enuig • ambició • disgust • desgrat

c. elaborar • confeccionar • assabentar • fer

d. aprovat • apte • reeixit • aproximat

e. desafiar • provocar • intimidar • alarmar

f. encantat • entusiasmat • aturat • embadalit

2 ●●● Signifiquen el mateix?

De quin mot són sinònims, de portar, de donar o de anar? Classifica'ls:

comparèixer · lliurar · carregar · acudir · dar · dur · traslladar · remetre · transportar · atorgar · assistir · encaminar-se

3 ●●● De quin tipus són?

Quin tipus d'antonímia presenta cadascuna d'aquestes parelles de mots? Indica-ho:

ample / estret · emissor / receptor · àvia / net · gran / petit · entrar / sortir · home / dona

4 ●●● Sinònims parcials o totals?

Quins d'aquests mots són sinònims? Relaciona'ls:

mirall	moix
menjar	mitjons
alt	passejar
gat	elevat
caminar	espill
calcetins	cobrar
guanyar	devorar

Ara, classifica'ls segons si són sinònims totals o parcials.

5 ●●● Falsos sinònims

Quina paraula hi va bé? Tria l'opció adequada en cada cas. Fes-ho amb l'ajut del diccionari:

a. Et ve de gust **provar** / **tastar** la sopa?

b. La princesa d'Astúries pertany a la família **reial** / **real**.

c. S'ha pres el granissat **xuclant** / **xupant** amb una palleta.

d. No sé on viu: no tinc la seva **direcció** / **adreça**.

Ara, argumenta en cada cas la tria que has fet.

6 ●●● Quin és l'antònim?

Quin és l'antònim de cadascuna d'aquestes paraules? Forma'l fent servir els prefixos següents:

a- · anti- · contra- · des- · dis- · in- (im-, il-, ir-)

real · dir · culpa · ordre · madur · conegut · natural · respirable · atacar · continu · vencible · polític · democràtic · lligar · humà · heroi · normalitat

7 ●●● COMPAREM LLENGÜES!

Com traduiríeu aquestes oracions al català? Compte amb els falsos sinònims!

a. En esta libreta apunto todas las citas que me gustan de los libros que leo.

b. Un gran número de personas han ido a la manifestación.

c. A las ocho de la mañana siempre hay mucho tráfico en esta calle.

d. ¿Cuál es la dirección de la nueva oficina?

e. Está contento porque su nuevo negocio es muy rentable.

f. Todo el mundo sabe que Beethoven compuso bellas sinfonías.

Posa't a prova

Prova de competències

Sebastià (*que ha retrocedit*): Tu aquí? Per on has entrat?

Manelic: Per on entraves tu! Per la teva porta d'amo i de lladre! Doncs què et pensaves? T'he espiat i t'he seguit. Arrossegant-me he arribat a la paret i m'hi he arrapat amb els dits i amb les ungles!... Ja soc aquí!... I ja estem sols! I ja estem cara a cara!

Sebastià: Ves-te'n, o si no...!

Manelic (*rient*): Que me'n vagi! Se creu que encara em mana a mi, al que ho aguanta tot! Això es pensa, això, Marta! Doncs no; que ja tot s'ha trasmudat aquí dintre, que ara el qui mana soc jo. I ara ho veuràs si soc l'amo!

Sebastià: L'amo, tu? Espera't, doncs! (*Intentant anar a obrir la porta.*)

Marta (*comprenent-ho*): Manelic!

Manelic (*corrent a la porta*): No t'escapes! Covard! T'he dit que sols jo i tu! Que vinc per ella, que és meva. I que vinc per tu; com que vinc a matar-te!

Sebastià: A mi!... Tu a mi?

Manelic: A tu! A tu!

Sebastià: És que jo també sé matar homes!

Manelic: I jo llops! Aquí la tens, a la Marta! No la volies? Aquí la tens! A endur-se-la el qui puga, que amb sang se guanya! (*Traient-se un ganivet.*)

Sebastià: Ah, covard, que vens armat!

Manelic: Del cor més... més que tu; del braç no, ni em cal, que l'arma em sobra. (*Llençant-la a terra.*) Té; mira-la.

Marta (*corrent al* Manelic): Què fas!

Manelic (*apartant-la*): Aparta't! I ara ja estem iguals. Què esperes?

Sebastià: Doncs t'has perdut, que et mataré!... (*Corrent a agafar el ganivet que és a terra.*)

Marta: Ah!

Manelic (*posant-hi el peu a sobre*): No, això no! Au, corre, agafa'l ara!

Sebastià (*retrocedint*): Maleït sia jo!

Manelic: No hi has sigut a temps! (*Riu feréstec.*) Doncs ara tot s'ha acabat per tu! (*Tirant-se a sobre del* Sebastià.) A morir ara!

[...]

Manelic: Aquí el tens... a l'amo! (*Pausa. Corre després a obrir la porta.*) Tothom aquí! Veniu! Tothom aquí!

[...]

Marta: Sí, sí! Anem's-en, anem's-en!...

Manelic (*emportant-se-la a braços*): Lluny de la terra baixa! (*Perquè li obrin pas.*) Fora tothom! Aparteu's-e! He mort el llop! He mort el llop! He mort el llop! (*Ho va repetint cridant mentre s'allunya.*)

Àngel Guimerà

1 Resol a partir del text:

- **A quina obra d'Àngel Guimerà correspon aquest fragment?**

  ○ *La filla del mar.*
  ○ *Maria Rosa.*
  ○ *Terra baixa.*
  ○ *Mar i cel.*

- **Completa aquest text per explicar l'argument d'aquesta obra:**

  En Sebastià és un terratinent que manté una relació amorosa amb la Marta, però té problemes econòmics i decideix...

- **Vertader o fals? Respon:**

  a. L'autor mostra el desig d'evasió en el temps situant els personatges a l'edat mitjana.
  b. L'obra a la qual pertany aquest fragment és un sainet.
  c. La causa del conflicte entre els personatges és un problema de possessió amorosa.
  d. L'obra pertany a l'època de plenitud de Guimerà, quan abandona el vers i aplica tècniques realistes.

- **Quina figura retòrica utilitza l'autor quan en Manelic diu "He mort el llop!"?**

2 Quin dels sinònims que es proposen per a les paraules en negreta és el més adequat en aquest context?

*Per la teva porta d'**amo** i de lladre!*

○ burgès
○ posseïdor
○ propietari
○ tenidor

*I ja estem **cara a cara**!*

○ davant dels nassos
○ l'un davant de l'altre
○ sense embuts
○ acarats

Escriu un antònim per a cadascuna d'aquestes paraules de la lectura i indica de quin tipus és (complementari, gradual o invers):

tothom	morir	mana
rient	covard	entraves

3 Escriu un text breu sobre la Renaixença: Què és? Què va suposar en l'àmbit cultural? Quin paper hi van tenir autors com Jacint Verdaguer o Àngel Guimerà? Per què van ser importants els Jocs Florals?

Amb 150 paraules en tindràs prou!

En línia

Què en sabem, ara?

Ja has descobert que no només es pot ser romàntic si estàs enamorat. Una atmosfera boirosa, un cementiri, l'exaltació de la pàtria... tot això també ho pot ser, de romàntic!

Superresposta

Jacint Verdaguer... un prevere romàntic?

Prepareu la resposta en grup. Feu una presentació que tingui en compte els aspectes següents:

- Quins són els valors de la Renaixença?
- Què té de romàntica, l'obra de Guimerà?

Escriu un text d'unes 100 a 150 paraules amb una resposta raonada.

Valora't

Ja has arribat al final. És el moment d'aturar-se i reflexionar. Què contestaries a cada una d'aquestes preguntes?

Què has après? | Com ho has après? | Com podries millorar? | Per a què et pot servir?

Valoració en línia

Què t'ha semblat la seqüència 13?

SEQÜÈNCIA 14

Ciutadans o consumidors?

En publicitat tot s'hi val?

Activa't 230

Connectem

Què en sabem?

Avança 232

La publicitat

Escrivim

Parlem

Reflexionem sobre la llengua
La hiperonímia i la hiponímia

Avalua't 240

Posa't a prova

Què en sabem, ara?

Valora't

Connectem

"Que parlin de mi, encara que sigui malament, però que en parlin!" Et sona aquesta frase? La va dir ni més ni menys que el cèlebre Don Quixot al seu inseparable company, Sancho Panza. Es tracta d'una afirmació que ha transcendit de la literatura i actualment és una de les màximes més utilitzades en el món publicitari. Tot s'hi val per donar a conèixer una campanya, una marca o un producte? Cal posar límits a la publicitat?

Superpregunta

En què consisteix la publicitat responsable?

Què en sabem?

Ets capaç de respondre ara mateix la superpregunta? Segurament et falten algunes dades, però en saps més del que et sembla. Vols comprovar-ho?

- Vius envoltat de publicitat; te n'adones? Per exemple, repassa el teu dia i digues anuncis publicitaris que has pogut veure, llegir o sentir. Compara la teva resposta amb la dels companys i companyes.
- Quins eslògans de marques recordes? Per què creus que alguns són més fàcils de recordar que d'altres?
- Creus que la publicitat afecta els teus hàbits de compra? Com? Explica-ho.
- Quins tipus d'anuncis t'agraden més i quins no suportes? Justifica la resposta.
- És real tot el que publicita un anunci? Raona la resposta.
- Has creat mai un anunci? De què? Va funcionar?

Te n'adones? Amb tot el que ja saps i amb el treball d'aquesta seqüència aconseguiràs resoldre la superpregunta. Endavant!

Es calcula que, de mitjana diària, una persona amb accés a internet rep un impacte publicitari cada 10 segons. Mires amb ull crític la publicitat que reps diàriament? Saps detectar la publicitat encoberta o enganyosa? O t'empasses els anuncis com si res? Comprovem-ho!

Quin tipus de publicitat creieu que us condiciona més a l'hora de comprar un producte?

Els missatges publicitaris

Cada dia rebem molts missatges publicitaris, ja sigui per incitar-nos a consumir uns determinats productes o serveis o per fer-nos adoptar nous comportaments i hàbits. Aquests missatges es difonen principalment a través dels mitjans de comunicació de massa, és a dir, la ràdio, la televisió, la premsa i els mitjans digitals. Segons el canal pel qual es transmeten, poden adoptar formats diferents: hi ha anuncis textuals, gràfics, d'àudio, visuals... i en molts casos es combinen totes aquestes opcions!

Hi ha molts tipus de missatges publicitaris, però generalment combinen tres finalitats:

- **Finalitat comercial**: persegueix l'objectiu que els receptors comprin un determinat producte o servei.
- **Finalitat informativa**: es facilita informació sobre les característiques del producte o servei que es publicita.
- **Finalitat conscienciadora**: es transmeten valors i motivacions per generar un canvi d'hàbits o de comportaments en els receptors. Podem detectar aquesta finalitat en campanyes de publicitat institucionals.

Els elements del missatge publicitari

En tots els missatges publicitaris hi intervenen els elements següents:

CANAL	EMISSOR
És el mitjà a través del qual es transmeten els missatges.	Es tracta del subjecte que produeix i envia un missatge.
RECEPTOR	
Fa referència al subjecte que rep i interpreta els missatges. En l'àmbit publicitari sovint es fa servir el terme **públic objectiu** o, en anglès, *target*, per referir-se al grup de població a qui es vol adreçar una campanya publicitària.	
CODI	MISSATGE
És el sistema de signes i regles de comunicació que permeten produir i interpretar un missatge. Cada llenguatge té el seu propi codi.	És el contingut que envia l'emissor a través d'un determinat canal i que arriba al receptor.

El llenguatge publicitari

La publicitat funciona amb un llenguatge propi que persegueix un doble objectiu: captar l'atenció del receptor i convence'l per consumir el producte o la marca anunciats.

Per aconseguir-ho, els missatges publicitaris acostumen a reunir les característiques següents:

TO CONNOTATIU	SIMPLICITAT
En els missatges publicitaris hi predomina l'emoció per sobre de la raó, al contrari que en altres textos, com ara els argumentatius.	Els missatges publicitaris tendeixen a expressar una única idea de manera simple, clara i directa.
CREATIVITAT	**SÍNTESI**
Per destacar per sobre de tots els missatges que rebem diàriament, la publicitat busca maneres d'expressar les idees de la forma més innovadora i atractiva possible, combinant recursos lingüístics i visuals.	El temps i l'espai que els mitjans de comunicació dediquen als missatges publicitaris són reduïts, i per això els anuncis i les campanyes publicitàries han de seguir un format que s'ajusti a aquestes limitacions.

A l'hora de crear un anunci o una campanya publicitària, hi ha molts **recursos**, tant de caràcter textual com visual.

Recursos verbals

La part verbal dels missatges publicitaris consisteix en tots els textos que es fan servir en una campanya de publicitat. Poden presentar-se en format oral o escrit, segons si es treballa amb un suport audiovisual o gràfic.

S'acostuma a utilitzar un llenguatge estàndard, tot i que es poden incloure estrangerismes, cultismes o col·loquialismes segons les necessitats expressives de l'anunci. Es fan servir:

- **Verbs en imperatiu** (*compra ara*, *aconsegueix un descompte*, *fes esport*).
- **Oracions simples**, amb una **sintaxi senzilla**.
- **Recursos literaris** per potenciar la creativitat. Per exemple, onomatopeies, metàfores, comparacions, personificacions o interrogacions retòriques.

Tot i que no sempre se segueix una estructura definida, en la publicitat els textos consten d'aquestes parts:

1. **Titular:** És el text que apareix més gran i destacat, que planteja la idea principal de l'anunci.
2. **Cos del text:** S'hi desenvolupa la idea que planteja el titular.
3. **Eslògan:** És una frase curta i cridanera, fàcil de recordar, que resumeix els beneficis o els valors del producte que es vol promocionar.
4. **Marca:** És el signe d'identitat de l'empresa o producte i es pot representar a través del logotip, que combina elements textuals i gràfics.

Recursos no verbals

Els missatges publicitaris són una gran hibridació, és a dir, una combinació de recursos i llenguatges. Per això les campanyes publicitàries es creen en equip, amb persones que s'encarreguen dels diferents **elements visuals**: il·lustradors, fotògrafs, dissenyadors gràfics, tipògrafs...

Els **elements sonors** també són molt rellevants. La música és un element molt important: reforça la part emocional dels anuncis i complementa la imatge i el text.

Publicitat a les xarxes socials

Les marques i les organitzacions cada vegada confien més a promocionar els seus productes i serveis per internet, i hi ha diverses maneres de fer-ho:

- Enviar campanyes per correu electrònic.
- Invertir en cercadors per sortir entre les primeres opcions de cerca.
- Posar bàners en línia en pàgines web.
- Crear campanyes en xarxes socials en col·laboració amb els anomenats influencers.

Com podem identificar el contingut publicitari a internet?

La publicitat

1 ●●○ **Què et transmeten?**

Què us transmeten els logotips següents? Comenteu-ho per parelles. Fixeu-vos en els colors, les formes (més arrodonides o angulars) i els elements:

- ○ sostenibilitat
- ○ energia
- ○ artesania
- ○ diversió
- ○ elegància
- ○ tradició
- ○ velocitat
- ○ comunitat
- ○ creativitat

2 ●●○ **Quines són certes?**

Quines característiques del llenguatge publicitari tenen? Llegeix els eslògans i tria les opcions correctes:

"Destapa la felicitat" (Coca-Cola)

"T'agrada conduir?" (BMW)

"Pensa diferent" (Apple)

"El cotó no enganya" (Tenn)

"Truca" (La Marató de TV3)

"Quan fas pop, ja no hi ha stop" (Pringles)

"Benvingut a la república independent de casa meva" (IKEA)

"Dona corda al català" (Política Lingüística)

- ○ Són frases molt curtes i senzilles.
- ○ Alguns verbs estan en imperatiu.
- ○ Són frases subordinades molt llargues.
- ○ Són frases que fan una síntesi de les característiques físiques del producte.
- ○ El destinatari són les marques de la competència.
- ○ Es fan servir recursos literaris com ara preguntes retòriques, metàfores i personificacions.
- ○ S'utilitzen onomatopeies.
- ○ Hi ha estrangerismes.
- ○ Són frases que es dirigeixen directament al destinatari, per interpel·lar-lo i cridar la seva atenció.
- ○ Alguns verbs estan en infinitiu.
- ○ Hi ha barbarismes.

3 ●●○ **Fes de publicista!**

Per parelles, penseu en un producte del material escolar que feu servir. Després, penseu un eslògan per anunciar-lo. Feu servir una metàfora, una personificació o una pregunta retòrica.

4 ●●○ **Cert o fals?**

Les afirmacions següents són certes o falses? Indica-ho i reescriu les falses per convertir-les en certes.

a. La publicitat es basa sobretot en idees que apel·lin a la raó per atraure i convèncer els consumidors.

b. Els missatges publicitaris es difonen principalment a través dels mitjans de comunicació de massa.

c. Les campanyes de publicitat es dirigeixen a tothom, sense fer distincions.

d. El llenguatge publicitari fa servir oracions llargues i complicades, amb una sintaxi complexa, que presenten moltes idees.

e. En la creació d'una campanya publicitària hi intervenen molts professionals: redactors, fotògrafs, il·lustradors, tipògrafs i dissenyadors gràfics, entre d'altres.

f. Com que el llenguatge publicitari no és un gènere literari, no es fan servir recursos literaris.

5 ●●● Cartells publicitaris

Quina informació podem extreure d'un cartell publicitari? Fixeu-vos en aquests dos cartells i responeu a les qüestions següents:

a. Identifiqueu el titular, l'eslògan, el cos del text i la marca.

b. Quin és el públic objectiu d'aquestes campanyes?

c. Fixeu-vos en els elements gràfics dels cartells. Quins són els colors que hi predominen? Tenen coherència amb el missatge?

6 ●●○ Ni agressor, ni còmplice!

Per parelles, mireu els vídeos de la campanya "Ni agressor, ni còmplice. Atura les violències masclistes":

Vídeo

Vídeo

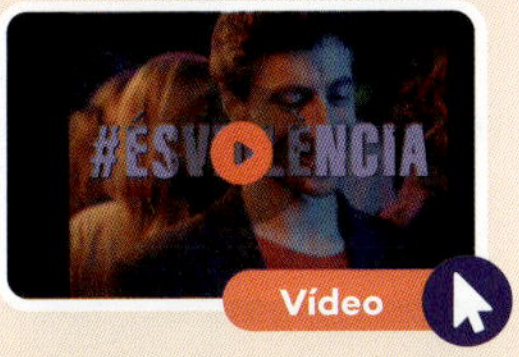
Vídeo

a. Quin és el missatge de cada vídeo?

b. Trieu un dels vídeos i dissenyeu un cartell que funcionaria per transmetre el mateix missatge.

La proposta ha d'incloure un eslògan o titular, el cos del text (informació bàsica sobre la campanya, dades de contacte, etc.), elements gràfics (il·lustració o fotografia) i un logotip.

7 ●●● Vols ser influencer?

Com fan publicitat els influencers? Mireu aquest reportatge:

Vídeo

Ara, comenteu les qüestions següents:

a. Ser influencer es pot considerar una feina?

b. Els influencers pacten amb les marques el que han de publicar. Què en penseu, d'aquesta planificació? Els usuaris s'adonen que el contingut està tan pautat?

c. En el reportatge hi intervé una professora i investigadora en publicitat, la Mònika Jiménez. Com justifica l'èxit de la publicitat que fan els influencers? Hi esteu d'acord?

d. Durant la conversa, apareix el terme marca personal. A què fa referència?

e. Com es pot regular la publicitat en línia?

f. Penseu que el contingut de les històries de Laura Escanes (minut 11.20) és publicitari?

En línia

Escrivim...

A banda de crear necessitats de consum o generar nous hàbits, la publicitat també és una eina per transmetre valors i idees. Sovint hi trobem representats estereotips i rols de gènere basats en prejudicis i idees antiquades.

Analitza

1 En grup!

- **Observeu** aquestes imatges extretes de campanyes publicitàries:

- Ara, **responeu** a les qüestions següents entre tots:
  - Quins estereotips de gènere veieu en aquestes imatges?
  - Us hi sentiu representats o representades, en alguna de les imatges?
  - Us recorden altres anuncis o campanyes publicitàries que heu vist?
  - Quins elements canviaríeu per desmuntar els estereotips que hi ha en cadascuna de les imatges? Penseu en els personatges que hi ha en les imatges, però també en els colors, la composició... Tots els elements ajuden a transmetre un significat!

i parlem

El llenguatge publicitari també es fa servir en àmbits com la política o per vendre projectes audiovisuals i aconseguir que es facin realitat.

Escriu i revisa

2 Ara us toca a vosaltres!

Per grups, trieu un tema que us preocupi i prepareu una campanya de publicitat. Haureu de presentar:

- Un cartell publicitari.
- El guió per a un anunci en vídeo d'un minut.
- Una imatge i un text breu, que funcioni com a tuit i com a peu de foto d'Instagram.

Tingueu en compte els aspectes següents:

- Penseu quin és el **missatge** que voleu transmetre i definiu quin és el vostre **públic objectiu**.
- Penseu un **eslògan** que sigui una frase curta, directa i senzilla i que sigui creativa i original.
- Repartiu-vos les tasques de **redacció** dels textos i de **disseny gràfic**.
- Penseu en cada **format** que i adapteu-vos a les característiques del **canal**.

3 Com ha quedat la campanya?

Reviseu-la i responeu sí, no o es pot millorar:

- La campanya transmet clarament el missatge?
- És adequada al seu públic objectiu?
- Heu fet servir recursos propis del llenguatge publicitari?
- Hi ha coherència entre totes les peces?
- El contingut de la campanya evita caure en estereotips o rols de gènere?

Quins rols participen en la creació d'una campanya publicitària?

En línia

Escolta

1 Saps què és un *elevator pitch*?

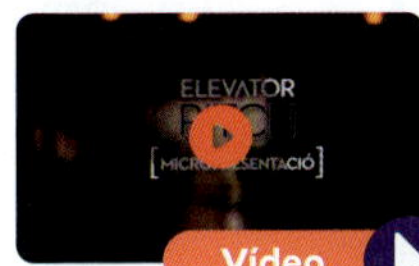

Vídeo

Ara, respon:

- Ho has entès? Explica-ho amb les teves paraules.
- En quins casos creus que pot ser útil?

Parla

2 En grup!

Trieu una sèrie de televisió o una pel·lícula. Imagineu-vos que heu de preparar una micropresentació de guió per aconseguir convèncer una productora perquè la financi.

- Penseu una trama que en resumeixi la història.
- Definiu els punts forts de l'equip que voleu destacar (actors i actrius, currículum del director o directora i altres membres de l'equip que puguin donar credibilitat al projecte).
- Penseu en un reclam original i atractiu.
- Prepareu una presentació per fer la vostra micropresentació de guió amb una diapositiva per a cada apartat (trama, justificació de la necessitat d'explicar la història, càsting i equip tècnic i reclam).

3 Exposeu la micropresentació

Cada grup haurà d'escollir el projecte que més l'ha convençut i comentar en veu alta quins elements li han agradat més.

Quina responsabilitat té la publicitat de cara a la societat?

En línia

La hiperonímia i la hiponímia

Els pares de l'Enric sempre li havien dit que quan fos gran li deixarien tenir un animal a casa, però el que no s'esperaven és que aparegués amb una piranya! I és que... com és d'important ser precisos quan parlem!

Què són la hiperonímia i la hiponímia?

La **hiperonímia** i la **hiponímia** són un tipus de relació que s'estableix entre paraules de significat general i paraules de significat específic.

L'**hiperònim** és una paraula que, com que té un significat molt ampli, n'inclou d'altres de significat més concret:

> *Cotxe* és l'hiperònim de *monovolum*, *tot terreny*, *descapotable*, *berlina*...

En canvi, l'**hipònim** és una paraula de significat concret que està inclosa en una de significat més ampli:

> *Descapotable* és un hipònim de *cotxe*.

En resum, doncs, podríem dir que els hiperònims són mots generals que podem fer servir per referir-nos a la realitat anomenada per un mot més particular.

Per això, quan parlem o escrivim un text, si volem expressar-nos amb precisió i evitar vaguetats, és preferible fer servir hipònims en lloc d'hiperònims. Com més precisos siguin els mots, més clarament arribarà al receptor el contingut del missatge. D'aquest ús de les paraules amb el seu significat exacte, en diem **precisió lèxica**.

Per exemple, podem dir l'oració següent:

> *A l'hora de **menjar** he **pres verdura** de primer, **carn** a la planxa de segon i **fruita** de postres.*

Però, si ens convé ser més precisos, també podem dir:

> *A l'hora de **dinar** he **menjat bròquil** de primer, **pollastre** a la planxa de segon i **síndria** de postres.*

Fixa't en dues coses: que les paraules *verdura*, *carn* i *fruita* són hiperònims de *bròquil*, *pollastre* i *síndria* i que la paraula *dinar* és més precisa que *menjar*, ja que ens especifica que és l'àpat que fem al migdia.

? Pensa tres hipònims per a cadascun dels hiperònims següents: ofici • arbre • metall • animal • beguda

1 Quin és l'hiperònim?

Quin és l'hiperònim de cada sèrie? Indica'l:

a. fèmur - pelvis - omòplat - peroné: O____
b. fava - cigró - llentia - pèsol: L____
c. blat - arròs - ordi - civada: C____
d. tornavís - escaire - serjant - martell: E____
e. llop - humà - elefant - balena: M____
f. pulmó - cor - fetge - ull: Ò____

2 Tenen relació?

Quin hiperònim correspon a cada un d'aquests hipònims? Relaciona'ls:

màquina • peix • seient • rèptil • bolet

rovelló • tamboret • lluç • picadora • camaleó

3 Quin és un hipònim?

Quin mot de cada parella és l'hipònim? Completa:

a. *llibres-novel·les*: Escriu ____ d'aventures.
b. *cotxe-vehicle*: Vull un ____ de segona mà.
c. *arbre-lledoner*: Jeuen sota l'ombra d'un ____.
d. *dirà-confessarà*: El lladre no ____ la veritat.
e. *habitatge-apartament*: Llogarà un ____ arran de mar.
f. *pujar-enfilar-se*: Va ____ a l'arbre per veure el niu.
g. *tamboret-seient*: Volia posar-se dret al ____ per recitar el poema que s'havia après.

Què significa que una oració té més precisió lèxica que una altra? Raona la resposta.

4 Quina relació tenen?

Com és la relació semàntica que s'estableix en cadascun del casos següents?

a. Entre dos mots antònims.
b. Entre dos mots sinònims.
c. Entre un hiperònim i un hipònim.

5 Els trobes?

Llegeix atentament aquest text i respon:

A les tres de la tarda, la temperatura és elevada i la llum és crua. Quan entro a la gran sala del mas és com si em submergís en una penombra deliciosa, en una pau somniada. Obro una mica el balcó i el vent infla, lleugerament, la cortina. Del balcó estant veig una lloca a l'era —una lloca roja, groga, negra, estarrufada sobre un munt de palla de color de plata oxidada, com un reflex de lluna. Sota el sostre de volta, la sala és buida i immensa. Les habitacions que hi donen, tancades de fa dies, tenen una mitja llum, una frescor —venint del sol— una mica humida. El rellotge de caixa camina lentament. A fora, en les acàcies immediates, se senten els pardals. La presència dels ocells sembla augmentar el silenci. El silenci sempre sorprèn. És una cosa insòlita, que té una punta de misteri. Passo una estona assegut en una cadira, perplex. El vent infla i desinfla la cortina.

Josep Pla, *El quadern gris*. Edicions Destino

a. Busca en el text els hipònims dels hiperònims estança, casa, satèl·lit, arbres, ocells i moble.
b. Se t'acudeixen més hipònims? Escriu-los.

Després de fixar-te en aquestes paraules, quina conclusió en treus? Completa:

Per parlar o escriure amb precisió lèxica és preferible fer servir ____ en lloc d'____.

6 COMPAREM LLENGÜES!

La precisió lèxica és important en totes les llengües! Traduïu les frases al castellà i comproveu-ho:

- Voldria comprar una cosa de superherois per a una persona. Em podria ajudar?
- Voldria comprar un còmic de Spiderman per a un adolescent. Em podria ajudar?

Ara, digueu, amb quina de les opcions us podrien ajudar més? Per què?

En línia

Ajuntament de Manresa
Manresa lliure d'agressions sexistes
Mirades
Gestos
Gelosia
Control
Bromes
Insults
Amenaces
Humiliacions
Tocaments
Assetjament
Ciberassetjament
NO ÉS NO
Si ho veus, ACTUA.
No en siguis CÒMPLICE.
Si t'has sentit agredida, DEMANA AJUDA!
112 emergències
900 900 120 Contra la violència masclista Atenció 24 h
SIAD
SERVEI D'INFORMACIÓ I ATENCIÓ A LES DONES MONTSERRAT ROIG DE MANRESA
938 752 310
oficina Jove del Bages
938 771 360

1 Resol a partir del text:

- **Quin és el titular i l'eslògan d'aquest cartell?**
- **Quines característiques pròpies del llenguatge publicitari té el text de l'anunci?**
  - ○ Arguments que apel·len a la raó per convèncer el destinatari.
  - ○ Frases curtes i senzilles.
  - ○ Ús de recursos literaris (metàfores, comparacions...).
  - ○ Verbs en imperatiu.
- **Vertader o fals? Respon:**

  a. L'objectiu de l'anunci és publicitar un producte o servei.

  b. Es tracta d'una campanya publicitària institucional.

  c. L'emissor de l'anunci és l'Ajuntament de Manresa.

  d. El públic objectiu de la campanya són exclusivament les dones.
- **Explica breument quin és el missatge que pretén transmetre aquest anunci.**

2 Tria l'opció que tingui més precisió lèxica per completar les frases:

a. **La ciutat bagenca** / **Manresa** impulsa durant la Festa Major una campanya contra les agressions sexistes.

b. Al centre de la ciutat s'instal·larà una carpa amb **persones** / **professionals** / **psicòlegs** especialistes en la prevenció d'agressions.

c. Després **del concert** / **de l'espectacle** dels Catarres s'habilitarà un servei gratuït **de transport** / **d'autobusos**.

d. També hi haurà un reforç de la presència **d'agents de l'ordre públic** / **de la Policia Local** / **de les forces de seguretat**.

Identifica l'hipònim de l'esquerra que té relació amb cadascun dels hiperònims de la dreta:

joves • anunci • insult
festa major • alcalde

governant • agressió • celebració
ciutadania • campanya

3 Fes de publicista! La xarxa de biblioteques públiques de Catalunya vol fomentar la lectura entre els joves amb una campanya publicitària. Proposa un titular i un eslògan per als cartells de la campanya i explica quines accions i quins canals o mitjans de comunicació utilitzaries per difondre aquest missatge entre els joves de manera eficaç.

No has de sobrepassar els 150 mots!

En línia

Què en sabem, ara?

La publicitat és a tot arreu, a les xarxes socials, a la televisió, a la ràdio, al carrer..., i no ens en podem escapar. Condiciona la nostra percepció de la realitat i per això cal que cada vegada sigui més responsable.

Superresposta

En què consisteix la publicitat responsable?

Prepareu la resposta en grup. Feu una presentació que tingui en compte les qüestions següents:

- Com podem identificar el contingut publicitari a internet?
- Quins rols participen en la creació d'una campanya publicitària?
- Quina responsabilitat té la publicitat de cara a la societat?

Ha arribat l'hora de la superresposta! Escriu un text de 100 a 150 paraules amb una resposta raonada.

Valora't

Ja has arribat al final. És el moment d'aturar-se i reflexionar. Què contestaries a cada una d'aquestes preguntes?

Què has après? **Com ho has après?**

Com podries millorar? **Per a què et pot servir?**

Valoració en línia

Què t'ha semblat la seqüència 14?

★ ★ ★ ★ ★

SEQÜÈNCIA 15

Siguem realistes

Què és real i què no ho és?

Què és real i què no ho és?

3, 2, 1, acció!

Connectem

T'agrada la realitat que t'envolta? Les persones, les situacions... són com tu voldries? Segur que canviaries alguna cosa per millorar la realitat! No costa d'entendre, doncs, que quan algú crea un nou món, ja sigui en una pel·lícula, en una novel·la o en una obra de teatre, descrigui un context més amable, tal com li agradaria que fos. En canvi, altres autors i autores opten per descriure la realitat tal com la veuen, sense ensucrar-la ni disfressar-la.

Superpregunta

Com és la realitat que es mostra en les narracions realistes?

Activa't 244

Connectem

Què en sabem?

Avança 246

La narrativa del segle XIX

L'Escanyapobres, Narcís Oller

Reflexionem sobre la llengua

Relacions entre paraules i fraseologia

Avalua't 256

Posa't a prova

Què en sabem, ara?

Valora't

Què en sabem?

Ets capaç de respondre ara mateix la superpregunta? Segurament et falten algunes dades, però en saps més del que et sembla. Vols comprovar-ho?

- Ets una persona observadora? T'agrada explicar el que et passa tal qual o en fas una versió ensucrada, exagerada, tergiversada...? Pensa en algun exemple que hagis viscut.
- T'agraden les pel·lícules i les novel·les fantàstiques o prefereixes temes més reals i propers al teu entorn? Per què?
- Quin és l'últim llibre de tema psicològic que has llegit? I l'última pel·lícula que has vist d'aquest tema?
- Et fixes en l'ambientació de les sèries i les pel·lícules? Quines preferències tens?
- Si et diuen "sigues realista", què t'estan demanant?
- Et sona el moviment literari del segle XIX anomenat realisme?

Te n'adones? Amb tot el que ja saps i amb el treball d'aquesta seqüència aconseguiràs resoldre la superpregunta. Endavant!

La narrativa del segle XIX

Quan et diuen que una cosa és moderna, penses que està a l'última moda. Així que no et deus ni imaginar que les novel·les del segle XIX també ho poden ser, de modernes! Descobreix-ho.

L'aparició de la novel·la moderna en català

La producció de novel·la catalana es va estroncar al final de l'edat mitjana amb *Tirant lo Blanc*. A partir del 1833, es comencen a editar traduccions d'obres de Chateaubriand, Goethe, Walter Scott, Victor Hugo i Alexandre Dumas, entre altres autors, les quals van afavorir la represa de la novel·la moderna, primer en castellà i després en català.

Quin d'aquests escriptors és l'autor d'*Els tres mosqueters?*

Per tal de crear una narrativa moderna en català, va caldre superar una sèrie de problemes:

- La manca de prestigi de la llengua, ja que els escriptors i els lectors catalans preferien escriure i llegir en castellà.
- Els anacrònics esquemes romàntics.
- La inexistència d'una llengua normalitzada.
- L'absència de plataformes editorials adients.
- La falta de professionalitat dels escriptors.

La narrativa catalana del segle XIX segueix els models estètics europeus: Romanticisme, costumisme, realisme i naturalisme.

La novel·la romàntica

La novel·la romàntica en català es va cenyir al gènere històric, i la primera novel·la històrica és *L'orfeneta de Menargues* o *Catalunya agonitzant* (1862), d'Antoni de Bofarull (1821-1892), ambientada en el compromís de Casp a inicis del segle XV.

Progressivament, la novel·la romàntica va anar prescindint de la història passada i va adoptar la realitat del seu temps com a tema. És el cas de *Julita* (1874), de Martí Genís Aguilar (1847-1932), que ocupa un lloc d'excepció dins la narrativa vuitcentista. S'hi narra la història d'aquesta noia, un personatge típicament romàntic, abocada a un destí fatal: la mort per amor.

Com creus que és una novel·la de costums?

El costumisme

El costumisme literari pretén retratar situacions, ambients i personatges típics de la vida quotidiana. Un dels autors importants va ser Emili Vilanova (1840-1905). La seva obra barrejava l'humor amb la nostàlgia i la tendresa. En destaquen els títols *Del meu tros* (1879), *Escenes barcelonines* (1886) i *Gent de casa* (1889).

La novel·la realista

L'estètica realista, apareguda a Europa pels volts del 1830, es caracteritzava per:

- Considerar l'art com la representació de la naturalesa.
- Tractar temes de la més absoluta actualitat.
- Interessar-se pels canvis històrics que es produïen.
- Descriure exactament els ambients i la psicologia dels personatges.

Els representants més rellevants a Catalunya són **Carles Bosch de la Trinxeria** (1831- 1897), **Josep Pin i Soler** (1842-1927), **Dolors Monserdà** (1845-1919), **Marià Vayreda** (1853-1903) i, sobretot, **Narcís Oller**.

Narcís Oller

Vídeo

Narcís Oller és una de les figures clau de la literatura catalana.

És considerat el creador de la **novel·la catalana moderna**. Oller va buscar models en els grans novel·listes realistes europeus, especialment els francesos, però també va tenir molt presents els novel·listes realistes espanyols.

Al llarg de les seves obres crea un microcosmos que es mou al voltant de dos eixos: Barcelona, representativa del món urbà, i Vilaniu, poble inventat que es pot identificar amb la seva vila natal, Valls, que simbolitza el món rural.

La seva estètica, fonamentada en el **realisme**, té, però, un rerefons **romàntic**: la realitat només esdevé obra d'art gràcies a la manera com la transmet l'artista.

Oller va conrear el conte, sovint com a laboratori on experimentava situacions i personatges per a les seves novel·les. Així, *La papallona* (1882), que va representar la superació de la novel·la històrica romàntica i de les proses costumistes, va tenir com a punt de partida el conte "Un estudiant". Gairebé sempre, però, partia d'històries reals que elaborava literàriament.

Després de *La papallona*, va escriure les novel·les *L'Escanyapobres*, *Vilaniu*, *La febre d'or* i *Pilar Prim*.

Narcís Oller també va traduir obres en prosa i teatrals (Tolstoi, Goldoni, Flaubert, Dumas...) i va escriure un magnífic llibre de memòries, *Memòries literàries* (1962), publicat pòstumament per voluntat de l'autor.

Fixa't en les característiques de les novel·les anomenades anteriorment:

L'Escanyapobres (1884)

- És una de les novel·les més imaginatives d'Oller.
- El tema de l'avarícia és l'eix. Oller presenta el personatge de l'avar com aquell que acumula els diners, sense fer-los córrer, enfront del burgès, que s'enriqueix invertint-los de forma productiva.

Vilaniu (1885)

- És una història romàntica d'un triangle amorós.
- S'ambienta en un marc realista.

La febre d'or (1890-1892)

- És el retrat d'una Barcelona en procés de modernització i enriquiment.

La bogeria (1898)

- És la novel·la amb una tesi més naturalista. És un estudi psicològic d'una malaltia: la demència.

Pilar Prim (1960)

- És la novel·la més madura i més profundament psicològica.
- Representa un acostament a les noves formes del Modernisme.
- Pilar Prim és una vídua jove que viu un amor ple de contradiccions morals i socials amb un home més jove que ella.

Vídeo

Sabies que, a Catalunya, el període històric del darrer quart del segle XIX és conegut com la Febre d'Or? Amb l'expansió industrial d'aquests anys va tenir lloc un augment de l'activitat financera, és a dir, de l'activitat borsària i bancària, que va originar aquest període d'especulació. I així és com Narcís Oller va titular una de les seves novel·les, en què descriu l'activitat i el comportament de la societat burgesa barcelonina del moment.

Com són les novel·les de Narcís Oller?

Narcís Oller

Narcís Oller (Valls, 1846-Barcelona, 1930) va néixer a Valls, però aviat es va traslladar a Barcelona per estudiar-hi la carrera de dret. Novel·lista, narrador, traductor, periodista i dramaturg, va aconseguir un estil propi amb el referent de la llengua oral de la Barcelona de l'època. Les seves obres es distingeixen per les descripcions i per la creació de personatges versemblants i d'un món fidel a la realitat però de ficció.

La novel·la *L'Escanyapobres* tracta el tema de l'avarícia a partir dels tres personatges protagonistes, que viuen sotmesos a la passió pels diners. Aquests són l'Oleguer (l'Escanyapobres), el notari i la seva dona, la Tuies. Després de la mort d'en Magí, el notari amic de l'Escanyapobres i propietari del castell de Pratbell, l'Oleguer es casa amb la seva vídua, la Tuies. El matrimoni, de conveniència mútua, accentua la seva avarícia.

L'Escanyapobres

En aquest fragment, la Tuies i l'Oleguer s'acaben de casar, han enviat la minyona (la Coixeta) a esbargir-se i tenen les primeres converses sobre els seus diners. Viuen al castell de Pratbell, que l'Oleguer havia llogat al marit de la Tuies un temps abans que es morís.

—Ves, ves a esbargir-te una mica.

I, quan la crossa ressonà per les lloses de la plaça, la núvia cridà el marit, que era a donar pinso al mul; tancaren el castell, i passaren la tarda entretinguts obrint un amagatall en l'**alcova**, que la capçalera del llit taparia.

—Has tingut un bon pensament —exclamà l'Oleguer un cop hagué fet aquell gran trau a la tàpia—. Aquí ningú els sospitaria, els diners.

—Enlloc tan ben guardats, home. Oh!, i que cada vespre els podrem donar una mirada només despenjant la capçalera: veus?

—Comptar-los i tot, si volem —afegí el marit.

—Ah, pillo! També t'agrada, a tu, comptar-los: oi? —digué la núvia fent-li una **magarrufa**, tota melosa per diverses causes. I després—: Bé, vaja: quants n'hi posaràs, tu?

—Jo? Tots. I tu?

—També tots, si tu no m'enganyes.

—A què vindria enganyar-te? No ens hem fet testament deixant-nos-ho tot l'un a l'altre? Doncs tot el que és teu és meu...

—I meu tot el que és teu —saltà la Tuies sense deixar-li completar el pensament.

—I és clar, dona!

—Sí, però els diners tenen tants **trencacolls**!... Un testament es fa i desfà tantes vegades!...

—Quines ganes de gastar en paper segellat! Tu porta't bé i no tinguis por. A qui vols que ho deixi, sinó a tu? A casa no em van donar res: que treballin.

I, en dir això, trucà al castell la Coixeta, a qui veieren des de la reixa de la cuina.

—Escolta —digué la Tuies abans d'eixir al vestíbul—: cal que pensis a encarregar la porteta per a l'amagatall.

—Demà la clavarem.

I, quan a mitja nit dormien, uns cops **somorts** i pregons feren tremolar sota el gruixut llençol la Coixeta, al mateix temps que, no

Àudio

menys tremolós, l'Oleguer s'asseia al llit i parava l'orella, sens ni atrevir-se a respirar.

—Què escoltes? —preguntà la núvia ofegant un xiscle—. No m'havies jurat que era mentida, allò de la remor?

—Calla, calla!...

I van sentir-se altres cops sords i pregons.

—Malviatge el matxo! —exclamà, a la fi, el marit—. És ell, és ell. —I, en to natural, afegí llavors—: Veus? Quan jo dormia a l'estable, com que el tenia a l'orella, no em donava aquests espants. En aquesta casa tot ressona: des d'aquí semblava el **picot** d'un minaire. Però és la *Vespa*: no t'espantis.

—Ja n'estàs segur?

—Sí, dona: ja pots dormir.

—És que res no em fa tanta por com els lladres.

—Quan jo era un pelat no en tenia de ningú, de por; ni en tindria tampoc aquí dins, per això. Allí hi ha la **carrabina**, i... ves si els defensaria!... Perquè no és la vida, el que em dol, no: els diners; la mofa, la **mofa** que et prenguin el que tant t'ha costat d'arreplegar...

—Jesús Maria Santíssima! Un altre cop!

—Sí, és ell! No t'espantis. La meva por és d'un cop de mà per un camí: que t'agafin descuidat. Per això et vull dir una cosa: escolta. (No et tapis amb el llençol: jo t'**abono** que és la *Vespa*. Ara encara fa companyia.) Escolta bé: no et deixis mai sorprendre. Si mai per mai jo faltés de casa i rebessis una, dues, tres, ni vint cartes demanant diners pel meu rescat, ni que hi veiessis la meva firma, ni que hi veiessis la meva lletra, ni que te'ls demanés per Déu i pels sants, mai no donis ni un quarto meu. La vida ja cuidaré de salvar-me-la. N'he passat moltes, pel món: el que cal és tenir ben aferrats els diners. Ni un quarto, ni una malla: ho sents?

—Home de Déu, quines converses! Tota tremolo. Dormim, ara, dormim.

I l'Oleguer callà, i la núvia es condormí, mormolant interiorment:

—"Ni un quarto meu!" Mira el bergant! Si per cas que ho pagui la dona: oi?

Tal fou aquella diada de nuvis.

alcova Cambra petita que dona a una altra de més gran.

magarrufa Mostra exagerada d'afecte.

trencacolls Afer difícil, perillós.

somort Defallit, mancat de vitalitat, de força, que gairebé no es percep.

picot Martell utilitzat pels picapedrers que té punta en un dels extrems de la cabota i a l'altre una superfície plana.

carrabina Fusell curt i lleuger.

mofa Burla insolent; escarn.

abonar Donar com a certa una cosa.

1 ●●● Sis preguntes bàsiques

Ho has entès bé? Contesta aquestes preguntes:

a. Quin bon pensament ha tingut la Tuies, segons l'Oleguer?

b. Per a què feien l'amagatall?

c. La Tuies confia en l'Oleguer? De què té por?

d. A què es refereix l'Oleguer quan parla del "paper segellat"?

e. Quin patiment més gran que la mateixa vida té l'Oleguer?

f. Quin advertiment fa l'Oleguer a la Tuies sobre la possibilitat d'una carta de rescat?

2 ●●● Com el titularies?

Inventa't un títol per al fragment que acabes de llegir.

3 ●●● Què signifiquen?

Quin és el significat de cada una de les frases següents de la lectura?

a. "[...] quan la crossa ressonà per les lloses de la plaça [...]."
- ◯ La minyona s'allunyava del castell.
- ◯ La Tuies esperava que arribés la minyona.
- ◯ Les lloses de la plaça ressonaven.

b. "A casa no em van donar res: que treballin."
- ◯ A la família de l'Oleguer eren molt treballadors.
- ◯ A casa seva tenien molts diners.
- ◯ L'Oleguer no vol deixar cap herència a la seva família.

c. "Perquè no és la vida, el que em dol, no: els diners [...]."
- ◯ La Tuies valora més els diners que la vida.
- ◯ A la Tuies li sap més greu perdre la vida que els diners.
- ◯ A l'Oleguer li sap més greu perdre els diners que la vida.

d. "[...] el que cal és tenir ben aferrats els diners."
- ◯ Cal tenir els diners ben segurs.
- ◯ Cal aconseguir molts diners.
- ◯ Cal desconfiar dels diners.

4 ●●● Què els caracteritza?

Quins dels sentiments i qualitats següents caracteritzen els personatges de *L'Escanyapobres*? Identifica'ls:

- ◯ Desconfiança
- ◯ Generositat
- ◯ Cobdícia
- ◯ Amabilitat
- ◯ Tendresa
- ◯ Por

5 ●●● La cosa va d'avars!

Investiga quina obra de la literatura francesa també té com a personatge principal un avar i completa la fitxa:

Títol de l'obra	
Autor	
Gènere literari de l'obra	
Argument	

6 ●●● En poques paraules!

Escriu un resum breu d'aquest fragment de *L'Escanyapobres*. Per fer-ho, segueix els passos següents:

1. Imagina't l'escena global, com si la veiessis pintada en un quadre.
2. Fixa't en els personatges: qui són, com són, què fan.
3. Recorda la conversa que tenen: què es diuen l'un a l'altre.
4. Anota paraules, frases o fets del text que et cridin l'atenció.
5. Ordena les idees i escriu un esborrany del text.
6. Repassa el resum que has escrit, llegeix-lo en veu alta i corregeix-lo.

7 ●●● Una nota per a la Tuies

Llegeix aquest fragment i contesta:

"Tuies... —deia un paper que trobà al peu del portal, la Coixeta, l'endemà al matí—, Tuies: per Déu i pels sants i per tota la cort celestial, no et recordis de la meva prohibició. Escric pres, amenaçat de mort. Deixa mil duros, mil, sense que n'hi manqui ni un, al peu del reixat, a mà dreta, aquesta nit; i no avisis per Déu la justícia: si no soc mort. Mira-ho bé: és la meva lletra; hi poso la meva firma. Mil duros, sense que hi manqui ni un xavo... Tuies, soc jo, el teu marit: no t'enganyo. Pateixo molt. No diguis res. Posa mil duros ben embolicats, que els puguin agafar de pressa. No guaitis, no vulguis saber qui els ve a buscar: si no, ho pagaràs tu després. Mil, sense que hi falti ni una malla."

a. Qui escriu la nota?

b. Quina és la finalitat d'aquesta nota? Què ha passat?

c. A quina prohibició es refereix l'autor de la nota?

d. Creus que la nota podria ser falsa i estar escrita per una altra persona? Per què?

e. Creus que la Tuies pagarà el rescat? Per què?

I tu, què en penses? Tria, segons la teva opinió, què hauria de fer la Tuies:

- Obeir les paraules de l'Oleguer de la primera nit de nuvis? Per què?
- Obeir, ara, l'Oleguer? Per què?

Si fossis l'autor de la novel·la, quina de les dues opcions prendries? Per què?

Poseu en comú a classe totes les opinions sobre quina hauria de ser l'actuació de la Tuies i argumenteu-les.

8 ●●● Com continua?

Fes d'autor o autora i escriu un fragment de la teva novel·la amb la continuació dels fets.

9 ●●● Signifiquen el mateix!

Quines paraules signifiquen el mateix que avar? Consulta un diccionari de sinònims.

10 ●●● Quina novel·la és?

A quina novel·la de Narcís Oller pertany cada un dels fragments següents? Justifica la resposta:

Al mig del rotllo hi havia un home desencaixat de cara, tot pàl·lid, molt alt, barbut, roig de pèl i grenyós, que, mig espellissat, sense corbata, un barret de palla abonyegat al cap i enlairada al cel la mirada, una mirada esmorteïda, mat com el mateix color de son rostre, aixecava una porra en l'aire, pronunciava mots incoherents interpel·lant algun fantasma que no vèiem, i, de sobte, flist-flast!, repartia garrotada a dreta i esquerra, aixecant la gran cridòria, fent xiular l'aire mateix.

I el rebombori creixia sobrepujat sempre per aquell foc, granejat de monosíl·labs que petaven pels aires: "Prenc!"... "Mil!"... "Fet!". Ell no veia sinó els nedadors arruixats, aixecant el cap entre les negres onades de barrets, agitant en l'aire aquells llibrets microscòpics, o, de tant en tant, una mà tremolosa assentava nombres. Ja no sentia rodolar per terra aquell devessall de diners. La pura realitat li glaçava la il·lusió mentre li obria els espiralls de la curiositat turmentosa. Què cridaven? Què volien? Quin valor movia aquell terrabastall de fasos que eixordava i posava frenètica tota la Borsa? Allò era el deliri de la taràntula; tot un poble fiblonejat per vespes.

Mai cap home no l'havia mirada així, ni mai tampoc, a l'acció de cap esguard, no s'havia sentit subjugada i tremolosa com en aquell moment. A l'impuls del rubor abaixà els ulls; i quan, encara tremolant, tornà a aixecar-los, desitjosa de sentir-se altre cop talment amanyagada, el cor se li glaçà: en Deberga ja no la mirava: s'havia tombat d'esquena, i vagava per allí contemplant el paisatge amb la major indiferència.

Reflexionem sobre la llengua

Relacions entre paraules i fraseologia

Haver menjat llengua, tenir-ho a la punta de la llengua, menjar-se la llengua el gat, ser llarg de llengua... Què tenen en comú totes aquestes expressions? Doncs que el mot llengua hi té un sentit figurat! Recordes altres casos en què les paraules no tinguin un sentit literal? Aviat en descobriràs més!

Relacions entre paraules

La comparació

La **comparació** és la relació de semblança que s'estableix entre dos elements diferents per unes característiques que tenen en comú (color, mida...).

Tota comparació té tres components: el primer terme (allò que es compara), el segon terme (allò amb què és comparat) i l'estructura que els uneix (**més... que**, **com**, **tan... com**, **igual... que**, **menys... que**). Fixa-t'hi: *La **mare*** (primer terme) *és forta com una **roca*** (segon terme).

Hi ha tres tipus de comparacions:

- De **superioritat**: *En Joan és **més** jove **que** jo.*
- D'**igualtat**: *És **tan** simpàtica **com** sa mare.*
- D'**inferioritat**: *Un gat és **menys** afectuós **que** un gos.*

Els dos termes de la comparació també poden enllaçar-se amb els verbs **ser** o **semblar**: *Aquella casa sembla un corral.*

Fem servir les comparacions quan, en parlar o escriure, volem relacionar dues coses i graduar-les. Hi ha un tipus de comparacions que han quedat fixades al llarg dels anys. En diem **comparacions lexicalitzades**. En són un exemple *fort com un roure, llest com una fura, fresc com una rosa...* Aquestes comparacions són formades per grups de mots que funcionen com un bloc, tant sintàcticament com semànticament. Això vol dir que el significat que han adoptat és diferent del dels mots que les componen pensats separadament. Aquest procés pel qual s'han convertit en una unitat s'anomena **lexicalització**.

El sentit figurat

Un mot o expressió té un **sentit figurat** quan adquireix un significat diferent del propi mitjançant una relació de semblança entre dos elements. Quan diem que anem *amb el cor a la mà*, per exemple, no volem dir que el portem a la mà literalment, sinó que actuem de bona fe.

La metàfora

La **metàfora** és la relació de semblança que s'estableix entre dos elements, però, a diferència de la comparació, el primer terme hi queda substituït pel segon. Per exemple: *Els seus ulls són diamants.*

Els eufemismes

Un **eufemisme** és una paraula o expressió que es fa servir en lloc d'una altra, anomenada **tabú**, perquè aquesta es considera de mal gust, inoportuna o incòmoda de dir: *dones de la vida* per *prostitutes*, *caram!* per *carall!*, *òndia!* per *hòstia!*, *llarga malaltia* per *càncer*.

? Quan **toquem el dos**, què fem realment?

Locucions, frases fetes i refranys

La llengua popular s'ha enriquit al llarg dels segles gràcies a la fixació de determinades expressions —locucions, frases fetes i refranys—, que han restat en la memòria col·lectiva, s'han lelitzat i han arribat fins als nostres dies. Són recursos expressius complexos i quotidians de la llengua que apareixen en gairebé tots els tipus de textos: en textos orals i escrits, en textos periodístics, literaris, familiars, etc.

Les locucions

A dreta llei, *a la quinta forca*, *de retruc*, *pel cap baix*, *en contra de*, *al comptat*, *gràcies a*, *de memòria*, *atès que* són locucions. Es tracta d'expressions invariables que funcionen com una unitat i tenen el valor semàntic i sintàctic d'un **sintagma**. Segons la funció gramatical que facin dins l'oració, n'hi ha de diferents tipus: nominals (*ull de vellut*), verbals (*fer la punyeta*), adverbials (*a cegues*), prepositives (*a causa de*) i conjuntives (*a mesura que*).

? De quin tipus és la locució **fil per randa**? I la locució **tan bon punt**?

Les frases fetes

Parar els peus, *anar amb el lliri a la mà*, *anar a escampar la boira*, *estar tocat del bolet*, *amagar el cap sota l'ala*... són **frases fetes**. Es tracta d'expressions que funcionen com un bloc i equivalen a una **oració**: contenen un verb i poden dur subjecte i complements.

Com que els mots que les formen han perdut els seus significats originaris, les frases fetes no es poden traduir literalment a una altra llengua.

Els refranys

Expressions com *Per Nadal, cada ovella al seu corral*, *Qui de jove no treballa, quan es vell jeu a la palla*, *Al mal temps, bona cara*... reben el nom de **refranys**. Són **oracions completes**, invariables (no hi podem afegir res ni en podem treure res) i contenen un ensenyament o consell. La majoria tenen **rima** (per això són fàcils de recordar).

Recorda

- La **comparació** és la relació de semblança entre dos elements diferents.
- La **metàfora** és la relació de semblança entre dos elements diferents però sense un nexe d'unió.
- Els **eufemismes** serveixen per evitar les paraules **tabú**.
- Les **locucions**, les **frases fetes** i els **refranys** són grups de mots que han quedat fixats al llarg dels anys. Formen part de la llengua més expressiva i no poden traduir-se paraula per paraula d'un idioma a un altre.

Reflexionem sobre la llengua

1 ●●● Compara!

Escriu dues oracions en què hi hagi una comparació de superioritat, dues en què hi hagi una comparació d'igualtat i dues en què hi hagi una comparació d'inferioritat.

2 ●●● Sentit propi o figurat?

Quin és el sentit propi i el sentit figurat de cada paraula? Indica-ho:

gallina: femella del gall / persona covarda

tortuga: persona lenta / rèptil amb closca

castanya: cop donat al cap amb la mà / fruit del castanyer

3 ●●● A què fan referència?

A què fan referència les metàfores següents? Relaciona cada metàfora amb el terme adient:

les llàgrimes del cel	les onades
els batecs del mar	les dents
l'astre rei	el sol
les perles de la boca	la mort
el somni etern	les estrelles
les lluernes del cel	la pluja

4 ●●● Què volen dir?

Què signifiquen? Relaciona cada eufemisme de la primera columna amb l'expressió corresponent de la segona:

mala olor	mort
persona de color	pudor
conflicte bèl·lic	negre
indisposició	guerra
traspàs	parir
tercera edat	malaltia
donar a llum	vellesa

5 ●●● Són sinònimes?

Quines frases fetes són sinònimes? Relaciona:

saber-la llarga	fer anar com una pilota
fer ballar com una baldufa	pensar-se-les totes
estar tocat del bolet	no tocar quarts ni hores

6 ●●● Cert o fals?

Les afirmacions següents sobre els refranys són certes o falses? Indica-ho:

a. Ens transmeten un consell.

b. Són d'autor conegut.

c. Se'ls poden afegir un subjecte i complements.

d. Molts són rodolins.

e. Canvien de significat segons el context en què els utilitzem.

7 ●●● Les trobes?

Llegeix aquests versos i busca-hi una comparació i una metàfora:

> Faríeu bé de témer les mirades
> seran dures com pedres: seran pedres.
>
> MIQUEL MARTÍ I POL

Ara, explica les semblances i les diferències que hi ha entre una comparació i una metàfora. Argumenta la resposta fent servir els exemples dels versos anteriors.

8 ●●● Estan lexicalitzades

Quin és l'adverbi o l'adjectiu equivalent a cada una d'aquestes comparacions lexicalitzades? Escriu-lo:

dormir **com un soc**	viure **com un rei**
córrer **com un llamp**	parlar **com un llibre**
pintar-se **com una mona**	ser dur **com una pedra**

9 ●●● Saps què signifiquen?

Què signifiquen? Relaciona cada locució o frase feta de l'esquerra amb el significat corresponent de la dreta:

a tort i a dret	patir les conseqüències dels errors d'un altre
de gom a gom	tenir experiència en una cosa
demanar la lluna en un cove	totalment
fer sortir de polleguera	demanar l'impossible
pagar els plats trencats	per tot arreu, sense reflexió
cames ajudeu-me	exasperar
anar a mal borràs	corrents
ser flors i violes	immens
anar al darrere amb un flabiol sonant	ser plaent i fàcil
fugir d'estudi	perseguir inútilment
saber el pa que s'hi dona	eludir
ser bufar i fer ampolles	empitjorar
de ca l'ample	ser molt fàcil

Ara, completa el text amb les locucions i les frases fetes:

En sentir que aquella emissora només transmetia marxes militars, vam comprendre que les coses ____; buscàvem informació ____, i la indiferència de la televisió ens ____. Les fonts oficials ____ i alguns amics que tenien por d'haver de ____ eren partidaris del ____. Hi havia un desconcert ____, i les botigues de queviures i les gasolineres s'omplien ____. Els qui ____ quan no tot ____ pensaven en la democràcia i deien: "Ja li pots ____." Demanar que això durés era ____. Us pensàveu que ____?

Josep M. Espinàs, *Avui*, 01/04/1981

Ara, tria un parell de locucions o frases fetes de les anteriors i escriu una oració amb cada una.

10 ●●● T'hi has fixat?

Llegeix atentament aquest poema i fes les activitats que hi ha a continuació:

Parlem d'amor

Oblidem la colla, les motos, la moda,
la música disco, i parlem d'amor.
Parlem-ne només; amb les mans ben juntes,
mirant-nos als ulls, sols al món tu i jo,

l'amor és bon mestre. Trobarem paraules
que no sospitàvem que sabríem dir,
més dolces que els besos, més que l'abraçada,
perquè ens empresonen amb lligam més fi.

Parlem d'un amor alt com les estrelles
i els núvols blanquíssims, i el vol dels ocells.
Proclamem l'amor per jardins de somni
on els mots es tornen roses i clavells.

Només amb els mots i cap altra cosa,
el cor sabrà fer-se el tresor de demà;
l'amor blanc d'avui no ens farà nosa,
que les perles fines fan de bon guardar.

Joana Raspall, *Llum i gira-sols*.
Columna Edicions

a. Troba dues comparacions en el poema i digues de quin tipus són.

b. Troba-hi una metàfora.

c. Busca en el text les paraules que formen part del camp semàntic de la natura i copia-les.

11 ●●● COMPAREM LLENGÜES!

En sabeu molts, de refranys i frases fetes? Com diríeu aquests en català?

a. Camina a cuatro patas.

b. De tal palo tal astilla.

c. No hay que vender la piel del oso antes de haberlo cazado.

d. Enviar a freír espárragos.

e. ¡Esto es coser y cantar!

Després de fixar-te en aquestes expressions, quina conclusió en treus?

Posa't a prova

Prova de competències

La febre d'or

Narcís Oller

—No ho dubtin: hi ha una llei providencial que, de tant en tant, desperta l'afany de riqueses, i venen aquestes febrades a enterbolir el seny i els ulls de la multitud desconfiada, i a llançar fins el mateix *avaro* al mar de l'**especulació**. Doncs, això és necessari, perquè sols així es restitueix al comú allò que l'egoisme li roba. Sols així poden tornar-se al torrent circulatori les riqueses que la por havia **empantanegat** i les que la cobdícia de l'*avaro* anava **entaforant**. Sols així es concentren en mans intel·ligents i útils aquests grans capitals que la indústria, el comerç i el progrés general reclamen.

—Home, home! —exclamà en Rodon—: si tant apurem, vostè ens portarà al socialisme: per aquí arribarem a declarar que la propietat individual, les petites fortunes, no s'han de consentir; que hi ha dret a destruir-les!

—Jo no sostinc tant: em quedo a mig camí i dic que és beneficiós **desamortitzar-les**. Però, si vostè vol, aniré més lluny. Que es destrueixen!... I què?

—Com que i què? —feu en Foix, tot alarmat—. Home! Amb quina sang freda que ho dius!

—Amb la mateixa sang freda que un general es mira els seus soldats morts al camp de batalla.

—*Vaia* una comparació!

—Exacte. Per què no es commou, el general? Perquè té aquell sacrifici per necessari a la humanitat, a la nació o a l'ordre. Van posar-lo al mig del combat, i ell ha complert el seu *dever*. Aquí la causa és igual, senyors, és igual. La societat té drets superiors a l'individu. Si aquest, per ignorància o egoisme, els viola o pertorba, just és que s'hi posi remei. Jo no predico, com el senyor Rodon suposa, l'abolició de la propietat; però sostinc que és just arrencar els diners de les mans avares que els acaparen: mai de les dels que els saben fer treballar.

especulació Operació econòmica aleatòria per obtenir uns guanys extraordinaris basant-se únicament en la fluctuació dels preus.

empantanegar Aturar, impedir que alguna cosa avanci.

entaforar Amagar.

desamortitzar Alliberar propietats per tal que es puguin vendre i comprar.

1 Resol a partir del text:

- **Quina d'aquestes frases resumeix millor l'opinió del personatge que intervé en primer lloc?**
  - ○ La febre per aconseguir riquesa fa que les persones actuïn sense seny i això pot comportar que ho perdin tot i quedin arruïnades.
  - ○ Només si es destrueixen totalment la propietat privada i les petites fortunes es podrà aconseguir el progrés de la societat.
  - ○ L'especulació econòmica és positiva: fa que fins i tot els avars posin en circulació els diners que acumulen, així es beneficia la indústria i el comerç i la societat progressa.
  - ○ L'ambició econòmica és enemiga del progrés i la modernització.
- **En quina altra obra de Narcís Oller es parla d'un personatge avar que acumula els diners?**
  - ○ *La bogeria*
  - ○ *Pilar Prim*
  - ○ *L'Escanyapobres*
  - ○ *La papallona*
- **Vertader o fals? Respon:**

  a. *La febre d'or* retrata de manera realista la societat barcelonina en procés de modernització de finals del segle XIX.

  b. Aquest fragment és un text narratiu.

  c. Els personatges utilitzen alguns castellanismes, paraules que no són catalanes, i per això es marquen en cursiva.

  d. L'obra és un exemple de novel·la romàntica.
- **Quins dels trets següents són propis del realisme literari en general i es poden observar en el fragment de Narcís Oller?**
  - ○ L'exaltació dels valors patriòtics.
  - ○ L'interès pels temes d'actualitat.
  - ○ El desig d'evasió en l'espai i el temps.
  - ○ La recreació d'un món fidel a la realitat.
  - ○ El rebuig de les normes establertes.
  - ○ Els personatges versemblants.

2 En el text s'usa la locució amb sang freda per referir-se a una manera d'actuar. Què signifiquen aquestes locucions i frases fetes relacionades amb la sang?

amb sang freda	actuar seguint l'impuls de la passió, sense reflexionar
a sang calenta	sentir-se endut per una passió, especialment d'ira o d'amor
córrer la sang	actuar amb serenitat i domini de si mateix davant el perill o la passió
bullir la sang	haver-hi molts morts

Quina metàfora utilitza l'autor per referir-se a l'especulació econòmica? Explica breument per què creus que fa servir aquest terme.

3 Escriu un text breu explicant el que saps sobre Narcís Oller: Quin període històric va viure? En quin gènere va destacar? Quins van ser els seus models literaris? Quines són les seves obres més reconegudes?

Amb 150 paraules en tindràs prou!

Què en sabem, ara?

Hi ha moltes maneres de representar la realitat que ens envolta. La podem deformar, embellir o podem intentar presentar-la tan objectivament com sigui possible.

Superresposta

Com és la realitat que es mostra en les narracions realistes?

Prepareu la resposta en grup. Feu una presentació que tingui en compte la qüestió següent:

• Com són les novel·les de Narcís Oller?

Escriu un text d'unes 150 paraules amb una resposta raonada.

Valora't

Ja has arribat al final. És el moment d'aturar-se i reflexionar. Què contestaries a cada una d'aquestes preguntes?

Què has après? **Com ho has après?**

Com podries millorar? **Per a què et pot servir?**

Valoració en línia

Què t'ha semblat la seqüència 15?

★ ★ ★ ★ ★

Què es treballa en cada seqüència?

Competències de llengua catalana i literatura

1 Descriure i valorar la diversitat lingüística i cultural a partir del reconeixement de les llengües de l'alumnat i la realitat plurilingüe i pluricultural, per afavorir la transferència lingüística, identificar i rebutjar estereotips i prejudicis lingüístics.

2 Comprendre i interpretar textos orals i multimodals recollint el sentit general i la informació més rellevant, la seva forma i el seu contingut, per construir coneixement, formar-se opinió i eixamplar les possibilitats de gaudi i lleure.

3 Produir textos orals i multimodals amb la coherència, la claredat i el registre adequats i participar en interaccions orals variades, amb autonomia, per expressar idees, sentiments i conceptes, construir coneixement i establir vincles personals.

4 Comprendre, interpretar i analitzar textos escrits i multimodals, reconeixent el sentit global i les idees principals i secundàries, i reflexionant sobre el contingut i la forma, i avaluar-ne la qualitat i la fiabilitat, per donar resposta a necessitats i interessos comunicatius diversos.

5 Produir textos escrits i multimodals amb adequació, coherència i cohesió, aplicant estratègies de planificació, redacció, revisió, correcció i edició, per construir coneixement i donar resposta a demandes comunicatives concretes.

6 Cercar, seleccionar i contrastar informació procedent de diferents fonts, avaluant-ne la fiabilitat i la pertinència en funció dels objectius de lectura i evitant els riscos de manipulació i desinformació, i integrar-la i transformar-la en coneixement.

7 Seleccionar i llegir de manera autònoma obres diverses com a font de plaer i coneixement, configurant un itinerari lector que s'enriqueixi progressivament pel que fa a la diversitat, la complexitat i la qualitat de les obres, i compartir experiències de lectura, per construir la pròpia identitat lectora i gaudir de la dimensió social de la lectura.

8 Llegir, interpretar i valorar obres o fragments literaris del patrimoni propi i universal, utilitzant un metallenguatge específic i mobilitzant l'experiència biogràfica i els coneixements literaris i culturals, per establir vincles entre textos diversos, eixamplar les possibilitats de gaudir de la literatura i crear textos d'intenció literària.

9 Mobilitzar el coneixement sobre l'estructura de la llengua i els seus usos i reflexionar sobre les eleccions lingüístiques i discursives, amb la terminologia adequada, per millorar les destreses tant de producció oral i escrita com de recepció crítica.

10 Posar les pròpies pràctiques comunicatives al servei de la convivència democràtica, la resolució dialogada dels conflictes i la igualtat de drets de totes les persones.

1. Va de gèneres

Quins gèneres coneixes?

CE1 • CE3 • CE5 • CE6 • CE7 • CE8 • CE9

8 **Connectem** Superpregunta
Què en sabem?

10 **El gènere narratiu** Els gèneres literaris • La narrativa • Pere Calders, "L'arbre domèstic" • Activitats • Joan Amades, "El pont del Diable" • Activitats
El gènere líric La lírica • El vers, la rima i les estrofes • Les figures retòriques • Josep Carner, "Canticel" • Activitats
El gènere teatral El teatre • Els subgèneres teatrals • Jordi Teixidor, *El retaule del flautista* • Activitats
Reflexionem sobre la llengua Vocals en contacte • Dictat • Comparem llengües

24 **Posa't a prova** Prova de competències
Què en sabem, ara? Superresposta
Valora't Metaaprenentatge

2. Amb propietat

I tu, com parles?

CE1 • CE2 • CE3 • CE4 • CE5 • CE9

28 **Connectem** Superpregunta
Què en sabem?

30 **Tipologies textuals** Què és un text? • Els tipus de textos • Les propietats del text • Activitats sobre tipologies textuals
Escrivim i parlem Escriptura d'un tipus de text • Creació d'un text oral: recomanació de dos llibres
Reflexionem sobre la llengua L'accentuació gràfica • La dièresi • Dictat • Comparem llengües

40 **Posa't a prova** Prova de competències
Què en sabem, ara? Superresposta
Valora't Metaaprenentatge

3. Llengües vives

Com canvien les llengües?

CE1 • CE3 • CE4 • CE6 • CE7 • CE8 • CE9

44 **Connectem** Superpregunta
Què en sabem?

46 **L'origen de la llengua** Un imperi, una llengua • L'origen de les llengües romàniques • Els primers textos en llengua vulgar • Hans H. Ørberg, *Lingua latina per se illustrata* • Institut d'Estudis Occitans, *Per nòstra lenga* • Activitats • Antoine de Saint-Exupéry, *El petit príncep* • Les *Homilies d'Organyà* • Activitats
Reflexionem sobre la llengua Les grafies **p**/**b**, **t**/**d** i **c**/**g** • Dictat • Comparem llengües

54 **Posa't a prova** Prova de competències
Què en sabem, ara? Superresposta
Valora't Metaaprenentatge

4. Formar i informar

T'interessa el que passa al teu voltant?

CE1 • CE2 • CE3 • CE4 • CE5 • CE9

58 **Connectem** Superpregunta
Què en sabem?

60 **Els mitjans de comunicació** La funció dels mitjans de comunicació • Els gèneres periodístics • El llenguatge periodístic • Activitats sobre els mitjans de comunicació
Escrivim i parlem Escriptura d'una notícia sobre una persona famosa • Lectura de textos periodístics en veu alta
Reflexionem sobre la llengua La essa sonora i la essa sorda • Dictat • Comparem llengües

68 **Posa't a prova** Prova de competències
Què en sabem, ara? Superresposta
Valora't Metaaprenentatge

5. Donzelles indomables

De l'edat mitjana al segle XXI. Què ha canviat?

CE1 • CE3 • CE6 • CE7 • CE8 • CE9

72 **Connectem** Superpregunta
Què en sabem?

74 **La poesia trobadoresca** La lírica trobadoresca • L'amor cortès • Els gèneres de la lírica trobadoresca • Guillem de Berguedà, "Cançoneta lleu i plana" i "Canto plorant, ple de tristor" • Activitats
Ramon Llull La figura de Ramon Llull • L'obra de Ramon Llull • Ramon Llull, text A i text B • Activitats
Reflexionem sobre la llengua Les grafies **x** i **ix** • Els dígrafs **tx** i **ig** • Les grafies **g** i **j** • Les grafies **b** i **v** • Les grafies **m** i **n** • La ela geminada i la **h** • Dictat • Comparem llengües

84 **Posa't a prova** Prova de competències
Què en sabem, ara? Superresposta
Valora't Metaaprenentatge

6. Notícies fresques!

Et creus tot el que surt a les xarxes socials?

CE1 • CE2 • CE3 • CE4 • CE5 • CE6 • CE9

88 **Connectem** Superpregunta
Què en sabem?

90 **La notícia periodística** Què és notícia? • L'estructura de la notícia • La llengua de la notícia • El titular • Les notícies falses • Activitats sobre la notícia periodística
Escrivim i parlem Escriptura d'una notícia des de dos punts de vista diferents • Creació d'una notícia audiovisual
Reflexionem sobre la llengua L'oració • Comparem llengües

102 **Posa't a prova** Prova de competències
Què en sabem, ara? Superresposta
Valora't Metaaprenentatge

7. Lluita contra el mal

Com es pot escriure sobre el mal?

CE1 • CE3 • CE6 • CE7 • CE8 • CE9

106 **Connectem** Superpregunta
Què en sabem?

108 **La prosa historiogràfica** Les quatre grans cròniques • Jaume I, *Llibre dels fets* • Bernat Desclot, *Crònica* • Activitats
La prosa religiosa i la humanística La prosa religiosa • La prosa humanística • Bernat Metge, *Lo Somni* • Activitats
Reflexionem sobre la llengua El nucli i els complements • El nom • El pronom • Els determinants • Els quantificadors • Els complements del nom • Comparem llengües

118 **Posa't a prova** Prova de competències
Què en sabem, ara? Superresposta
Valora't Metaaprenentatge

8. Anem a fons

Va de reportatges!

CE1 • CE2 • CE3 • CE4 • CE5 • CE9

122 **Connectem** Superpregunta
Què en sabem?

124 **El reportatge** Què és un reportatge? • Tipus de reportatges • Parts del reportatge • La llengua del reportatge • Elements del reportatge • Activitats sobre el reportatge
Escrivim i parlem Escriptura del guió d'un reportatge • Creació d'un reportatge radiofònic
Reflexionem sobre la llengua Funció i tipus de pronoms • Els pronoms tònics • Els pronoms àtons • Comparem llengües

140 **Posa't a prova** Prova de competències
Què en sabem, ara? Superresposta
Valora't Metaaprenentatge

9. Herois i heroïnes

En coneixes cap de carn i ossos?

CE1 • CE3 • CE7 • CE8 • CE9

144 **Connectem** Superpregunta
Què en sabem?

146 **La novel·la de cavalleries** Què són les novel·les de cavalleries? • Joanot Martorell, *Tirant lo Blanc* • Activitats
La poesia del segle XV Ausiàs Marc • Ausiàs Marc, "LXXIX" • Activitats
Reflexionem sobre la llengua La morfologia verbal • La conjugació verbal • Comparem llengües

156 **Posa't a prova** Prova de competències
Què en sabem, ara? Superresposta
Valora't Metaaprenentatge

10. Digue-hi la teva!

Dius sempre el que penses?

CE1 • CE2 • CE3 • CE4 • CE5 • CE6 • CE9 • C10

160 **Connectem** Superpregunta
Què en sabem?

162 **Els gèneres d'opinió** Més enllà d'informar • Els textos argumentatius • El llenguatge dels textos argumentatius • Tipus d'arguments • L'opinió pública i les xarxes socials • Activitats sobre els gèneres d'opinió
Escrivim i parlem Escriptura d'un text argumentatiu sobre salut mental • Creació d'un davantal
Reflexionem sobre la llengua La modalitat oracional • Comparem llengües

174 **Posa't a prova** Prova de competències
Què en sabem, ara? Superresposta
Valora't Metaaprenentatge

11. Simple o complex

I tu, què prefereixes?

CE1 • CE3 • CE6 • CE7 • CE8 • CE9

178 **Connectem** Superpregunta
Què en sabem?

180 **El Renaixement** L'edat moderna • Els moviments estètics dels segles XVI-XVIII • El Renaixement • Pere Serafí, "Bella, de vós som amorós" • Activitats
El Barroc El Barroc • Francesc Vicent Garcia, "A una mossa gravada de verola" • Activitats
El neoclassicisme El neoclassicisme • Joan Ramis i Ramis, *Lucrècia* • Activitats
Reflexionem sobre la llengua Oració simple i oració composta • Tipus d'oracions compostes • Els connectors • Comparem llengües

192 **Posa't a prova** Prova de competències
Què en sabem, ara? Superresposta
Valora't Metaaprenentatge

12. Saber escoltar

Saps escoltar?

CE1 • CE2 • CE3 • CE4 • CE5 • CE6 • CE9

196 **Connectem** Superpregunta
Què en sabem?

198 **L'entrevista** Els textos conversacionals • Tipus d'entrevistes • L'estructura de l'entrevista • Les tres fases de l'entrevista • Activitats sobre l'entrevista
Escrivim i parlem Escriptura d'una entrevista per fer a un familiar • Creació d'una entrevista coral
Reflexionem sobre la llengua Els camps semàntics • La derivació • La composició • Comparem llengües

208 **Posa't a prova** Prova de competències
Què en sabem, ara? Superresposta
Valora't Metaaprenentatge

13. Que romàntic!

Parlem només d'amor?

CE1 • CE3 • CE6 • CE7 • CE8 • CE9

212 **Connectem** Superpregunta
Què en sabem?

214 **La poesia del segle XIX** La Renaixença • Els Jocs Florals • Jacint Verdaguer • Jacint Verdaguer, "Don Jaume en Sant Jeroni" • Activitats
El teatre del segle XIX El teatre romàntic • Frederic Soler (1839-1895) • Àngel Guimerà (1845-1924) • Frederic Soler, *El bressol de Jesús* (o *En Garrofa i en Pallanga*) • Activitats • Àngel Guimerà, *Terra baixa* • Activitats
Reflexionem sobre la llengua La sinonímia • L'antonímia • Comparem llengües

226 **Posa't a prova** Prova de competències
Què en sabem, ara? Superresposta
Valora't Metaaprenentatge

14. Ciutadans o consumidors?

En publicitat tot s'hi val?

CE1 • CE2 • CE3 • CE4 • CE5 • CE9 • CE10

230 **Connectem** Superpregunta
Què en sabem?

232 **La publicitat** Els missatges publicitaris • El llenguatge publicitari • Publicitat a les xarxes socials • Activitats sobre la publicitat
Escrivim i parlem Escriptura d'una campanya de publicitat • Creació d'una micropresentació
Reflexionem sobre la llengua La hiperonímia i la hiponímia • Comparem llengües

240 **Posa't a prova** Prova de competències
Què en sabem, ara? Superresposta
Valora't Metaaprenentatge

15. Siguem realistes

Què és real i què no ho és?

CE1 • CE3 • CE6 • CE7 • CE8 • CE9

244 **Connectem** Superpregunta
Què en sabem?

246 **La narrativa del segle XIX** L'aparició de la novel·la moderna en català • La novel·la romàntica • El costumisme • La novel·la realista • Narcís Oller • Narcís Oller, *L'Escanyapobres* • Activitats
Reflexionem sobre la llengua Relacions entre paraules • Locucions, frases fetes i refranys • Comparem llengües

256 **Posa't a prova** Prova de competències
Què en sabem, ara? Superresposta
Valora't Metaaprenentatge